中学生数学思维方法丛书

6 巧妙分解

冯跃峰 著

中国科学技术大学出版社

内容简介

本书介绍了数学思维方法的一种形式:巧妙分解.书中讨论了巧妙分解的目的、相关形式及其方法与技巧,其中许多内容都是本书首次提出的.比如,总体分解、通式分解、局部分解、"同构"子对象、范围分解等.这些都是作者潜心研究的成果,也是本书的特点之一.本书首次对"巧妙分解"进行了比较完整而深入的研究,旨在对解题者在探索解题方法方面有所帮助.

书中选用了一些数学原创题,这些问题难度适中而又生动有趣,有些问题还是第一次公开发表,这是本书的另一特点.此外,书中对问题求解过程的剖析,尚能给读者以思维方法的启迪;对每一个问题,并不是直接给出解答,而是详细分析如何发现其解法,这是本书的又一特点.

图书在版编目(CIP)数据

巧妙分解/冯跃峰著. —合肥:中国科学技术大学出版社,2016.3
(2023.12 重印)

(中学生数学思维方法丛书)
ISBN 978-7-312-03796-2

Ⅰ.巧… Ⅱ.冯… Ⅲ.中学数学课—教学参考资料 Ⅳ.G634.603

中国版本图书馆 CIP 数据核字(2015)第 316302 号

出版	中国科学技术大学出版社 安徽省合肥市金寨路 96 号,230026 http://press.ustc.edu.cn https://zgkxjsdxcbs.tmall.com
印刷	合肥市宏基印刷有限公司
发行	中国科学技术大学出版社
开本	880 mm×1230 mm 1/32
印张	6.75
字数	175 千
版次	2016 年 3 月第 1 版
印次	2023 年 12 月第 4 次印刷
定价	25.00 元

序

问题是数学的心脏,学数学离不开解题.我国著名数学家华罗庚教授曾说过:如果你读一本数学书,却不做书中的习题,那就犹如入宝山而空手归.因此,如何解题,也就成为了一个千古话题.

国外曾流传着这样一则有趣的故事,说的是当时数学在欧几里得的推动下,逐渐成为人们生活中的一个时髦话题(这与当今社会截然相反),以至于国王托勒密一世也想赶这一时髦,学点数学.虽然托勒密一世见多识广,但在学数学上却很吃力.一天,他向欧几里得请教数学问题,听了半天,还是云里雾里不知所云,便忍不住向欧几里得要求道:"你能不能把问题讲得简单点呢?"欧几里得笑着回答:"很抱歉,数学无王者之路."欧几里得的意思是说,要想学好数学,就必须扎扎实实打好基础,没有捷径可走.后来人们常用这一故事讥讽那些凡事都想投机取巧之人.但从另一个角度想,托勒密一世的要求也未必过分,难道数学就只能是"神来之笔",不能让其思路来得更自然一些吗?

记得我少年时期上学,每逢学期初发新书的那个时刻是最令我兴奋的,书一到手,总是迫不及待地看看书中有哪些新的内容,一方面是受好奇心的驱使,另一方面也是想测试一下自己,看能不能不用老师教也能读懂书中的内容.但每每都是失望而终;尽管书中介绍的知识都弄明白了,书中的例题也读懂了,但一做书中的练习题,却还

是不会.为此,我曾非常苦恼,却又万思不得其解.后来上了大学,更是对课堂中老师那些"神来之笔"惊叹不已,严密的逻辑推理常常令我折服.但我未能理解的是,为什么会想到这么做呢?

20世纪中叶,美国数学教育家 G. Polya 的数学名著《怎样解题》风靡全球,该书使我受益匪浅.这并不是说,我从书中学到了"怎样解题",而是它引发了我对数学思维方法的思考.

实际上,数学解题是一项系统工程,有许许多多的因素影响着它的成败.本质的因素有知识、方法(指狭义的方法,即解决问题所使用的具体方法)、能力(指基本能力,即计算能力、推理能力、抽象能力、概括能力等)、经验等,由此构成解题基础;非本质的因素有兴趣、爱好、态度、习惯、情绪、意志、体质等,由此构成解题的主观状态;此外,还受时空、环境、工具的约束,这些构成了解题的客观条件.但是,具有扎实的解题基础,且有较好的客观条件,主观上也做了相应的努力,解题也不一定能获得成功.这是因为,数学中真正标准的、可以程序化的问题(像解一元二次方程)是很少的。解题中,要想把问题中的条件与结论沟通起来,光有雄厚的知识、灵活的方法和成功的解题经验是不够的.为了判断利用什么知识,选用什么方法,就必须对问题进行解剖、识别,对各种信息进行筛选、加工和组装,以创造利用知识、方法和经验的条件.这种复杂的、创造性的分析过程就是数学思维过程.这一过程能否顺利进行,取决于思维方法是否正确.因此,正确的思维方法亦是影响解题成败的重要因素之一.

经验不止一次地告诉我们:知识不足还可以补充,方法不够也可以积累,但若不善思考,即使再有知识和方法,不懂得如何运用它们解决问题,也是枉然.与此相反,掌握了正确的思维方法,知识就不再是孤立的,方法也不再是呆板的,它们都建立了有血有肉的联系,组成了生机勃勃的知识方法体系,数学思维活动也就充满了活力,得到了更完美的发挥与体现.

序

  G. Polya 曾指出，解题的价值不是答案本身，而在于弄清"是怎样想到这个解法的"，"是什么促使你这样想、这样做的"。这实际上都属于数学思维方法的范畴。所谓数学思维方法，就是在基本数学观念系统作用下进行思维活动的心理过程。简单地说，数学思维方法就是找出已有的数学知识和新遇的数学问题之间联系的一种分析、探索方法。在一般情况下，问题与知识的联系并非是显然的，即使有时能在问题中看到某些知识的"影子"，但毕竟不是知识的原形，或是披上了"外衣"，或是减少了条件，或是改变了结构，从而没有现成的知识、方法可用，这就是我在学生时代为什么"知识都明白了，例题也看懂了，还是不会做习题"的原因。为了利用有关的知识和方法解题，就必须创造一定的"条件"，这种创造条件的认识、探索过程，就是数学思维方法作用的过程。

  但是，在当前数学解题教学中，由于"高考"指挥棒的影响，教师往往只注重学生对知识方法掌握的熟练程度。不少教师片面地强调基本知识和解决问题的具体方法的重要性，忽视思维方法方面的训练，造成学生解决一般问题的困难。为了克服这一困难，各种各样的、非本质的、庞杂零乱的具体解题技巧统统被视为规律，成为教师谆谆告诫的教学重点，学生解题也就试图通过记忆、模仿来补偿思维能力的不足，利用胡猜乱碰代替有根据、有目的的探索。这不仅不能提高学生的解题能力，而且对于系统数学知识的学习，对于数学思维结构的健康发展都是不利的。

  数学思维方法通常又表现为一种解题的思维模式。例如，G. Polya 就在《怎样解题》中列出了一张著名的解题表。容许我们大胆断言，任何一种解题模式均不可能囊括人们在解题过程中表现出来的各种思维特征，诸如观察、识别、猜想、尝试、回忆、比较、直觉、顿悟、联想、类比、归纳、演绎、想象、反例、一般化、特殊化等。这些思维特征充满解题过程中的各个环节，要想用一个模式来概括，那就像用

数以千计的思维元件来构造一个复杂而庞大的解题机器.这在理论上也许是可行的,但在实际应用中却很不方便,难以被人们接受.更何况数学问题形形色色,任何一个模式都未必能适用所有的数学问题.因此,究竟如何解题,其核心内容还是学会如何思考.有鉴于此,笔者想到写这样一套关于数学思维方法的丛书.

本丛书也不可能穷尽所有的数学思维方法,只是选用一些典型的思维方法为代表做些介绍.这些方法,或是作者原创发现,或是作者从一个全新的角度对其进行了较为深入的分析与阐述.

囿于水平,书中观点可能片面武断,错误难免,敬请读者不吝指正.

冯跃峰
2015 年 1 月

目　录

序 ··· (ⅰ)

1　元素分解 ··· (001)
　　1.1　独立分解 ··· (001)
　　1.2　通式分解 ··· (012)
　　1.3　局部分解 ··· (021)
　　习题1 ·· (030)
　　习题1解答 ··· (031)

2　目标分解 ··· (037)
　　2.1　"同构"子对象 ··· (037)
　　2.2　相关子命题 ·· (047)
　　习题2 ·· (077)
　　习题2解答 ··· (078)

3　范围分解 ··· (088)
　　3.1　寻找块内规律 ··· (088)
　　3.2　各个击破 ··· (110)
　　3.3　依此类推 ··· (122)
　　习题3 ·· (139)
　　习题3解答 ··· (142)

4 对象分组 ………………………………………… (157)
   4.1 物以类聚 ………………………………………… (157)
   4.2 起点列 …………………………………………… (169)
   4.3 染色 ……………………………………………… (182)
   习题 4 ………………………………………………… (193)
   习题 4 解答 …………………………………………… (196)

1 元素分解

所谓分解,就是将一个数学对象拆分成若干个新的数学对象的某种组合.在有些数学问题中,直接对题中的原始对象进行讨论,解题非常困难.而当我们将有关对象分拆成若干个新的数学对象的某种组合后,问题便迎刃而解.

本章介绍一种分解策略:元素分解.

这里的元素,是指构成某个数学对象的一些基本要素,它通常是一些字母、数字或简单的式子(字母团).元素分解,就是将一个元素分解为多个元素,它既可以是条件中的元素,也可以是目标中的元素.元素分解,或者是为了便于运用已知条件或相关结论;或者是为了实现问题的转化:将陌生问题化为熟悉问题,将复杂问题化为简单问题;或者是为了发现题中各元素隐含的规律,使各元素间的相互联系趋于明显.

1.1 独立分解

所谓独立分解,就是对各个元素分别进行分解,而各元素的分解方式没有统一的规则.

例 1 求证:12345678987654321 是平方数.

分析与证明 我们希望建立题中数的一个新的"多项式表示",

然后通过配方证明其为平方数.

最熟悉的"多项式表示"为

$$\underbrace{99\cdots9}_{n\text{个}} = 10^n - 1,$$

进而有

$$\underbrace{11\cdots1}_{n\text{个}} = \frac{1}{9} \cdot \underbrace{99\cdots9}_{n\text{个}} = \frac{10^n - 1}{9}.$$

由此可见,如果能将 12345678987654321 分拆成若干个形如 $11\cdots1$ 的数的和,则问题可解. 于是,我们将 12345678987654321 分拆成下列各数的和:

$$1111111111111111$$
$$1111111111111110$$
$$111111111111100$$
$$11111111111000$$
$$1111111110000$$
$$111111100000$$
$$11111000000$$
$$1110000000$$
$$100000000$$

这样,有

$$12345678987654321$$
$$= \frac{10^{17} - 1}{9} + 10 \cdot \frac{10^{15} - 1}{9} + 10^2 \cdot \frac{10^{13} - 1}{9} + 10^3 \cdot \frac{10^{11} - 1}{9} + \cdots$$
$$\quad + 10^8 \cdot \frac{10^1 - 1}{9}$$
$$= \frac{1}{9}\big[(10^{17} - 1) + (10^{16} - 10) + (10^{15} - 10^2) + (10^{14} - 10^3)$$
$$\quad + \cdots + (10^9 - 10^8)\big]$$

$$= \frac{1}{9}[(10^{17} + 10^{16} + 10^{15} + 10^{14} + \cdots + 10^9) - (1 + 10 + 10^2 + 10^3 + \cdots + 10^8)]$$

$$= \frac{1}{9}[10^9 \cdot (10^8 + 10^7 + 10^6 + 10^5 + \cdots + 10 + 1) - (1 + 10 + 10^2 + 10^3 + \cdots + 10^8)]$$

$$= \frac{1}{9}(10^9 - 1)(1 + 10 + 10^2 + 10^3 + \cdots + 10^8)$$

$$= \frac{1}{9}(10^9 - 1) \cdot \frac{10^9 - 1}{9} = \left(\frac{10^9 - 1}{9}\right)^2 = (\underbrace{11\cdots1}_{9\uparrow})^2,$$

故 12345678987654321 是平方数.

本题还可将 12345678987654321 分拆成下列各数的和:

$$111111111$$
$$1111111110$$
$$11111111100$$
$$111111111000$$
$$1111111110000$$
$$11111111100000$$
$$111111111000000$$
$$1111111110000000$$
$$11111111100000000$$

于是,令 $A = \underbrace{11\cdots1}_{9\uparrow}$,则

$$12345678987654321$$
$$= A + 10A + 10^2 A + 10^3 A + \cdots + 10^8 A$$
$$= \underbrace{11\cdots1}_{9\uparrow 1}A = A^2.$$

故 12345678987654321 是平方数.

由本题的结论,我们发现了如下一个奇妙的"宝塔":

$$1^2 = 1$$
$$11^2 = 121$$
$$111^2 = 12321$$
$$1111^2 = 1234321$$
$$11111^2 = 123454321$$
$$111111^2 = 12345654321$$
$$1111111^2 = 1234567654321$$
$$11111111^2 = 123456787654321$$
$$111111111^2 = 12345678987654321$$

例 2 设 $f(x) = x^n + a_{n-1}x^{n-1} + \cdots + a_1 x + 1$ 的系数都是非负实数,且 $f(x)$ 有 n 个实数根,求证:$f(2) \geqslant 3^n$.

分析与证明 若 $\alpha \geqslant 0$ 是 $f(x)$ 的根,则

$$f(\alpha) = \alpha^n + \cdots + a_1 \alpha + 1 \geqslant 1,$$

矛盾.所以 $f(x)$ 的 n 个根都是负数,设为 $-x_1, -x_2, \cdots, -x_n$,则

$$f(x) = (x + x_1)(x + x_2) \cdots (x + x_n),$$
$$f(2) = (2 + x_1)(2 + x_2) \cdots (2 + x_n). \tag{1.1}$$

由韦达定理,有

$$x_1 x_2 \cdots x_n = 1.$$

为了证明 $f(2) \geqslant 3^n$,自然想到对式(1.1)右边的每一个因式 $2 + x_i (1 \leqslant i \leqslant n)$ 都使用平均值不等式,使式(1.1)右边总体上变成"积"的形式,以产生 $x_1 x_2 \cdots x_n$.

但若直接利用平均值不等式,则有 $2 + x_i \geqslant 2\sqrt{2x_i}$,由此产生了"无理数"系数,各式相乘不能得到目标中的 3^n.

注意目标中 3^n 的底数为 3,从而想到使用"三元"平均值不等式以产生系数 3.为此,可将式(1.1)右边每一个因式 $2 + x_i$ 分解为 $1 + 1 + x_i$,然后再使用"三元"平均值不等式,我们有

$$f(2) = (1+1+x_1)(1+1+x_2)\cdots(1+1+x_n)$$
$$\geqslant 3\sqrt[3]{x_1} \cdot 3\sqrt[3]{x_2} \cdot \cdots \cdot 3\sqrt[3]{x_n} = 3^n \cdot \sqrt[3]{x_1 x_2 \cdots x_n} = 3^n.$$

例3 设实数列 $\{a_k\}$ 满足：对 $k, m \in \mathbf{N}^*$，有 $|a_{k+m} - a_k - a_m|$ $\leqslant 1$，求证：对一切自然数 p, q，有 $\left|\dfrac{a_p}{p} - \dfrac{a_q}{q}\right| < \dfrac{1}{p} + \dfrac{1}{q}$.

分析与证明 原不等式等价于
$$|qa_p - pa_q| < p + q \qquad (1.2)$$
注意到右边的 $p+q$，想到将 $|qa_p - pa_q|$ 分拆成两部分，使各部分分别小于 p 和 q，假设插入 a_{i_1}，则
$$|qa_p - a_{i_1} + a_{i_1} - pa_q| \leqslant |qa_p - a_{i_1}| + |a_{i_1} - pa_q|.$$
与目标不等式(1.2)比较，期望有
$$|qa_p - a_{i_1}| = |a_{i_1} - qa_p| = |a_{i_1} - a_p - a_p - \cdots - a_p|$$
$$\leqslant |*| + |*| + \cdots + |*| = 1 + 1 + \cdots + 1$$
$$= q - 1 < q,$$
$$|a_{i_1} - pa_q| = |a_{i_1} - a_q - a_q - \cdots - a_q|$$
$$\leqslant |*| + |*| + \cdots + |*| = 1 + 1 + \cdots + 1$$
$$= p - 1 < p.$$

为了利用题给条件：$|a_{k+m} - a_k - a_m| \leqslant 1$，以上每个绝对值 $|*|$ 内应该有数列中的 3 项，且项的系数应该是 1，于是，应在 $|a_{i_1} - a_p - a_p - \cdots - a_p|$ 中适当插值，使其分拆成若干部分，每个部分都是 3 项的代数和形式.

假定插入 $a_{i_2}, a_{i_3}, \cdots, a_{i_t}$，则
$$|a_{i_1} - qa_p| = |a_{i_1} - a_p - \cdots - a_p|$$
$$= |(a_{i_1} - a_{i_2} - a_p) + (a_{i_2} - a_{i_3} - a_p) + \cdots$$
$$+ (a_{i_t} - a_p - a_p)|$$

（最后一个括号内保留两个 $-a_p$，使之有 3 项进行

类似的放缩,此时 $t = q - 1$)

$$\leqslant |a_{i_1} - a_{i_2} - a_p| + |a_{i_2} - a_{i_3} - a_p| + \cdots$$
$$+ |a_{i_t} - a_p - a_p|$$
$$= 1 + 1 + \cdots + 1 = q - 1 < q,$$

由条件可知,上式成立的一个充分条件是
$i_1 = i_2 + p$, $i_2 = i_3 + p$, $\cdots$, $i_t = p + p$, 且 $t = q - 1$.

从最后一个开始,依次解得插入项的下标:$i_t = 2p$, $i_{t-1} = 3p$, $\cdots$, $i_1 = qp$. 于是,先插入 $a_{i_1} = a_{pq}$, 有

$$|qa_p - pa_q| = |qa_p - a_{pq} + a_{pq} - pa_q|$$
$$\leqslant |qa_p - a_{pq}| + |a_{pq} - pa_q|.$$

又
$$|qa_p - a_{pq}| = |a_{pq} - qa_p|$$
$$= |(a_{pq} - a_{p(q-1)} + a_{p(q-1)}$$
$$- a_{p(q-2)} + \cdots + a_{2p} - a_p + a_p) - qa_p|$$
$$= |[a_{pq} - a_{p(q-1)} - a_p] + [a_{p(q-1)} - a_{p(q-2)} - a_p] + \cdots$$
$$+ (a_{3p} - a_{2p} - a_p) + (a_{2p} - a_p - a_p)|$$

(从 a_{pq} 到 a_{3p} 共有 $q-2$ 个括号,是因从 q 到 3 共有 $q-2$ 个项,于是搭配了 $q-2$ 个 $-a_p$,从而最后一个括号内有两个 $-a_p$)

$$\leqslant |a_{pq} - a_{p(q-1)} - a_p| + |a_{p(q-1)} - a_{p(q-2)} - a_p| + \cdots$$
$$+ |a_{3p} - a_{2p} - a_p| + |a_{2p} - a_p - a_p|$$
$$\leqslant 1 + 1 + \cdots + 1 = q - 1 < q.$$

同理,$|a_{pq} - pa_q| < p$,两式相加,得 $|qa_p - pa_q| < p + q$,即 $\left|\dfrac{a_p}{p} - \dfrac{a_q}{q}\right| < \dfrac{1}{p} + \dfrac{1}{q}$.

另证 原不等式等价于 $|qa_p - pa_q| < p + q$. 不妨设 $p \leqslant q$, 固定 p,对 q 归纳.

当 $q=p$ 时,$|qa_p - pa_q| = 0 < p+q$,结论成立.设结论对不大于 q 的正整数成立,下面证明:
$$|(q+1)a_p - pa_{q+1}| < p+q+1.$$

实际上,有
$$\begin{aligned}|(q+1)a_p - pa_{q+1}| &= |(q+1-p)a_p + pa_p - pa_{q+1}|\\ &= |(q+1-p)a_p - pa_{q+1-p} + pa_{q+1-p}\\ &\quad + pa_p - pa_{q+1}|\\ &\leqslant |(q+1-p)a_p - pa_{q+1-p}| + p|a_{q+1-p}\\ &\quad + a_p - a_{q+1}|,\end{aligned}$$

因为 $p \leqslant q$,所以 $q+1-p \geqslant 1$,从而由条件,有
$$|a_{q+1-p} + a_p - a_{q+1}| \leqslant 1,$$

而 $q+1-p \leqslant q$,由归纳假设,有
$$|(q+1-p)a_p - pa_{q+1-p}| < (q+1-p) + p = q+1,$$

所以,有
$$\begin{aligned}|(q+1)a_p - pa_{q+1}| &\leqslant |(q+1-p)a_p - pa_{q+1-p}|\\ &\quad + p|a_{q+1-p} + a_p - a_{q+1}|\\ &< q+1 + p \cdot 1 = p+q+1,\end{aligned}$$

结论成立.

例 4(2001 年 IMO 中国集训队测试试题) 对怎样的整数 h,存在无穷多个正整数 n,使得 $[\sqrt{h^2+1}\,n]$ 是完全平方数?这里,$[x]$ 表示实数 x 的整数部分.

分析与解 显然 $h=0$ 符合要求,下证任何整数 h 都符合要求.
不妨设 $h > 0$,假定 n 合乎条件.令 $[\sqrt{h^2+1}\,n] = v^2$,则
$$v^2 \leqslant \sqrt{h^2+1}\,n < v^2 + 1,$$

即
$$(v^2)^2 \leqslant (h^2+1)n^2 < (v^2+1)^2. \tag{1.3}$$

注意到
$$(v^2)^2 < (v^2+1)v^2 < (v^2+1)^2,$$
所以式(1.3)成立的一个充分条件是
$$(h^2+1)n^2 = (v^2+1)v^2.$$
于是，我们想象将 n 分拆为 $n = uv$，则上式变为
$$(h^2+1)u^2v^2 = (v^2+1)v^2.$$
即
$$(h^2+1)u^2 - v^2 = 1. \qquad (1.4)$$
现在，对于方程(1.4)的正整数解 (u,v)，必有
$$(v^2)^2 < (h^2+1)u^2v^2 = (v^2+1)v^2 < (v^2+1)^2,$$
所以，$v^2 < \sqrt{h^2+1}\,uv < v^2+1$。所以正整数 $n = uv$ 符合要求。

下面只需证明：对任意整数 $h > 0$，方程(1.4)有无穷多组不同的正整数解 (u,v)，从而有无穷多个相应的 $n = uv$。

对任何正整数 m，有
$$[(\sqrt{h^2+1} - h)(\sqrt{h^2+1} + h)]^m = 1.$$

对于正奇数 l，可以利用二项式定理将 $(\sqrt{h^2+1} - h)^l$ 展开，适当整理，写成
$$\sqrt{h^2+1}\,u_l - v_l,$$
其中 u_l 和 v_l 是正整数。

与此同时，有 $(\sqrt{h^2+1} + h)^l = \sqrt{h^2+1}\,u_l + v_l$。于是
$$\begin{aligned}(h^2+1)u_l^2 - v_l^2 &= (\sqrt{h^2+1}\,u_l - v_l)(\sqrt{h^2+1}\,u_l + v_l) \\ &= (\sqrt{h^2+1} - h)^l(\sqrt{h^2+1} + h)^l \\ &= 1.\end{aligned}$$

所以方程(1.4)有无穷多组正整数解 (u_l, v_l)，其中 l 是任意正奇数。

综上所述，任何整数 h 都符合要求。

1 元素分解

例 5（原创题） 对于由 n 个整数构成的有序数组 $(a_1, a_2, \cdots, a_n)$，定义如下操作 T：

$$(a_1, a_2, \cdots, a_n) \to (a_1 + a_2, a_2 + a_3, \cdots, a_n + a_1)$$

对于有序数组 $(a_1, a_2, \cdots, a_n)$，如果对任何 $i(1 \leqslant i \leqslant n)$，$a_i$ 与 a_{i+1} 的奇偶性都不同，则称 $(a_1, a_2, \cdots, a_n)$ 是"交错的"。如果存在有限次操作，使 $(a_1, a_2, \cdots, a_n)$ 可变成"交错的"，则称 $(a_1, a_2, \cdots, a_n)$ 是"可交错的"。

对给定的正整数 $n = 2^k (k \in \mathbf{N}^*)$，试问：

（1）哪些状态 $(a_1, a_2, \cdots, a_n)$ 是可交错的（有多少项为奇，多少项为偶，其排列顺序如何）？

（2）如果对任何可交错的初始状态，都可经过不超过 r 次操作变成交错的状态，那么 r 的最小值是多少？

分析与解 我们先模拟操作。

设最初状态为 $A_0 = (a_1, a_2, \cdots, a_n)$，对之操作 $k(k \in \mathbf{N}^*)$ 次后得到的状态记为 A_k。那么

$$A_1 = (a_1 + a_2, a_2 + a_3, \cdots, a_n + a_1),$$
$$A_2 = (a_1 + 2a_2 + a_3, a_2 + 2a_3 + a_4, \cdots, a_n + 2a_1 + a_2)$$

注意到我们只关心状态中各个分量的奇偶性，从而可将分量多项式中的偶数项全部去掉，则 A_2 可简记为

$$A_2 = (a_1 + a_3, a_2 + a_4, \cdots, a_n + a_2)$$

由此可见，两次操作的结果，可以看成是按如下两个步骤完成的：

第一步：将原序列分解为如下两个长为 2^{k-1} 的子列：一个是序号为奇数的项构成的序列，另一个是序号为偶数的项构成的序列，对这两个序列分别按照题给的操作规则分别操作一次。

第二步：将序号为奇数的项构成的序列操作后的各项按原来的顺序依次排列在奇号位上，序号为偶数的项构成的序列操作后的各

项按原来的顺序依次排列在偶号位上,还原成长为 2^k 的序列.

我们将上述两个步骤合并,看成一个大操作. 显然,一个大操作是由连续两个原来的操作叠合而成的.

(1) 如果状态 $(a_1, a_2, \cdots, a_n)$ 是可交错的,则 $a_1, a_2, \cdots, a_n$ 的奇偶性不全相同. 否则,如果 $a_1, a_2, \cdots, a_n$ 的奇偶性全相同(全为奇或全为偶),则操作一次以后变成全为偶,以后状态都是全为偶,不可能变成交错状态,矛盾.

反之,我们证明:只要 $a_1, a_2, \cdots, a_n$ 的奇偶性不全相同,则状态 $(a_1, a_2, \cdots, a_n)$ 是可交错的.

实际上,我们只需证明,若干次操作,可使状态 $(a_1, a_2, \cdots, a_n)$ 变成各项全为偶. 这是因为:初始状态 A_0 中各项不全为偶,若能变成全为偶,则必定存在一个最小的正整数 t,使操作 t 次后得到的状态 A_t 各项全为偶. 那么,状态 A_{t-1} 中至少有一个项为奇,但由状态 A_t 各项全为偶可知,A_{t-1} 中任何两个相邻的项同奇偶,从而 A_{t-1} 中各项全为奇. 进一步可知,A_{t-2} 中任何两个相邻的项不同奇偶,即 A_{t-2} 是交错的.

为了弄清要操作多少次,才能使状态 $(a_1, a_2, \cdots, a_n)$ 变成各项全为偶,我们考察若干特例.

当 $k=1$ 时,$A_0 = (a_1, a_2)$,$A_1 = (a_1 + a_2, a_2 + a_1)$,$A_2 = (2a_1 + 2a_2, 2a_2 + 2a_1)$,此时操作 2^1 次即可.

当 $k=2$ 时,$A_0 = (a_1, a_2, a_3, a_4)$,

$A_1 = (a_1 + a_2, a_2 + a_3, a_3 + a_4, a_4 + a_1)$,

$A_2 = (a_1 + a_3, a_2 + a_4, a_3 + a_1, a_4 + a_2)$,

$A_3 = (a_1 + a_2 + a_3 + a_4, a_1 + a_2 + a_3 + a_4,$
$\quad a_1 + a_2 + a_3 + a_4, a_1 + a_2 + a_3 + a_4)$,

$A_4 = (2a_1 + 2a_2 + 2a_3 + 2a_4, 2a_1 + 2a_2 + 2a_3 + 2a_4,$
$\quad 2a_1 + 2a_2 + 2a_3 + 2a_4, 2a_1 + 2a_2 + 2a_3 + 2a_4)$

此时操作 2^2 次即可.

由此可猜想:当 $n = 2^k (k \in \mathbf{N}^*)$ 时,对任何整数 $a_1, a_2, \cdots, a_n$,总可以通过 2^k 次操作,使状态 $(a_1, a_2, \cdots, a_n)$ 变成全为偶.

对 k 归纳. 当 $k=1$ 时,$A_0 = (a_1, a_2)$,$A_1 = (a_1 + a_2, a_2 + a_1)$,$A_2 = (2a_1 + 2a_2, 2a_2 + 2a_1)$,结论成立.

设结论对 k 成立,考虑 $k+1$ 的情形.

将长为 2^{k+1} 的初始状态 $A_0 = (a_1, a_2, \cdots, a_{2^{k+1}})$ 分解为两个长为 2^k 的初始状态:

$$B_0 = (a_1, a_3, \cdots, a_{2^{k+1}-1}), \quad C_0 = (a_2, a_4, \cdots, a_{2^{k+1}}).$$

由归纳假设,可分别经过 2^k 次操作,使 $B_0 = (a_1, a_3, \cdots, a_{2^{k+1}-1})$,$C_0 = (a_2, a_4, \cdots, a_{2^{k+1}})$ 分别变成各项全为偶. 这等价于长为 2^{k+1} 的初始状态 $A_0 = (a_1, a_2, \cdots, a_{2^{k+1}})$ 可经过 2^k 次大操作,使变成各项全为偶,即可通过 $2 \cdot 2^k = 2^{k+1}$ 次操作,使变成各项全为偶,结论成立.

综上所述,所有可交错的状态为 $(a_1, a_2, \cdots, a_n)$,其中 $a_1, a_2, \cdots, a_n$ 的奇偶性不全相同.

(2)考察极端情形,为了使交替状态难以形成,可构造一种初始状态,使其中奇数尽可能少. 由于可交错的状态中至少有一个奇数,由此想到构造恰有一个奇数的初始状态:

$$A_0 = (0, 0, \cdots, 0, 1).$$

其中只有一个项为 1,其余项都是 0.

我们来模拟操作,以下都以 0 代替偶数,1 代替奇数.

$$A_0 = (0, 0, \cdots, 0, 1),$$
$$A_1 = (0, 0, \cdots, 0, 1, 1),$$
$$A_2 = (0, 0, \cdots, 0, 1, 0, 1).$$

由此发现,每次操作,状态中下标最小的非 0 项所在的位置向前移动一位. 于是,我们对操作次数 t 归纳证明:

当 $t \leqslant n-1$ 时,对状态 $A_0 = (0, 0, \cdots, 0, 1)$ 操作 t 次后,得到的状态 $A_t = (a_1, a_2, \cdots, a_n)$ 中,下标最小的非 0 项为 a_{n-t}.

当 $t=1$ 时结论显然成立.假定结论对 $t \leqslant n-2$ 成立,即对 A_0 操作 t 次后得到的状态为
$$A_t = (0, 0, \cdots, 0, a_{n-t}, a_{n-t+1}, \cdots, a_n),$$
其中 $a_{n-t} = 1$.

考虑 $t+1$ 的情形,再对上述 A_t 操作一次,我们有
$$A_{t+1} = (0, 0, \cdots, 0, 1, b_{n-t}, b_{n-t+1}, \cdots, b_n),$$
所以结论成立.

特别地,令 $t = n-1$,可知对 $A_0 = (0, 0, \cdots, 0, 1)$ 操作 $n-1$ 次后,得到的状态为
$$A_{n-1} = (1, c_2, c_3, \cdots, c_n).$$
显然,操作中,前 $n-1$ 个状态 $A_1, A_2, \cdots, A_{n-1}$ 都至少有一个项为 1,从而都不是各项全为偶的状态,所以状态 $A_0 = (0, 0, \cdots, 0, 1)$ 至少要操作 n 次后才能变成各项全为偶的状态.

进一步可知,$A_0 = (0, 0, \cdots, 0, 1)$ 至少要操作 $n-1$ 次后才能变成各项全为奇的状态,至少要操作 $n-2$ 次后才能变成交错状态.

又由上面所证,任何状态都可经过 n 次操作变成各项全为偶的状态,从而可交错状态都可以经过不多于 $n-2$ 次后变成交错状态.

综上所述,操作次数 r 的最小值为 $n-2$.

1.2 通式分解

如果题中各个元素有一个统一的表达式,则我们称之为通式.当各元素具有通式时,其元素的分解只需对通式进行分解.

通式分解的一种最常见方式是"差分",即把当前序列中的任意一个项 a_k 分拆成某个新的序列中相邻两项的差:$a_k = b_{k+1} - b_k$.这

1 元素分解

一分解技巧在数列求和问题中经常被使用.

常见的几个差分公式有

$$k \cdot k! = (k+1)! - k!;$$

$$\frac{k}{(k+1)!} = \frac{1}{k!} - \frac{1}{(k+1)!};$$

$$\frac{1}{a_k a_{k+1}} = \frac{1}{d}\left(\frac{1}{a_k} - \frac{1}{a_{k+1}}\right) \quad (\text{其中}\{a_n\}\text{是公差为 } d \text{ 的等差数列});$$

$$k(k+1)\cdots(k+m) = \frac{1}{m+2}\big[k(k+1)\cdots(k+m+1) - (k-1)k(k+1)\cdots(k+m)\big];$$

$$\frac{1}{k(k+1)\cdots(k+m)} = \frac{1}{m}\bigg[\frac{1}{k(k+1)\cdots(k+m-1)} - \frac{1}{(k+1)\cdots(k+m)}\bigg];$$

$$\frac{1}{\sin(2^k x)} = \cot(2^k x) - \cot(2^{k+1} x);$$

$$\arctan\frac{a-b}{1+ab} = \arctan a - \arctan b;$$

$$\arctan\frac{x}{1+k(k+1)x^2} = \arctan(k+1)x - \arctan kx.$$

例 1 设数列 $\{a_n\}$ 满足：$a_1 = 2, a_{n+1} = a_n^2 - a_n + 1 (n \in \mathbf{N}^*)$. 求证：$\frac{1}{a_1} + \frac{1}{a_2} + \cdots + \frac{1}{a_{2015}} < 1$.

分析与证明 为证明不等式，显然应先将和式 $\frac{1}{a_1} + \frac{1}{a_2} + \cdots + \frac{1}{a_{2015}}$ 化简. 为此，将递归关系变形为差分形式：

$$\frac{1}{a_{n+1}-1} = \frac{1}{a_n^2 - a_n} = \frac{1}{a_n - 1} - \frac{1}{a_n},$$

即

$$\frac{1}{a_n} = \frac{1}{a_n - 1} - \frac{1}{a_{n+1} - 1}.$$

由此得

$$\frac{1}{a_1} + \frac{1}{a_2} + \cdots + \frac{1}{a_{2015}} = \sum_{i=1}^{2015}\left(\frac{1}{a_i - 1} - \frac{1}{a_{i+1} - 1}\right)$$

$$= \frac{1}{a_1 - 1} - \frac{1}{a_{2016} - 1} = 1 - \frac{1}{a_{2016} - 1}.$$

因为 $a_{n+1} = a_n^2 - a_n + 1 = a_n(a_n - 1) + 1$，所以由数学归纳可知，$a_{n+1} > 1$，从而 $a_{2016} - 1 > 0$，

$$\frac{1}{a_1} + \frac{1}{a_2} + \cdots + \frac{1}{a_{2015}} = 1 - \frac{1}{a_{2016} - 1} < 1.$$

例 2 设 $a_n = \dfrac{1}{1 + \left(\frac{1}{3}\right)^n} + \dfrac{1}{1 - \left(\frac{1}{3}\right)^{n+1}}(n \in \mathbf{N}^*)$，求证：$a_1 + a_2 + \cdots + a_n > 2n - \dfrac{1}{3}$.

分析与证明 为了将和式 $a_1 + a_2 + \cdots + a_n$ 化简，期望其通项 a_n 能表示成差分形式．为此，先将 a_n 化简，有

$$a_n = \frac{1}{1 + \left(\frac{1}{3}\right)^n} + \frac{1}{1 - \left(\frac{1}{3}\right)^{n+1}} = \frac{3^n}{1 + 3^n} + \frac{3^{n+1}}{3^{n+1} - 1}$$

$$= \left(1 - \frac{1}{1 + 3^n}\right) + \left(1 + \frac{1}{3^{n+1} - 1}\right)$$

$$= 2 - \frac{1}{1 + 3^n} + \frac{1}{3^{n+1} - 1}.$$

显然，a_n 还不是我们所需要的差分形式，因为 $\dfrac{1}{1 + 3^n}$，$\dfrac{1}{3^{n+1} - 1}$ 并不是一个已知数列的相邻两项，但它们与"同一数列中的相邻两项"很接近，只需去掉其分母中的 1 与 −1 即可．注意我们的目标是证明不等式，从而可以进行放缩变形，我们有

$$a_n = 2 - \frac{1}{1 + 3^n} + \frac{1}{3^{n+1} - 1}$$

$$> 2 - \frac{1}{3^n} + \frac{1}{3^{n+1}}.$$

所以,有

$$\sum_{i=1}^{n} a_i > \sum_{i=1}^{n}\left(2 - \frac{1}{3^i} + \frac{1}{3^{i+1}}\right) = 2n - \frac{1}{3^1} + \frac{1}{3^{n+1}} > 2n - \frac{1}{3}.$$

例3 求证:对任何整数 $n \geqslant 2$,有 $\dfrac{6n}{(n+1)(2n+1)} < 1 + \dfrac{1}{2^2} + \dfrac{1}{3^2} + \cdots + \dfrac{1}{n^2} < \dfrac{33}{20}$.

分析与证明 为了将和式中的通项 $\dfrac{1}{n^2}$ "表成"差分形式,我们先对其进行放缩变形,容易想到的是,利用 $i \geqslant 2$ 时,有

$$\frac{1}{i(i+1)} < \frac{1}{i^2} < \frac{1}{i(i-1)}.$$

这样,我们有

$$\sum_{i=1}^{n} \frac{1}{i^2} > \sum_{i=1}^{n} \frac{1}{i(i+1)} = \sum_{i=1}^{n}\left(\frac{1}{i} - \frac{1}{i+1}\right) = 1 - \frac{1}{n+1} = \frac{n}{n+1}.$$

$$\sum_{i=1}^{n} \frac{1}{i^2} = 1 + \sum_{i=2}^{n} \frac{1}{i^2} < 1 + \sum_{i=2}^{n} \frac{1}{i(i-1)} = 1 + \sum_{i=2}^{n}\left(\frac{1}{i-1} - \frac{1}{i}\right)$$

$$= 1 + 1 - \frac{1}{n} = \frac{2n-1}{n}.$$

但两个不等式与我们的目标不等式都存在差异,需要进行优化.首先考虑的是,能否有

$$\frac{n}{n+1} > \frac{6n}{(n+1)(2n+1)}, \quad \frac{2n-1}{n} < \frac{33}{20}.$$

对于前者,要求 $n \geqslant 3$;对于后者,要求 $n \leqslant 2$.

于是,当 $n \geqslant 3$ 时,目标左边的不等式成立.又直接验证可知 $n = 2$ 时左边不等式也成立,从而左边不等式获证.

而对于目标右边的不等式,则需要改进原有的估计:不等式 $\dfrac{1}{i^2} < \dfrac{1}{i(i-1)}$ 右边要变更小一些.最容易想到的是将其改进为 $\dfrac{1}{i^2} < $

$\dfrac{1}{i\left(i-\dfrac{1}{2}\right)}$,即

$$\dfrac{1}{i^2} < \dfrac{2}{i(2i-1)} = \dfrac{4}{2i\cdot(2i-1)} = 4\left(\dfrac{1}{2i-1} - \dfrac{1}{2i}\right),$$

但此时$\dfrac{1}{2i-1} - \dfrac{1}{2i}$并不是"$b_{i+1} - b_i$"的形式.进一步思考即可发现,将$\dfrac{1}{2i-1} - \dfrac{1}{2i}$中后一个分式的$2i$换成$2i+1$即可,于是

$$\dfrac{1}{i^2} < \dfrac{4}{4i^2-1} = 2\left(\dfrac{1}{2i-1} - \dfrac{1}{2i+1}\right),$$

$$\sum_{i=1}^{n} \dfrac{1}{i^2} < \sum_{i=1}^{n} \dfrac{4}{4i^2-1} = 2\sum_{i=1}^{n}\left(\dfrac{1}{2i-1} - \dfrac{1}{2i+1}\right)$$

$$= 2\left(1 - \dfrac{1}{2n+1}\right) < 2.$$

遗憾的是,$\dfrac{33}{20} < 2$.尽管我们没有到达目标,但与目标很靠近,只需再作些改进即可.显然,以上由放缩变形得到的差分形式是可取的,只需平移放缩的起点:保持前两项不变,从第三项起开始放缩成差分形式,则有

$$\sum_{i=1}^{n}\dfrac{1}{i^2} = 1 + \dfrac{1}{4} + \sum_{i=3}^{n}\dfrac{1}{i^2} < \dfrac{5}{4} + \sum_{i=3}^{n}\dfrac{4}{4i^2-1}$$

$$= \dfrac{5}{4} + 2\sum_{i=3}^{n}\left(\dfrac{1}{2i-1} - \dfrac{1}{2i+1}\right)$$

$$= \dfrac{5}{4} + 2\left(\dfrac{1}{5} - \dfrac{1}{2n+1}\right) < \dfrac{5}{4} + \dfrac{2}{5} = \dfrac{33}{20}.$$

综上所述,不等式获证.

例4(2012年IMO试题) 设$n \geq 3$,正实数$a_2, a_3, \cdots, a_n$满足$a_2 \cdot a_3 \cdots \cdot a_n = 1$,试证:$(a_2+1)^2(a_3+1)^3\cdots(a_n+1)^n > n^n$.

分析与证明 不等式右边是"纯积"形式,而左边是若干个多项

式的积的形式,所以,我们必须利用不等式,将左边的每一个多项式都"变成"积的形式.

考察其中一个多项式 $(a_k+1)^k$,最容易想到的是利用二元平均值不等式,得

$$(a_k+1)^k \geqslant (2\sqrt{a_k})^k = 2^k \cdot (a_k)^{\frac{k}{2}},$$

但这些不等式相乘,并不能产生条件中的 $a_2 \cdot a_3 \cdots \cdot a_n$,由此想到,应将上述不等式中 a_k 的指数 $\frac{k}{2}$ 变成 1,这自然是要将 $\frac{k}{2}$ 中的"2"换成 k,所以必须对多项式 $(a_k+1)^k$ 利用 k 元平均值不等式,这势必要将其中的常数 1 分拆成 $k-1$ 个相等的常数,于是,由 k 元平均值不等式,我们有

$$(a_k+1)^k = \left(a_k + \frac{1}{k-1} + \cdots + \frac{1}{k-1}\right)^k$$

$$\geqslant \left[k\sqrt[k]{a_k \cdot \left(\frac{1}{k-1}\right)^{k-1}}\right]^k = \frac{k^k}{(k-1)^{k-1}} a_k,$$

其中 $k=2,3,\cdots,n$.于是

$$(a_2+1)^2(a_3+1)^3\cdots(a_n+1)^n \geqslant \frac{2^2}{1^1}a_2 \frac{3^3}{2^2}a_3 \cdots \frac{n^n}{(n-1)^{n-1}} a_n$$

$$= n^n.$$

若不等式等号成立,则对任意的 $k=2,3,\cdots,n$,有 $a_k = \frac{1}{k-1}$,此时由 $n \geqslant 3$ 知 $a_2 \cdot a_3 \cdot \cdots \cdot a_n = \frac{1}{(n-1)!} \neq 1$,矛盾,因此上述不等式等号不成立,从而不等式得证.

例 5(原创题)　给定正数 a,b,对 $x>0, y>0$,且 $x^{2009}+y^{2009}=1$,求 $f(x,y) = \frac{a}{x^{336}} + \frac{b}{y^{336}}$ 的最小值.

分析与解　令 $p = \frac{a}{x^{336}} + \frac{b}{y^{336}}$,则 $1 = \frac{a}{px^{336}} + \frac{b}{py^{336}}$.

现在，我们只需由上述等式建立关于 p 的不等式. 为了消去 x, y, 需经过放缩变形后产生 $x^{2009}+y^{2009}$, 以利用条件. 从指数 2009 考虑, 自然想到利用 2009 元平均值不等式, 所以, 需将 $\dfrac{a}{px^{336}}$、$\dfrac{b}{py^{336}}$ 都分别等分为 2009 项的和, 我们有

$$2009 = \dfrac{2009a}{px^{336}} + \dfrac{2009b}{py^{336}}$$

$$= \underbrace{\dfrac{a}{px^{336}} + \dfrac{a}{px^{336}} + \cdots + \dfrac{a}{px^{336}}}_{2009\text{个项}} + \underbrace{\dfrac{b}{py^{336}} + \dfrac{b}{py^{336}} + \cdots + \dfrac{b}{py^{336}}}_{2009\text{个项}}.$$

为了去分母, 注意到条件: $x^{2009}+y^{2009}$ 为常数 1, 可在上式中配上一个项 $x^{2009}+y^{2009}$, 但 $\underbrace{\dfrac{a}{px^{336}} + \dfrac{a}{px^{336}} + \cdots + \dfrac{a}{px^{336}}}_{2009\text{个项}}$ 利用不等式化积后, 分

母中 x 的幂为 $(x^{336})^{2009} = x^{336 \cdot 2009}$, 于是想到在上式中配上 336 个项 $x^{2009}+y^{2009}$, 以便利用不等式化积后, 分子中 x 的幂变为 $(x^{2009})^{336} = x^{336 \cdot 2009}$, 达到约分的目的. 所以

$$2345 = 336(x^{2009}+y^{2009}) + \left(\dfrac{2009a}{px^{336}} + \dfrac{2009b}{py^{336}}\right)$$

$$= \left(336x^{2009} + \dfrac{2009a}{px^{336}}\right) + \left(336y^{2009} + \dfrac{2009b}{py^{336}}\right)$$

$$\geqslant 2345 \cdot \sqrt[2345]{(x^{2009})^{336}\left(\dfrac{a}{px^{336}}\right)^{2009}}$$

$$+ 2345 \cdot \sqrt[2345]{(y^{2009})^{336}\left(\dfrac{b}{py^{336}}\right)^{2009}}$$

$$= 2345 \cdot \sqrt[2345]{\left(\dfrac{a}{p}\right)^{2009}} + 2345 \cdot \sqrt[2345]{\left(\dfrac{b}{p}\right)^{2009}},$$

所以

$$p \geqslant \left(a^{\frac{2009}{2345}} + b^{\frac{2009}{2345}}\right)^{\frac{2345}{2009}}.$$

若等号成立, 则

$$x^{2009} = \frac{a}{px^{336}}, \quad y^{2009} = \frac{b}{py^{336}},$$

解得

$$x = \sqrt[2345]{\frac{a}{p}} = \frac{a^{\frac{1}{2345}}}{\left(a^{\frac{2009}{2345}} + b^{\frac{2009}{2345}}\right)^{\frac{1}{2009}}}, \quad y = \sqrt[2345]{\frac{b}{p}} = \frac{b^{\frac{1}{2345}}}{\left(a^{\frac{2009}{2345}} + b^{\frac{2009}{2345}}\right)^{\frac{1}{2009}}}.$$

此时,

$$x^{2009} + y^{2009} = \frac{a^{\frac{2009}{2345}}}{a^{\frac{2009}{2345}} + b^{\frac{2009}{2345}}} + \frac{b^{\frac{2009}{2345}}}{a^{\frac{2009}{2345}} + b^{\frac{2009}{2345}}} = 1$$

合乎条件,故 $f(x,y) = \frac{a}{x^{336}} + \frac{b}{y^{336}}$ 的最小值为 $\left(a^{\frac{2009}{2345}} + b^{\frac{2009}{2345}}\right)^{\frac{2345}{2009}}$.

例 6(第 18 届莫斯科数学奥林匹克试题) 将 $1, 2, 3, \cdots, n^2$ 排成如下数表:

$$A = \begin{pmatrix} 1 & 2 & \cdots & n \\ n+1 & n+2 & \cdots & 2n \\ \vdots & \vdots & & \vdots \\ n(n-1)+1 & n(n-1)+2 & \cdots & n^2 \end{pmatrix},$$

先从表中取出一个数,然后划去该数所在的行和列,得到新数表,再对新数表进行类似的处理,求证取出的 n 个数的和为定值.

分析与证明 表 A 中的第 i 行、第 j 列的数为

$$a_{ij} = (i-1)n + j \quad (1 \leqslant i, j \leqslant n),$$

它可以看成是两部分的和,我们称 $(i-1)n$ 是它的前部,j 是它的后部.

每个数的前部按照原来的位置排成一个新的数表 B,每个数的后部按照原来的位置排成一个新的数表 C:

$$B = \begin{pmatrix} 0 & 0 & \cdots & 0 \\ n & n & \cdots & n \\ \vdots & \vdots & & \vdots \\ n(n-1) & n(n-1) & \cdots & n(n-1) \end{pmatrix},$$

$$C = \begin{pmatrix} 1 & 2 & \cdots & n \\ 1 & 2 & \cdots & n \\ \vdots & \vdots & & \vdots \\ 1 & 2 & \cdots & n \end{pmatrix}.$$

这样,在表 A 中取出一个数,等价于在 B、C 对应位置各取出一个数.

由于 A 中取出的 n 个数不同行、不同列,从而 B、C 中取出的 n 个数也不同行、不同列,于是,B 中每行取出一个数,分别为 $0, n, 2n, \cdots, n^2 - n$,$C$ 中每列取出一个数,分别为 $1, 2, \cdots, n$.

于是,所取出的 n 个数之和为

$$0 + n + 2n + \cdots + (n^2 - n) + 1 + 2 + \cdots + n = \frac{n(n^2 + 1)}{2}(常数).$$

例 7(第 4 届美国数学邀请赛试题) 递增数列 $1, 3, 4, 9, 10, 12, 13, \cdots$ 是由一些正整数组成的,它们或是 3 的幂,或是若干不同的 3 的幂之和,求该数列的第 100 项.

分析与解 为求该数列的第 100 项,找一个充分条件,发掘数列的每一个项 a_n 与其序号 n 的某种关系.为此,将 a_n 与其序号 n 的对应取值排列成表 1.1:

表 1.1

a_n	1	3	4	9	10	12	13	27	$\cdots$
n	1	2	3	4	5	6	7	8	$\cdots$

由题意,已知数列的每一个项都可分解成 3 的幂的和的形式:

$$a_1 = 3^0, a_2 = 3^1, a_3 = 3^0 + 3^1, a_4 = 3^2, a_5 = 3^0 + 3^2,$$
$$a_6 = 3^1 + 3^2, a_7 = 3^0 + 3^1 + 3^2, a_8 = 3^3, a_9 = 3^3 + 3^0, \cdots$$

于是,已知数列的每一个项用 3 进制表示,则 3 进制数中只含有数字 0 和 1,各项依次为

$a_1 = (1)_3, a_2 = (10)_3, a_3 = (11)_3, a_4 = (100)_3, a_5 = (101)_3,$
$a_6 = (110)_3, a_7 = (111)_3, a_8 = (1000)_3, \cdots$

这样一来,上表中的第一行都变成了由 0,1 组成的排列(表 1.2).

表 1.2

a_n(3 进制数)	1	10	11	100	101	110	111	1000	⋯
n	1	2	3	4	5	6	7	8	⋯

由数字 0、1,我们想到了 2 进制数,如果将表 1.2 中第一行中的数都看成 2 进制数,则它恰好是它在数列中对应项的序号.

由此可见,对正整数 n,若将 n 表成 2 进制数:$n = (p_1 p_2 \cdots p_r)_2$,再将其看成是 3 进制数(数字及其顺序都不变),则得到的 3 进制数就是第 n 项 a_n,即 $a_n = (p_1 p_2 \cdots p_r)_3$.

我们证明,这一结论对任何正整数 n 都成立.

实际上,因为数列中每一个项是正整数,且或是 3 的幂,或是若干不同的 3 的幂之和,则每一个项的 3 进制数表示中只含有数字 0 和 1.

又数列是递增数列,从而数列是所有由数字 0,1 组成的正整数(首位不是 0)按递增顺序排列而成的序列,这恰好是所有 2 进制正整数按递增顺序排列而成的序列,由一一对应关系可知结论成立.

因为 $100 = (1100100)_2$,所以 $a_{100} = (1100100)_3 = 3^6 + 3^5 + 3^2 = 981$,即数列的第 100 项为 981.

1.3 局部分解

所谓局部分解,就是对数学对象的某个局部中的元素进行分解. 最常见的一种局部分解是分式变形中的"分离整数部分":如果一个分式的分子与分母都是关于同一个变量的整式,而分子的次数不小

于分母的次数,则可通过"带余除法",将其分解为一个整式与"真分式"的和.特别地,如果一个分式的分子与分母都是关于同一个变量的整式,而分子为单项式,分母为多项式,则可考察分式的"倒数",然后进行"分离整数部分"的变形.

例 1(原创题) 设 $a_1 = 1, a_{n+1} = \dfrac{1-n}{n+1}a_n + \dfrac{(-1)^{n-1}}{n(n+1)}$,对任意正整数 n,求 a_n.

分析与解 注意到递归关系中的"尾巴"$\dfrac{(-1)^{n-1}}{n(n+1)}$ 可分拆为 $(-1)^n\left(\dfrac{1}{n} - \dfrac{1}{n+1}\right)$,于是,递归关系可变为

$$a_{n+1} + \dfrac{(-1)^n}{n} = \dfrac{1-n}{n+1}a_n + \dfrac{(-1)^n}{n+1} = \dfrac{1-n}{n+1}a_n - \dfrac{(-1)^{n-1}}{n+1}$$

$$= -\dfrac{n-1}{n+1}\left[a_n + \dfrac{(-1)^{n-1}}{n-1}\right] \quad (n > 1).$$

所以,有

$$a_3 + \dfrac{(-1)^2}{2} = -\dfrac{2-1}{2+1}\left[a_2 + \dfrac{(-1)^{2-1}}{2-1}\right],$$

$$a_4 + \dfrac{(-1)^3}{3} = -\dfrac{3-1}{3+1}\left[a_3 + \dfrac{(-1)^{3-1}}{3-1}\right],$$

……

$$a_n + \dfrac{(-1)^{n-1}}{n-1} = -\dfrac{n-2}{n}\left[a_{n-1} + \dfrac{(-1)^{n-2}}{n-2}\right] \quad (n > 2).$$

以上各式相乘,得

$$a_n + \dfrac{(-1)^{n-1}}{n-1} = (-1)^{n-2} \cdot \dfrac{2}{n(n-1)} \cdot \left[a_2 + \dfrac{(-1)^{2-1}}{2-1}\right]$$

$$= \dfrac{(-1)^{n-2}}{n(n-1)}(2a_2 - 2) = \dfrac{(-1)^{n-1}}{n(n-1)},$$

所以,有

$$a_n = \dfrac{(-1)^{n-1}}{n(n-1)} - \dfrac{(-1)^{n-1}}{n-1} = \dfrac{(-1)^n}{n} \quad (n > 2).$$

又 $a_2 = \frac{1}{2}$ 满足此公式，故 $a_n = \begin{cases} 1 & (n=1) \\ \frac{(-1)^n}{n} & (n>1) \end{cases}$.

例2（原创题） 设 $x, y, z \geqslant 0$，$x^2 + y^2 + z^2 = 1$，求 $W = \frac{yz}{1+x^2} + \frac{zx}{1+y^2} + \frac{xy}{1+z^2}$ 的最小值.

分析与解 巧妙地对常数3进行分拆，有

$$3 = \sum 1 = \sum \frac{x^2 + y^2}{x^2 + y^2} = \sum \frac{x^2}{x^2 + y^2} + \sum \frac{y^2}{x^2 + y^2}$$

$$= \sum \frac{z^2}{z^2 + x^2} + \sum \frac{y^2}{x^2 + y^2} = \sum \left(\frac{z^2}{z^2 + x^2} + \frac{y^2}{x^2 + y^2} \right),$$

又由柯西（Cauchy）不等式，有

$$(z^2 + x^2 + x^2 + y^2) \cdot \left(\frac{z^2}{z^2 + x^2} + \frac{y^2}{x^2 + y^2} \right) \geqslant (z+y)^2 \geqslant 4yz,$$

所以，有

$$\frac{yz}{1+x^2} = \frac{yz}{(z^2+x^2)+(x^2+y^2)} \leqslant \frac{1}{4} \left(\frac{z^2}{z^2+x^2} + \frac{y^2}{x^2+y^2} \right),$$

$$W = \sum \frac{yz}{1+x^2} \leqslant \frac{1}{4} \sum \left(\frac{z^2}{z^2+x^2} + \frac{y^2}{x^2+y^2} \right) = \frac{3}{4}.$$

又 $x = y = z = \frac{\sqrt{3}}{3}$ 时，$W = \frac{3}{4}$，故 W 的最小值为 $\frac{3}{4}$.

注 本题有如下两种变异形式：

变异1 设 $x, y, z \geqslant 0$，$x^2 + y^2 + z^2 = 1$，则 $\sum \frac{yz}{1-yz} \leqslant \frac{3}{2}$.

实际上，由 $\sum \frac{yz}{1+x^2} \leqslant \frac{3}{4}$，得

$$\sum \frac{yz}{1-yz} = \sum \frac{yz}{x^2+y^2+z^2-yz} \leqslant \sum \frac{yz}{x^2+y^2+z^2-\frac{y^2+z^2}{2}}$$

$$= \sum \frac{2yz}{2x^2+y^2+z^2} = 2\sum \frac{yz}{1+x^2} \leqslant \frac{3}{2}.$$

变异 2 设 $x、y、z \geqslant 0, x^2 + y^2 + z^2 = 1$,则 $\sum \dfrac{1}{1-yz} \leqslant \dfrac{9}{2}$.

实际上,由 $\sum \dfrac{yz}{1-yz} \leqslant \dfrac{3}{2}$,得

$$\sum \dfrac{1}{1-yz} = \sum \dfrac{1-yz+yz}{1-yz} = 3 + \sum \dfrac{yz}{1-yz} \leqslant 3 + \dfrac{3}{2} = \dfrac{9}{2}.$$

例 3 设 $0 < x_i < 1, s = \sum_{i=1}^{n} x_i$,求证: $\sum_{i=1}^{n}(s-x_i)^{x_i} > n-1$.

分析与证明 不等式左边是若干项的"和"的形式,从而应把右边的常数"$n-1$"替换为以下"和"形式:

$$n - 1 = \sum_{i=1}^{n} 1 - \sum_{i=1}^{n} \dfrac{x_i}{s} = \sum_{i=1}^{n}\left(1 - \dfrac{x_i}{s}\right) = \sum_{i=1}^{n} \dfrac{s-x_i}{s},$$

于是原不等式化为

$$\sum_{i=1}^{n}(s-x_i)^{x_i} > \sum_{i=1}^{n} \dfrac{s-x_i}{s}. \tag{1.5}$$

不等式(1.5)成立的一个充分条件是,对每一个 i,有

$$(s-x_i)^{x_i} > \dfrac{s-x_i}{s}. \tag{1.6}$$

观察不等式(1.6),发现其有如下特点:左边是一种指数形式,其底数与指数的和恰好为不等式右边的常数 s,从而想到将右边的 s 分拆为 $(s-x_i) + x_i$,使之与左边靠近,这样,不等式(1.6)可以化为

$$(s-x_i)^{x_i} > \dfrac{s-x_i}{(s-x_i)+x_i}, \tag{1.7}$$

不等式(1.7)包含有 n 个不等式($i = 1, 2, \cdots, n$),这些不等式可以抽象成如下一个统一形式:

$$x^y > \dfrac{x}{x+y}. \tag{1.8}$$

不等式(1.8)右边的分子是单项式,而分母是多项式,宜将不等式取倒数,变形为

$$\left(1 + \dfrac{1}{x}\right)^{\frac{1}{y}} > \dfrac{1}{x}.$$

上述不等式与伯努利不等式相近,但要利用伯努利不等式,需有 $\frac{1}{y}>1$,即 $0<y<1$。注意到不等式(1.8)中的 y 对应于不等式(1.7)中的 x_i,而题设条件中恰好有 $0<x_i<1$! 于是,由伯努利不等式,得

$$\left(1+\frac{1}{x}\right)^{\frac{1}{y}} \geqslant 1+\frac{1}{y} \cdot \frac{1}{x} > 1+\frac{1}{x} > \frac{1}{x}.$$

从而原不等式成立.

例 4(第 4 届中国数学奥林匹克试题) 设 $x_i > 0$,$\sum_{i=1}^{n} x_i = 1$,求证: $\sum_{i=1}^{n} \frac{x_i}{\sqrt{1-x_i}} \geqslant \sum_{i=1}^{n} \frac{\sqrt{x_i}}{\sqrt{n-1}}$.

分析与证明 如果将 $\sqrt{1-x_i}$ 看成一个数,则 $\frac{x_i}{\sqrt{1-x_i}}$ 的分子与分母都是关于该数的整式,且分子的次数为 2,大于分母的次数 1,可先分离整数部分,得

$$A = \sum_{i=1}^{n} \frac{x_i}{\sqrt{1-x_i}} = \sum_{i=1}^{n} \frac{(x_i-1)+1}{\sqrt{1-x_i}}$$

$$= \sum_{i=1}^{n} \frac{1}{\sqrt{1-x_i}} - \sum_{i=1}^{n} \sqrt{1-x_i}.$$

至此,分别对 $\sum_{i=1}^{n} \frac{1}{\sqrt{1-x_i}}$,$\sum_{i=1}^{n} \sqrt{1-x_i}$ 利用柯西不等式去根号,有

$$A \geqslant \frac{n^2}{\sum_{i=1}^{n} \sqrt{1-x_i}} - \sum_{i=1}^{n} \sqrt{1-x_i}$$

$$\geqslant \frac{n^2}{\sqrt{\sum_{i=1}^{n}(1-x_i)\sum_{i=1}^{n}1}} - \sqrt{\sum_{i=1}^{n}(1-x_i)\sum_{i=1}^{n}1}$$

$$= \frac{n^2}{\sqrt{n(n-1)}} - \sqrt{n(n-1)}$$

$$= \frac{n}{\sqrt{n(n-1)}} = \sqrt{\frac{n}{n-1}},$$

现在,我们只须证明 $\sqrt{\dfrac{n}{n-1}} \geqslant \sum\limits_{i=1}^{n} \dfrac{\sqrt{x_i}}{\sqrt{n-1}}$,即 $\sum\limits_{i=1}^{n} \sqrt{x_i} \leqslant \sqrt{n}$.

再由柯西不等式去根号,得

$$\sum_{i=1}^{n} \sqrt{x_i} \leqslant \sqrt{\sum_{i=1}^{n} 1 \sum_{i=1}^{n} x_i} = \sqrt{n},$$

不等式获证.

例 5(2006 年 IMO 中国国家集训队测试题) 设 $x_1, x_2, \cdots, x_n$ 是正数,且 $\sum\limits_{i=1}^{n} x_i = 1$,求证: $\left(\sum\limits_{i=1}^{n} \sqrt{x_i}\right)\left(\sum\limits_{i=1}^{n} \dfrac{1}{\sqrt{1+x_i}}\right) \leqslant \dfrac{n^2}{\sqrt{n+1}}$.

分析与证明 本题原来的证明是利用三角代换,利用元素分拆,我们得到了一个简单的证明. 因为

$$\frac{1}{\sqrt{1+x_i}} = \frac{(1+x_i) - x_i}{\sqrt{1+x_i}} = \sqrt{1+x_i} - \frac{x_i}{\sqrt{1+x_i}},$$

所以,有

$$\left(\sum_{i=1}^{n} \sqrt{x_i}\right)\left(\sum_{i=1}^{n} \frac{1}{\sqrt{1+x_i}}\right) \leqslant \frac{n^2}{\sqrt{n+1}}$$

$$\Leftrightarrow \sum \sqrt{1+x_i} - \sum \frac{x_i}{\sqrt{1+x_i}} \leqslant \frac{n^2}{\sqrt{n+1}} \frac{1}{\sum \sqrt{x_i}}$$

$$\Leftrightarrow \sum \sqrt{1+x_i} \leqslant \sum \frac{x_i}{\sqrt{1+x_i}} + \frac{n^2}{\sqrt{n+1}} \frac{1}{\sum \sqrt{x_i}}. \quad (1.9)$$

由柯西不等式,式 (1.9) 左边 $= \sum (1 \cdot \sqrt{1+x_i}) \leqslant \sqrt{\sum 1 \sum (1+x_i)} = \sqrt{n(n+1)}$.

现在,将式 (1.9) 右边的第一个"和"向第二个"和"靠近,以便使用整体不等式. 于是,由

$$\left(\sum \sqrt{1+x_i}\right)\left(\sum \frac{x_i}{\sqrt{1+x_i}}\right) \geqslant \left(\sum \sqrt{x_i}\right)^2,$$

得

$$\sum \frac{x_i}{\sqrt{1+x_i}} \geqslant \frac{\left(\sum \sqrt{x_i}\right)^2}{\sum \sqrt{1+x_i}},$$

所以

式(1.9) 右边 $\geqslant \dfrac{\left(\sum \sqrt{x_i}\right)^2}{\sum \sqrt{1+x_i}} + \dfrac{n^2}{\sqrt{n+1}} \dfrac{1}{\sum \sqrt{x_i}}$

$= \dfrac{\left(\sum \sqrt{x_i}\right)^2}{\sum \sqrt{1+x_i}} + \underbrace{\dfrac{n}{\sqrt{n+1}} \dfrac{1}{\sum \sqrt{x_i}} + \cdots + \dfrac{n}{\sqrt{n+1}} \dfrac{1}{\sum \sqrt{x_i}}}_{n}$

$\geqslant (n+1) \sqrt[n+1]{\left(\dfrac{n}{\sqrt{n+1}}\right)^n \left[\dfrac{1}{\sum \sqrt{x_i}}\right]^n \cdot \dfrac{\left(\sum x_i\right)^2}{\sum \sqrt{1+x_i}}}$

$= (n+1) \sqrt[n+1]{\left(\dfrac{n}{\sqrt{n+1}}\right)^n \dfrac{1}{\left(\sum \sqrt{x_i}\right)^{n-2}} \cdot \dfrac{1}{\sum \sqrt{1+x_i}}}$

$\geqslant (n+1) \sqrt[n+1]{\left(\dfrac{n}{\sqrt{n+1}}\right)^n \dfrac{1}{(\sqrt{n})^{n-2}} \cdot \dfrac{1}{\sqrt{n(n+1)}}}$

$\left(\text{因为} \sum 1 \cdot \sqrt{x_i} \leqslant \sqrt{\sum 1 \sum x_i} = \sqrt{n}\right)$

$= (n+1) \cdot \dfrac{n}{\sqrt{n(n+1)}} = \sqrt{n(n+1)},$

所以式(1.9)成立,从而原不等式成立.

例6(1973年波兰数学奥林匹克试题) 求证:任何多项式 $f(x)$ 都可以表示成两个严格递增的多项式之差.

分析与证明 (1) 若 $f(x) = c$(常数),则 $f(x) = (x+c) - x$,结论成立.

(2) 若 $f(x)$ 非常数,设其次数为 $n(n \in \mathbf{N}^*)$,对多项式的次数 n

归纳.

当 $n=1$ 时,设 $f(x)=ax+b$,关键是如何把 ax 分解为两个严格递增的多项式之差.由于 x 是严格递增的多项式,所以只需将 a 分解为 2 个正数之差,这是很容易办到的,取正数 b,使 $b>|a|$,则 $a=(b+a)-b$.特别地,可取 $b=|a|+1$,则
$$a=(a+|a|+1)-(|a|+1),$$
此时,$f(x)=ax+b=(a+|a|+1)x+b-(|a|+1)x$,结论成立.

设结论对 n 次多项式成立,考虑 $n+1$ 次的多项式,令
$$f(x)=ax^{n+1}+g(x),$$
其中 $a\neq 0$,$g(x)$ 为常数或其次数不大于 n.

由前面的结论及归纳假设,存在严格递增的多项式 $p(x)$、$q(x)$,使
$$g(x)=p(x)-q(x),$$

现在的问题是,如何将 ax^{n+1} 分解为两个严格递增的多项式之差.如果 n 为偶数,问题很简单,由于 x^{n+1} 是严格递增的多项式,只需仿上将 a 分解为 2 个正数之差:$a=(a+|a|+1)-(|a|+1)$,于是,有
$$f(x)=(a+|a|+1)x^{n+1}-(|a|+1)x^{n+1}+p(x)-q(x)$$
$$=[(|a|+a+1)x^{n+1}+p(x)]$$
$$-[(|a|+1)x^{n+1}+q(x)],$$
结论成立.

如果 n 为奇数,则 x^{n+1} 不单调,由此想到将 ax^{n+1} 的次数升高 1 次,化归到上面的情形处理,这利用多项式的差分即可到达目的:
$$ax^{n+1}=\frac{1}{n+2}\cdot[(x+a)^{n+2}-x^{n+2}]+h(x),$$
其中 $h(x)$ 是常数或其次数不大于 n.于是,有
$$f(x)=ax^{n+1}+g(x)=\frac{1}{n+2}\cdot[(x+a)^{n+2}-x^{n+2}]+r(x),$$

其中 $r(x)$ 是常数或其次数不大于 n. 因为 $(x+a)^{n+2}$、x^{n+2} 都是严格递增的多项式,对 $f(x)$ 利用归纳假设,结论成立.

例 7(美国数学月刊问题征解题) 两个同心圆的半径分别为 R,R_1($R_1 > R$),$\triangle ABC$ 内接于内圆,延长 BC,CA,AB,交外圆于 A_1,B_1,C_1(图 1.1).

求证: $\dfrac{S(A_1B_1C_1)}{R_1^2} \geqslant \dfrac{S(ABC)}{R^2}$,其中 $S(M)$ 表示图形 M 的面积.

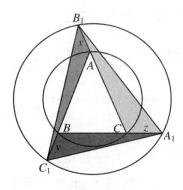

图 1.1

分析与证明 将不等式重新组合,我们只需证明
$$\frac{S(A_1B_1C_1)}{S(ABC)} \geqslant \frac{R_1^2}{R^2}.$$

将上式左边分拆为 4 个部分
$$\frac{S(A_1B_1C_1)}{S(ABC)} = 1 + \frac{S_{\mathrm{I}}}{S(ABC)} + \frac{S_{\mathrm{II}}}{S(ABC)} + \frac{S_{\mathrm{III}}}{S(ABC)},$$

其中 $S_{\mathrm{I}} = S(AB_1C_1)$,$S_{\mathrm{II}} = S(BC_1A_1)$,$S_{\mathrm{III}} = S(CA_1B_1)$(图 1.1).

又记 $AB = c$,$BC = a$,$CA = b$,$AB_1 = x$,$BC_1 = y$,$CA_1 = z$,则
$$\frac{S_{\mathrm{I}}}{S(ABC)} = \frac{x(c+y)\sin A}{bc\sin A} = \frac{x(c+y)}{bc},$$

同理

$$\frac{S_{\text{II}}}{S(ABC)} = \frac{y(a+z)}{ca}, \quad \frac{S_{\text{III}}}{S(ABC)} = \frac{z(b+x)}{ab}.$$

又 $A_1B \cdot A_1C = (R_1 - R)(R_1 + R) = R_1^2 - R^2$,即

$$z(z+a) = R_1^2 - R^2,$$

同理,$x(x+b) = R_1^2 - R^2$,$y(y+c) = R_1^2 - R^2$,所以,有

$$\frac{S_{\text{I}}}{S(ABC)} = \frac{x(c+y)}{bc} = \frac{xy(c+y)}{ybc} = \frac{x}{ybc}(R_1^2 - R^2),$$

同理,$\dfrac{S_{\text{II}}}{S(ABC)} = \dfrac{y}{zca}(R_1^2 - R^2)$,$\dfrac{S_{\text{III}}}{S(ABC)} = \dfrac{z}{xab}(R_1^2 - R^2)$,所以,有

$$\frac{S(A_1B_1C_1)}{S(ABC)} = 1 + \left(\frac{x}{ybc} + \frac{y}{zca} + \frac{z}{xab}\right)(R_1^2 - R^2)$$

$$\geq 1 + 3(R_1^2 - R^2)\left(\frac{1}{a^2b^2c^2}\right)^{\frac{1}{3}}.$$

又

$$abc = 8R^3 \sin A \sin B \sin C$$

$$\leq 8R^3 \left(\frac{\sin A + \sin B + \sin C}{3}\right)^3$$

$$\leq 8R^3 \sin^3\left(\frac{A+B+C}{3}\right) = 3\sqrt{3}R^3.$$

所以,有

$$\frac{S(A_1B_1C_1)}{S(ABC)} \geq 1 + 3(R_1^2 - R^2)\left(\frac{1}{27R^6}\right)^{\frac{1}{3}}$$

$$= 1 + \frac{R_1^2 - R^2}{R^2} = \frac{R_1^2}{R^2}.$$

注 本题推广到四边形,即 1993 年中国数学奥林匹克试题.

习题 1

1. 设数列 $\{a_n\}$ 满足:$a_1 = 1$,$a_{n+1} = 2a_n + n(1+2^n)$ $(n \in \mathbf{N}^*)$,求其通项 a_n.

2.（原创题） 设 $a_1=1, a_2=2$, 对 $n \geqslant 2, a_{n+1}=\dfrac{2n}{n+1}a_n - \dfrac{n-1}{n+1}a_{n-1}$, 若对一切正整数 $n \geqslant m$, 有 $a_n > 2 + \dfrac{2008}{2009}$, 求正整数 m 的最小值.

3.（2003年全国高中数学联赛试题） 已知 $\dfrac{3}{2} \leqslant x \leqslant 5$, 求证:
$2\sqrt{x+1} + \sqrt{2x-3} + \sqrt{15-3x} < 2\sqrt{19}$.

4.（1988年全国高中数学联赛试题） 设函数 $f(x)$ 在 $[0,1]$ 上连续, $f(0)=f(1)$, 对 $x_1, x_2 \in [0,1], x_1 \neq x_2$, 有 $|f(x_1)-f(x_2)| < |x_1-x_2|$. 求证: 对 $x_1, x_2 \in [0,1]$, 有 $|f(x_1)-f(x_2)| < \dfrac{1}{2}$.

5. 设 $x \in [-1,1]$ 时, 恒有 $|ax^2+bx+c| \leqslant 1$, 求证: 对一切 $x \in [-1,1]$, 有 $|cx^2 \pm bx + a| \leqslant 2$.

6.（2008年中国东南地区数学奥林匹克试题） 求出最大的正实数 λ, 使得对于满足 $x^2+y^2+z^2=1$ 的任何实数 x, y, z 成立不等式: $|\lambda xy + yz| \leqslant \dfrac{\sqrt{5}}{2}$.

7. 设 $a_1, a_2, \cdots, a_n \in \mathbf{R}$, 求证:
$$\left(\sum_{i=1}^n i a_i - \dfrac{n+1}{2}\sum_{i=1}^n a_i\right)^2 \leqslant \dfrac{n^2-1}{12}\left[n\sum_{i=1}^n a_i^2 - \left(\sum_{i=1}^n a_i\right)^2\right].$$

8.（原创题） 是否存在 $\mathbf{R} \to \mathbf{R}$ 上的周期函数 $f(x)$、$g(x)$, 使对任何 $x \in \mathbf{R}$, 有 $f(x)+g(x)=x$?

习题 1 解答

1. 将递归关系变形为差分形式: $\dfrac{a_{n+1}}{2^{n+1}} - \dfrac{a_n}{2^n} = \dfrac{n}{2^{n+1}} + \dfrac{n}{2}$. 求和, 得
$\dfrac{a_{n+1}}{2^{n+1}} - \dfrac{a_1}{2^1} = \dfrac{n(n+1)}{4} + \sum_{i=1}^n \dfrac{i}{2^{i+1}} = \dfrac{n(n+1)}{4} + \left(1 - \dfrac{n+2}{2^{n+1}}\right)$, 所以

$a_n = 2^{n-2}(n^2 - n + 6) - n - 1.$

2. 4019.

递归关系变为 $a_{n+1} - a_n = \dfrac{n-1}{n+1}a_n - \dfrac{n-1}{n+1}a_{n-1} = \dfrac{n-1}{n+1}(a_n - a_{n-1})(n \geq 2)$，所以 $n \geq 3$ 时

$$a_n - a_{n-1} = \dfrac{n-2}{n}(a_{n-1} - a_{n-2}) = \dfrac{n-2}{n} \cdot \dfrac{n-3}{n-1}(a_{n-2} - a_{n-3})$$

$$= \cdots = \dfrac{n-2}{n} \cdot \dfrac{n-3}{n-1} \cdot \cdots \cdot \dfrac{2}{4} \cdot \dfrac{1}{3}(a_2 - a_1)$$

$$= \dfrac{n-2}{n} \cdot \dfrac{n-3}{n-1} \cdot \cdots \cdot \dfrac{3}{5} \cdot \dfrac{2}{4} \cdot \dfrac{1}{3} = \dfrac{2}{n(n-1)}$$

$$= \dfrac{2}{n-1} - \dfrac{2}{n},$$

所以

$$a_3 - a_2 = \dfrac{2}{2} - \dfrac{2}{3},$$

$$a_4 - a_3 = \dfrac{2}{3} - \dfrac{2}{4},$$

……

$$a_n - a_{n-1} = \dfrac{2}{n-1} - \dfrac{2}{n}.$$

各式相加，得 $a_n - a_2 = 1 - \dfrac{2}{n} = \dfrac{n-2}{n}$，所以

$$a_n = a_2 + \dfrac{n-2}{n} = 2 + \dfrac{n-2}{n} = \dfrac{3n-2}{n} \quad (n \geq 3).$$

又 $a_1 = 1 = \dfrac{3 \cdot 1 - 2}{1}, a_2 = 2 = \dfrac{3 \cdot 2 - 2}{2}$，所以对一切正整数 n，有 $a_n = \dfrac{3n-2}{n}$. 令 $\dfrac{3n-2}{n} > 2 + \dfrac{2008}{2009}$，得 $n > 4018$，所以 m 的最小值为 4019.

3. $2\sqrt{x+1} + \sqrt{2x-3} + \sqrt{15-3x}$

1 元素分解

$$= \sqrt{x+1} + \sqrt{x+1} + \sqrt{2x-3} + \sqrt{15-3x}$$
$$\leqslant \sqrt{(1^2+1^2+1^2+1^2)(x+1+x+1+2x-3+15-3x)}$$
$$= \sqrt{4(x+14)} \leqslant 2\sqrt{5+14} = 2\sqrt{19}.$$

若 $\sqrt{x+1} = \sqrt{x+1} = \sqrt{2x-3} = \sqrt{15-3x}$，则 $x+1 = 2x-3 = 15-3x$，此方程无解，从而上述不等式等号不成立，故

$$2\sqrt{x+1} + \sqrt{2x-3} + \sqrt{15-3x} < 2\sqrt{19}.$$

4. 当 $x_1 = x_2$ 时，不等式显然成立；不妨设 $0 \leqslant x_1 < x_2 \leqslant 1$，则
$$|f(x_1) - f(x_2)| = |f(x_1) - f(0) + f(1) - f(x_2)|$$
$$\leqslant |f(x_1) - f(0)| + |f(1) - f(x_2)|$$
$$\leqslant |x_1 - 0| + |1 - x_2| = x_1 + 1 - x_2.$$

又 $|f(x_1) - f(x_2)| < |x_1 - x_2| = x_2 - x_1$，两式相加得证.

5. 在已知不等式中令 $x = 1, -1, 0$，得 $|a+b+c| \leqslant 1, |a-b+c| \leqslant 1, |c| \leqslant 1.$

直接利用绝对值不等式得

$$|cx^2 \pm bx + a| \leqslant |cx^2| + |bx+a| \leqslant 1 + |bx+a|. \quad (1.10)$$

下面估计 $|bx+a|$，条件中与此相关的信息都含有 c，而目标函数 $|bx+a|$ 不含 c，因此，我们应插入 c 进行估计：

$$|bx+a| = |bx+a+c-c| \leqslant |bx+a+c| + |c|$$
$$\leqslant |bx+a+c| + 1 \leqslant 1+1 = 2$$

其中 $|bx+a+c| \leqslant \max\{|b+a+c|, |-b+a+c|\} \leqslant 1$（线段性质），但估计过宽：由式(1.10)插入 c 后，不等式被分割为 3 段，每一段都"接近"1. 由此可见，我们只能让不等式被分割为两段，使每一段都"接近"1，因此，应在式(1.10)之前就插入 c，这样，有

$$|cx^2 \pm bx + a| = |cx^2 - c + c \pm bx + a|$$
$$\leqslant |cx^2 - c| + |c \pm bx + a|$$
$$= |c||1-x^2| + |c \pm bx + a| \quad \text{（两段）}$$

$$\leqslant 1+|c\pm bx+a|$$

由于 $g(x)=a+c\pm bx$ 是关于 x 的一次函数,它在端点处取得最大最小值,所以

$$|c\pm bx+a|\leqslant \max\{|c-b+a|,|c+b+a|\}\leqslant 1.$$

另证 令 $A=a+b+c, B=a-b+c$,则 $a=\dfrac{A}{2}+\dfrac{B}{2}-c, b=\dfrac{A}{2}-\dfrac{B}{2}$. 又 $|x|\leqslant 1$ 时,$|ax^2+bx+c|\leqslant 1$,令 $x=1,-1,0$,得 $|A|\leqslant 1, |B|\leqslant 1, |c|\leqslant 1$. 所以

$$|cx^2\pm bx+a|=\left|cx^2\pm\left(\dfrac{A}{2}-\dfrac{B}{2}\right)x+\dfrac{A}{2}+\dfrac{B}{2}\right|$$

$$=\left|(x+1)\dfrac{A}{2}+(1-x)\dfrac{B}{2}+x^2 c\right|$$

$$\leqslant |x+1|\cdot\left|\dfrac{A}{2}\right|+|1-x|\cdot\left|\dfrac{B}{2}\right|+|x^2|\cdot|c|$$

$$\leqslant \dfrac{1}{2}|x+1|+\dfrac{1}{2}|1-x|+1$$

$$=\dfrac{1}{2}(x+1)+\dfrac{1}{2}(1-x)+1=2.$$

其中注意:$x\in[-1,1]$ 时,$|x+1|=x+1, |x-1|=1-x$.

6. $1=x^2+y^2+z^2=x^2+\dfrac{\lambda^2}{1+\lambda^2}y^2+\dfrac{1}{1+\lambda^2}y^2+z^2$

$$\geqslant \dfrac{2}{\sqrt{1+\lambda^2}}\cdot(\lambda|xy|+|yz|)\geqslant \dfrac{2}{\sqrt{1+\lambda^2}}(|\lambda xy+yz|).$$

且当 $y=\dfrac{\sqrt{2}}{2}, x=\dfrac{\sqrt{2}\lambda}{2\sqrt{\lambda^2+1}}, z=\dfrac{\sqrt{2}}{2\sqrt{\lambda^2+1}}$ 时,上述两个等号可同时取到,所以 $\dfrac{\sqrt{1+\lambda^2}}{2}$ 是 $|\lambda xy+yz|$ 的最大值. 令 $\dfrac{\sqrt{1+\lambda^2}}{2}=\dfrac{\sqrt{5}}{2}$,则 $\lambda=2$.

7. $\sum\limits_{i=1}^{n}ia_i-\dfrac{n+1}{2}\sum\limits_{i=1}^{n}a_i=\dfrac{1}{2n}\left[2n\sum\limits_{i=1}^{n}ia_i-n(n+1)\sum\limits_{i=1}^{n}a_i\right]$

1 元素分解

$$= \frac{1}{2n}(2\sum_{j=1}^{n}\sum_{i=1}^{n}ia_i - 2\sum_{j=1}^{n}j\sum_{i=1}^{n}a_i)$$

$$= \frac{1}{2n}(2\sum_{j=1}^{n}\sum_{i=1}^{n}ia_i - 2\sum_{j=1}^{n}\sum_{i=1}^{n}ja_i)$$

$$= \frac{1}{2n}\Big[(\sum_{i=1}^{n}\sum_{j=1}^{n}ia_i + \sum_{i=1}^{n}\sum_{j=1}^{n}ja_j)$$

$$- (\sum_{i=1}^{n}\sum_{j=1}^{n}ia_j + \sum_{i=1}^{n}\sum_{j=1}^{n}ja_i)\Big] \text{（对称分拆）}$$

$$= \frac{1}{2n}\sum_{i=1}^{n}\sum_{j=1}^{n}(i-j)(a_i - a_j),$$

由柯西不等式，有

原不等式左边

$$= \Big[\frac{1}{2n}\sum_{i=1}^{n}\sum_{j=1}^{n}(i-j)(a_i-a_j)\Big]^2$$

$$\leqslant \frac{1}{4n^2}\Big[\sum_{i=1}^{n}\sum_{j=1}^{n}(i-j)^2 \sum_{i=1}^{n}\sum_{j=1}^{n}(a_i-a_j)^2\Big]$$

$$= \frac{1}{4n^2}\Big[\sum_{i=1}^{n}\sum_{j=1}^{n}(i^2-2ij+j^2) \sum_{i=1}^{n}\sum_{j=1}^{n}(a_i^2-2a_ia_j+a_j^2)\Big]$$

$$= \frac{1}{4n^2}\Big[(\sum_{j=1}^{n}1\sum_{i=1}^{n}i^2 - 2\sum_{i=1}^{n}i\sum_{j=1}^{n}j + \sum_{i=1}^{n}1\sum_{j=1}^{n}j^2)(\sum_{j=1}^{n}1\sum_{i=1}^{n}a_i^2 - 2\sum_{i=1}^{n}a_i\sum_{j=1}^{n}a_j + \sum_{i=1}^{n}1\sum_{j=1}^{n}a_j^2)\Big]$$

$$= \frac{1}{4n^2}\Big[(2\sum_{j=1}^{n}1\sum_{i=1}^{n}i^2 - 2\sum_{i=1}^{n}i\sum_{j=1}^{n}j)(2\sum_{j=1}^{n}1\sum_{i=1}^{n}a_i^2 - 2\sum_{i=1}^{n}a_i\sum_{j=1}^{n}a_j)\Big]$$

$$= \frac{1}{4n^2}\Big[2n\sum_{i=1}^{n}i^2 - 2(\sum_{i=1}^{n}i)^2\Big]\Big[2n\sum_{i=1}^{n}a_i^2 - 2(\sum_{i=1}^{n}a_i)^2\Big]$$

$$= \frac{1}{4n^2}\Big[2n\cdot\frac{1}{6}n(n+1)(2n+1) - 2\cdot\frac{n^2(n+1)^2}{4}\Big]\Big[2n\sum_{i=1}^{n}a_i^2 - 2(\sum_{i=1}^{n}a_i)^2\Big]$$

$$= \left[\frac{1}{6}(n+1)(2n+1) - \frac{(n+1)^2}{4}\right]\left[n\sum_{i=1}^{n}a_i^2 - \left(\sum_{i=1}^{n}a_i\right)^2\right]$$

$$= \frac{n^2-1}{12}\left[n\sum_{i=1}^{n}a_i^2 - \left(\sum_{i=1}^{n}a_i\right)^2\right] = 右边.$$

8. 将实数集划分为若干个类,两个数 x,y 属于同一个类,当且仅当存在 $m,n \in \mathbf{Z}$,使 $x - y = m + n\sqrt{2}$. 在每一个类中取定一个元素,这些元素构成一个集合 M.

对任何 $x \in \mathbf{R}$,不妨设 x 所在类属于 M 的数为 x_0,并设 $x - x_0 = m + n\sqrt{2}(m,n \in \mathbf{Z})$,令 $x \to (m,n)$,则 (m,n) 是唯一的. 实际上,若存在 $m_1,n_1,m_2,n_2 \in \mathbf{Z}$,使 $x - x_0 = m_1 + n_1\sqrt{2} = m_2 + n_2\sqrt{2}$,则 $(n_1 - n_2)\sqrt{2} = m_2 - m_1$. 若 $n_1 \neq n_2$,则 $\sqrt{2} = \frac{m_2 - m_1}{n_1 - n_2} \in \mathbf{Q}$,矛盾,所以 $n_1 = n_2$,进而 $m_1 = m_2$. 于是,m,n 都是 x 的函数(由 x 唯一确定).

现将 $x = x_0 + m + n\sqrt{2}$ 拆分为两部分:$x = \left(\frac{x_0}{2} + n\sqrt{2}\right) + \left(\frac{x_0}{2} + m\right)$. 令 $f(x) = \frac{x_0}{2} + n\sqrt{2}, g(x) = \frac{x_0}{2} + m$,则 $f(x),g(x)$ 是 $\mathbf{R} \to \mathbf{R}$ 上的函数,且 $f(x) + g(x) = \left(\frac{x_0}{2} + n\sqrt{2}\right) + \left(\frac{x_0}{2} + m\right) = x$.

下证 $f(x),g(x)$ 是周期函数. 对任何 $x \in \mathbf{R}$,不妨设 x 所在类属于 M 的数为 x_0,并设 $x - x_0 = m + n\sqrt{2}(m,n \in \mathbf{Z})$,则 $x = x_0 + m + n\sqrt{2}, x + 1 = x_0 + (m+1) + n\sqrt{2}, x + \sqrt{2} = x_0 + m + (n+1)\sqrt{2}$. 由定义,$x + 1 \to (m+1,n), x + \sqrt{2} \to (m,n+1), f(x+1) = \frac{x_0}{2} + n\sqrt{2} = f(x), g(x + \sqrt{2}) = \frac{x_0}{2} + m = g(x)$,所以 $f(x),g(x)$ 分别是周期为 $1,\sqrt{2}$ 的周期函数.

2 目标分解

本章介绍一种分解策略:目标分解.

当直接实现解题目标比较困难时,可考虑进行目标分解,实现问题的转化.所谓目标分解,就是将解题目标涉及的有关对象分解为多个新的对象,通过对新对象的讨论实现解题目标.

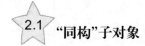 **"同构"子对象**

最常见的一种目标分解方式,是将一个对象分解多个结构相同的新对象,我们称这些新对象为"同构"子对象.由于各子对象具有相同的结构特征,从而容易找到相关的方法,使问题获解.此外,如果我们需要构造具有某种性质的目标对象,则将目标对象分解为若干个"同构"子对象后,即可根据题设条件寻找多个有关子对象,然后从中找到若干合适的子对象合并成所需要的对象.

例1 设 $a_1, a_2, \cdots, a_{2^n}$ 是由 n 个不同正整数排成的序列,求证:存在连续若干项,它们的积是一个平方数.

分析与证明 我们的目标是,找到连续若干项:$a_i, a_{i+1}, \cdots, a_j$,使其积 $a_i a_{i+1} \cdots a_j$ 是一个平方数.

显然,如果直接对题给的原始对象 $a_1, a_2, \cdots, a_{2^n}$ 进行讨论,则难以实现目标:一方面,$a_i a_{i+1} \cdots a_j$ 所含的原始对象的个数 "$j - i + 1$"

并不确定,从而不能确定要寻找多少个原始对象;另一方面,由于我们并不知道 $a_1, a_2, \cdots, a_{2^n}$ 的具体数值,从而无法判断找到连续若干个项的积是否为平方数.

现在,我们将目标式 $a_i a_{i+1} \cdots a_j$ 看成一个整体,然后将其分解为两个"同构"子对象在某种运算下的结果.

将目标式"补齐"为从第一项开始的前面连续若干个项的积,我们有

$$a_i a_{i+1} \cdots a_j = \frac{a_1 a_2 \cdots a_j}{a_1 a_2 \cdots a_i},$$

所以,令

$$T_k = a_1 a_2 \cdots a_k,$$

则

$$a_i a_{i+1} \cdots a_j = \frac{T_j}{T_i}.$$

由此想到以"同构"子对象 $T_k = a_1 a_2 \cdots a_k (k = 1, 2, \cdots, 2^n)$ 为元素,立足于找到两个元素 $T_i, T_j (1 \leqslant i < j \leqslant 2^n)$,使 $\dfrac{T_j}{T_i}$ 为平方数.

至此,我们可以将目标"$\dfrac{T_j}{T_i}$ 为平方数",转化为"两个元素 T_i, T_j 属于同一抽屉",以利用抽屉原理.

找一个充分条件,使 T_i, T_j 在同一抽屉时,$\dfrac{T_j}{T_i}$ 必为平方数. 那么,这样的抽屉会是怎样的形式呢?

显然,我们应研究什么情况下 $\dfrac{T_j}{T_i}$ 为平方数. 因为 $\dfrac{T_j}{T_i}$ 涉及两数 T_i, T_j 相除,可考虑这两个数 T_i, T_j 的"标准分解式",从而可利用"同底幂相除指数相减"的法则.

为了便于进行"指数相减",期望 T_i, T_j 的"标准分解式"所含有

的底数都相同,从而不妨假定两个数的分解式含有相同的质因数(所缺少的质数用该质数的 0 指数补齐).

注意到 $T_k = a_1 a_2 \cdots a_k$,于是,我们可以假定 $a_1, a_2, \cdots, a_{2^n}$ 的质因数分解式中共有 m 个不同的质数 $p_1, p_2, \cdots, p_m$.

这样,不妨设 $T_i = p_1^{r_1} p_2^{r_2} \cdots p_m^{r_m}$,$T_j = p_1^{t_1} p_2^{t_2} \cdots p_m^{t_m}$,其中 $r_i, t_i \in \mathbf{N}, i = 1, 2, \cdots, m$.

至此,目标转化为 $\dfrac{T_j}{T_i} = p_1^{t_1 - r_1} p_2^{t_2 - r_2} \cdots p_m^{t_m - r_m}$ 为平方数,这等价于对所有的 $i = 1, 2, \cdots, m$,有 $r_i - t_i$ 为偶数,即

$$r_i \equiv t_i \pmod{2} \quad (i = 1, 2, \cdots, m).$$

由此可见,应选择所有 $T_i = a_1 a_2 \cdots a_i$ 的分解式对应的指数组 $(r_1, r_2, \cdots r_m)$ 为元素,这样,目标等价转化:寻找两个数组 $(r_1, r_2, \cdots, r_m)$,$(t_1, t_2, \cdots, t_m)$,每个对应的分量都关于模 2 同余,即

$$r_i \equiv t_i \pmod{2} \quad (i = 1, 2, \cdots, m),$$

我们将其简记为

$$(r_1, r_2, \cdots, r_m) \equiv (t_1, t_2, \cdots, t_m) \pmod{2}.$$

下面估计元素(数组)的个数与抽屉的个数,其中元素个数很简单,共有 2^n 个,这是因为每个 $T_i = a_1 a_2 \cdots, a_i$ 都对应一个数组,其中 $i = 1, 2, \cdots, 2^n$.

抽屉的个数有 2^m 个,因为数组的每个分量的奇偶性都有两种可能. 于是,为了找到两个元素属于同一抽屉,还需要证明元素个数 2^n 多于抽屉个数 2^m,即 $n > m$.

寻找条件:"$a_1, a_2, \cdots, a_{2^n}$ 是由 n 个不同正整数排成的序列",但这个条件并不能保证 $a_1, a_2, \cdots, a_{2^n}$ 所含有的质因数不多于 n 个.

修正思路:我们并不需要将每个 $T_i = a_1 a_2 \cdots a_i$ 都分解成质数的积,只需将其分解成题中所说的 n 个不同正整数的积.

由题意,$a_1, a_2, \cdots, a_i$ 中至多有 n 个不同的正整数,这意味着积

$T_i = a_1 a_2 \cdots a_i$ 都可表成 n 个不同正整数的方幂的积(以 n 个不同正整数为基底),不妨设这 n 个不同正整数为 $p_1, p_2, \cdots, p_n$(注意到上述结论中并没有要求 $p_1, p_2, \cdots, p_n$ 为质数),则 T_i 仍可表示成:$T_i = p_1^{r_1} p_2^{r_2} \cdots p_n^{r_n}$,其中 $r_i \in \mathbf{N}$.

至此,元素的个数与抽屉的个数都是 n,不一定两个元素属于同一抽屉.这只需分类处理,即可实现目标.

如果有两个元素属于同一抽屉,不妨设 $T_i, T_j (i < j)$ 对应的两个 n 元数组:$(r_1, r_2, \cdots, r_n), (t_1, t_2, \cdots, t_n)$ 对应分量的奇偶性完全相同,则 $r_1 - t_1, r_2 - t_2, \cdots, r_n - t_n$ 都为偶数,所以

$$a_{i+1} a_{i+2} \cdots a_j = \frac{T_j}{T_i} = p_1^{t_1 - r_1} p_2^{t_2 - r_2} \cdots p_n^{t_n - r_n}$$

为平方数,结论成立.

如果没有两个元素属于同一抽屉,则每个抽屉中都有一个 n 元数组,从而必有一个数组的各分量都是偶数,不妨设 $T_i = a_1 a_2 \cdots a_i = p_1^{r_1} p_2^{r_2} \cdots p_n^{r_n}$ 对应的一个数组 $(r_1, r_2, \cdots, r_m)$ 的各分量都是偶数,则 $a_1 a_2 \cdots a_i$ 为平方数,结论成立.

综上所述,命题获证.

例 2 给定正整数 n, r,其中 $r < n$,将正 $2n$ 边形的顶点都染某 r 种颜色之一,使第 $i (1 \leqslant i \leqslant r)$ 色的顶点个数为 x_i,如果不论怎样染色,都存在同色矩形,求 $x_1, x_2, \cdots, x_r$ 满足的充分必要条件.(原创题)

分析与解 本题表面上看难度很大,其实不然,只要将目标元:"同色矩形"进行巧妙的分解,问题便迎刃而解.

"同色矩形"如何分解?若分解为 4 条边,则难以获解,是因找到的 4 条边同色未必依次相连.若将"同色矩形"分解为 2 条相对边,也难以获解,是因找到的 2 条相对边必须平行且长度相等.由于正 $2n$ 边形的顶点连成的线段有 $2n$ 个方向,其长度有 n 种数值,搭配而成的二维抽屉有 $2n^2$ 种可能,而线段总数都只有 $2n^2 - n$ 条,找不到在

同一抽屉中的两条同色线段.

现将"同色矩形"分解为 2 条对角线,则每条对角线都是正 $2n$ 边形外接圆的直径,于是,我们只需找到 2 条同色的单色直径(两端点同色)即可.

由正 $2n$ 边形的顶点可引出 n 条直径,第 i 种颜色的 r_i 个点归入 n 条直径,为了保证第 i 种颜色的单色直径至少有 2 条,需要有 2 条直径上各有 2 个第 i 色的点,一个充分条件是 $r_i \geqslant n+2$.

实际上,当 $r_i \geqslant n+2$ 时,由于同一个抽屉(直径)中至多有 2 个第 i 色的点,从而至少有 2 条直径上各有 2 个第 i 色的点.

由此可见,存在同色矩形的一个充分条件是:
$$\max\{x_1, x_2, \cdots, x_r\} \geqslant n+2.$$

下面证明,这个条件也是必要的.

实际上,如果 $\max\{x_1, x_2, \cdots, x_r\} \leqslant n+1$,则每一种颜色的点都不多于 $n+1$ 个.

现对正 $2n$ 边形的顶点按如下方式染色:先将连续 x_1 个顶点染第 1 色,再将连续 x_2 个顶点染第 2 色……最后将连续 x_r 个顶点染第 r 色,我们证明,这样染色的正 $2n$ 边形没有同色矩形.

因为对任意的 $i(1 \leqslant i \leqslant r)$,第 i 种颜色的点都不多于 $n+1$ 个,且所有 r_i 个第 i 色的点是正 $2n$ 边形的连续 r_i 个顶点,而 $r_i \leqslant n+1$,从而这 r_i 个第 i 色的点位于正 $2n$ 边形的外接圆的一个半圆内(含边界),从而最多有一条第 i 色的直径,故不存在第 i 色的矩形.

综上所述,$x_1, x_2, \cdots, x_r$ 满足的充分必要条件是
$$\max\{x_1, x_2, \cdots, x_r\} \geqslant n+2.$$

例 3(原创题) 设矩阵 $A = \begin{pmatrix} a_{11} & a_{12} & \cdots & a_{1n} \\ a_{21} & a_{22} & \cdots & a_{2n} \\ \vdots & \vdots & & \vdots \\ a_{m1} & a_{m2} & \cdots & a_{mn} \end{pmatrix}$ 中的每一个

数 $a_{ij}(i=1,2,\cdots,m;j=1,2,\cdots,n)$ 都是整数,其中 $m=112, n=168$. 求证:存在一组不全为零的整数 $(x_1, x_2, \cdots, x_n)$,其中 $|x_j| \leqslant n$ $(1 \leqslant j \leqslant n)$,使矩阵 A 与列矩阵 $\begin{bmatrix} x_1 \\ x_2 \\ \cdots \\ x_n \end{bmatrix}$ 相乘得到的列矩阵中的每一个数都是 2015 的倍数,即 $a_{11}x_1 + a_{12}x_2 + \cdots + a_{1n}x_n, a_{21}x_1 + a_{22}x_2 + \cdots + a_{2n}x_n, \cdots, a_{m1}x_1 + a_{m2}x_2 + \cdots + a_{mn}x_n$ 都是 2015 的倍数.

分析与证明 我们的目标为,寻找整数组 $(x_1, x_2, \cdots, x_n)$,使其同时满足如下两个条件:

(1) $|x_j| \leqslant n (1 \leqslant j \leqslant n)$,且 $x_1, x_2, \cdots, x_n$ 不全为 0;

(2) $a_{11}x_1 + a_{12}x_2 + \cdots + a_{1n}x_n, a_{21}x_1 + a_{22}x_2 + \cdots + a_{2n}x_n, \cdots, a_{m1}x_1 + a_{m2}x_2 + \cdots + a_{mn}x_n$ 都是 2015 的倍数.

其中(2)较难满足,我们先以满足(2)为目标来寻找整数组 $(x_1, x_2, \cdots, x_n)$.

为便于利用抽屉原理,将(2)改写为
$$(a_{11}x_1 + \cdots + a_{1n}x_n, \cdots, a_{m1}x_1 + \cdots + a_{mn}x_n)$$
$$\equiv (0, 0, \cdots, 0) \pmod{2015}.$$

再进行目标分解,将要找的数组 $(x_1, x_2, \cdots, x_n)$ 分解为
$$(y_1 - z_1, y_2 - z_2, \cdots, y_n - z_n),$$

则上式又变为
$$(a_{11}(y_1 - z_1) + \cdots + a_{1n}(y_n - z_n), \cdots, a_{m1}(y_1 - z_1)$$
$$+ \cdots + a_{mn}(y_n - z_n)) \equiv (0, 0, \cdots, 0) \pmod{2015}.$$

即
$$(a_{11}y_1 + \cdots + a_{1n}y_n, \cdots, a_{m1}y_1 + \cdots + a_{mn}y_n)$$
$$\equiv (a_{11}z_1 + \cdots + a_{1n}z_n, \cdots, a_{m1}z_1 + \cdots + a_{mn}z_n) \pmod{2015}.$$

根据上述目标的特征,可定义数组 $(t_1, t_2, \cdots, t_n)$ 为元素,并定

义数组 $(t_1, t_2, \cdots, t_n)$ 的特征值为

$$f(t_1, t_2, \cdots, t_n)$$
$$= (a_{11}t_1 + \cdots + a_{1n}t_n, a_{21}t_1$$
$$+ \cdots + a_{2n}t_n, \cdots, a_{m1}t_1 + \cdots + a_{mn}t_n),$$

其中 $a_{11}, a_{12}, \cdots, a_{1n}; a_{21}, a_{22}, \cdots, a_{2n}; \cdots; a_{m1}, a_{m2}, \cdots, a_{mn}$ 是题中给定的正整数.

这样,目标(2)转化为寻找两个数组 $(y_1, y_2, \cdots, y_n), (z_1, z_2, \cdots, z_n)$,使其特征值关于模 2015 同余,即

$$f(y_1, y_2, \cdots, y_n) \equiv f(z_1, z_2, \cdots, z_n) \pmod{2015}.$$

现在我们来思考如何使数组 $(y_1 - z_1, y_2 - z_2, \cdots, y_n - z_n)$ 满足条件(1),即如何限定流动数组 $(t_1, t_2, \cdots, t_n)$ 中各分量 $t_1, t_2, \cdots, t_n$ 的取值,方能保证

$$|y_1 - z_1|, |y_2 - z_2|, \cdots, |y_n - z_n| \leqslant n.$$

这有两种方案,一是限定 $0 \leqslant t_j \leqslant n (1 \leqslant j \leqslant n)$,二是限定 $|t_j| \leqslant \dfrac{n}{2} (1 \leqslant j \leqslant n)$,它们都是取 t_j 的范围为 x_j 的范围的一半,我们假定选择前一种方案.

下面估计元素个数与抽屉的个数.

其中易知元素个数为 169^{168},这是因为 $0 \leqslant t_j \leqslant 168 (1 \leqslant j \leqslant 168)$,即每个 t_j 都有 169 种取值,从而共有 169^{168} 个数组 $(t_1, t_2, \cdots, t_{168})$,它对应 169^{168} 个特征值 $f(t_1, t_2, \cdots, t_{168})$.

至于抽屉的个数,因为每个分量 $a_{i1}t_1 + a_{i2}t_2 + \cdots + a_{in}t_n$ 关于模 2015 的余数有 2015 种可能值,而 $i = 1, 2, \cdots, 112$,从而不同的特征值共有 2015^{112} 个.

因为

$$169^{168} = (13^2)^{56 \times 3} = (13^3)^{56 \times 2} = 2197^{112} > 2015^{112},$$

所以由抽屉原理,必有两个不同的数组,它们的特征值的每一个

分量都关于模 2015 同余.

设这两个数组为 $(y_1, y_2, \cdots, y_n)$,$(z_1, z_2, \cdots, z_n)$,其中 $0 \leqslant y_j$,$z_j \leqslant n$,则
$$(a_{11}y_1 + \cdots + a_{1n}y_n, \cdots, a_{m1}y_1 + \cdots + a_{mn}y_n)$$
$$\equiv (a_{11}z_1 + \cdots + a_{1n}z_n, \cdots, a_{m1}z_1 + \cdots + a_{mn}z_n) \pmod{2015},$$
即
$$(a_{11}(y_1 - z_1) + \cdots + a_{1n}(y_n - z_n), \cdots, a_{m1}(y_1 - z_1) + \cdots$$
$$+ a_{mn}(y_n - z_n)) \equiv (0, 0, \cdots, 0) \pmod{2015},$$
令 $x_j = y_j - z_j$,则
$$(a_{11}x_1 + \cdots + a_{1n}x_n, a_{21}x_1 + a_{22}x_2 + \cdots + a_{2n}x_n, \cdots, a_{m1}x_1 + \cdots$$
$$+ a_{mn}x_n) \equiv (0, 0, \cdots, 0) \pmod{2015},$$
且由 $0 \leqslant y_j, z_j \leqslant n$,知
$$|x_j| = |y_j - z_j| \leqslant n \quad (1 \leqslant j \leqslant n),$$

此外,由于 $(y_1, y_2, \cdots, y_m) \neq (z_1, z_2, \cdots, z_m)$,可知 $y_j - z_j (1 \leqslant j \leqslant m)$ 不全为 0.

所以 $(y_1 - z_1, y_2 - z_2, \cdots, y_n - z_n)$ 是合乎条件的数组.

综上所述,命题获证.

例 4(2000 年俄罗斯数学奥林匹克试题) 将 100×100 方格棋盘的每个格都染 4 种颜色之一,使棋盘每行每列都恰好有 25 个同一种颜色的格.试证:可以从中选取两行两列,使其交叉位置的 4 个方格的颜色互不相同.

分析与证明 我们要找的目标是,交叉位置的 4 个方格两两异色.我们将这样的对象:4 个格分拆成两部分,每一部分是同一行的两个异色格,称为"水平异色对".

显然,如果两个"水平异色对"位于相同的两列,且它们的颜色互不相同,则它们构成合乎要求的对象.

由此想到,将所有"水平异色对"分配到所有的 2 列组(列对)中,

证明某个 2 列组含有较多的"水平异色对",最后在这两列中找到颜色互不相同的"水平异色对"即可.

先计算"水平异色对"的总数 S.

对每一行,在 4 种颜色中选取 2 种有 $C_4^2 = 6$ 种方法,在选定的 2 种颜色中,每种颜色有 25 个格,各有 25 种选取方格的方法,从而每一行中"水平异色对"有 $6 \cdot 25^2$ 个,所以
$$S = 600 \cdot 25^2.$$

因为棋盘有 100 列,所以有 $C_{100}^2 = 50 \cdot 99$ 个 2 列组,由抽屉原理,至少有一个 2 列组含有的"水平异色对"个数不少于
$$\frac{600 \cdot 25^2}{50 \cdot 99} = \frac{300 \cdot 25}{99} > \frac{300 \cdot 25}{100} = 75.$$

于是,有一个 2 列组至少含有 76 个"水平异色对".

下面考察这 76 个"水平异色对"所在的行与列构成的一个 76×2 的子棋盘 M,用 A、B、C、D 表示 4 种颜色.

显然,M 的每一行 2 个格异色,每列同一种颜色的格最多 25 个.

考察 M 的每一行包含的颜色对,如果有两行包含有(无序)颜色对 $\{A, B\}$ 及 $\{C, D\}$,或者 $\{A, C\}$ 及 $\{B, D\}$,或者 $\{A, D\}$ 及 $\{B, C\}$,则结论成立.

此外,由于共有 $C_4^2 = 6$ 种不同的颜色对,由对称性,不妨设 M 中含有颜色对 $\{A, B\}$,利用树图分析(图 2.1),其他非 $\{A、B\}$ 的行颜色对可能情况如图 2.1 所示(因为颜色对与 $\{A, B\}$ 至少有一种公共颜色,否则属于上面的情形结论已经成立).

如果是情形 1,则每一个行都含有 A,这两列中出现 76 个 A,必有一列至少有 $38 > 25$ 个 A,矛盾.

如果是情形 2,则每一个行都不含 D,将这两列的 152 个格归入 A、B、C 三种颜色,必有一种颜色出现 51 次,将这 51 个同色格归入两列,有一列至少有 $26 > 25$ 个同色格,矛盾.

$$\{A,B\} \begin{cases} \{A,C\} \begin{cases} \{A,D\} & \text{(情形1)} \\ \{B,C\} & \text{(情形2)} \end{cases} \\ \{A,D\} & \text{(属于1)} \\ \{B,C\} & \text{(属于2)} \\ \{B,D\} \to \{B,C\} & \text{(本质上同情形1)} \end{cases}$$

图 2.1

综上所述,命题获证.

例5(2000年印度数学奥林匹克试题) 设 $n \geqslant 4$,简单图 G 有 n 个顶点,m 条边,如果 $m > \dfrac{n(\sqrt{4n-3}+1)}{4}$,则 G 中含有长为4的圈 C_4.

分析与解 对于目标对象 C_4,设为四边形 $ABCD$,连对角线 AC,则可将其分拆为两条长为2的链:(A,B,C),(C,D,A).

定义 如果顶点 B 与顶点 A、C 都相邻,则称 (A,B,C) 为一条2-链(长为2的链),其中 B 称为该2-链的中心,A、C 称为该2-链的端点.

反之,如果两条2-链有2个公共的端点,则形成 C_4.

由此可见,如果 G 中没有 C_4,则对任何2点组 $\{A,B\}$,以 A、B 为端点的2-链至多有一条.

反之,每条2-链都有2个端点,对应一个2点组,于是 G 中的2-链条数:

$$S \leqslant C_n^2 = \dfrac{n(n-1)}{2}. \tag{2.1}$$

换句话说,如果 G 中的2-链多于 $\dfrac{n(n-1)}{2}$,则 G 中存在 C_4.

对任意一个顶点 V_i,设其度为 $d(V_i) = d_i$,那么,以 V 为中心的2-链有 $\dfrac{d_i(d_i-1)}{2}$ 条,其中 $d_1 + d_2 + \cdots + d_n = 2m$. 于是,所有

2-链的条数:
$$S = \sum_{i=1}^{n} \frac{d_i(d_i-1)}{2}.$$

因为 $x(x-1)$ 是凸函数,由凸函数不等式
$$\frac{f(x_1) + \cdots + f(x_n)}{n} \geqslant f\left(\frac{x_1 + \cdots + x_n}{n}\right),$$
有
$$S \geqslant n \cdot \frac{\frac{2m}{n}\left(\frac{2m}{n}-1\right)}{2} = m \cdot \left(\frac{2m}{n}-1\right).$$

下面证明
$$m \cdot \left(\frac{2m}{n}-1\right) > \frac{n(n-1)}{2},$$
从而与式(2.1)矛盾. 实际上,上述不等式等价于
$$4m^2 - 2nm - n^2(n-1) > 0.$$

令 $f(m) = 4m^2 - 2nm - n^2(n-1)$,则 $f(m) = 0$ 的两根为
$$m_1 = \frac{n(1+\sqrt{4n-3})}{4}, \quad m_2 = \frac{n(1-\sqrt{4n-3})}{4}.$$

于是,上述不等式等价于 $m > m_1$ 或 $m < m_2$.

根据题意,我们有 $m > \dfrac{n(\sqrt{4n-3}+1)}{4} = m_1$,从而上述不等式成立,与式(2.1)矛盾,命题获证.

2.2 相关子命题

当一个命题的内容较为丰富时,我们可以将其分解为若干个子命题,然后证明每一个子命题都成立. 特别地,如果这些子命题具有对称性,则只需证明其中一个子命题成立,然后由对称性,其他子命题也成立.

例1 $\triangle ABC$ 的 $\angle A$ 内的旁心为 I_a,以 I_a 为圆心的旁切圆分别切 BC、CA、AB 于 D、E、F. 过 A 作 $MN \parallel BC$ 分别交 ED、FE 的延长线于 M、N,DM、DN 的中点分别为 P、Q. 求证:6个点 A、I_a、P、Q、E、F 共圆.

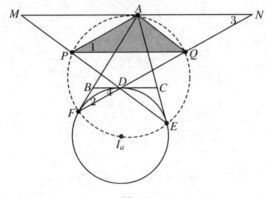

图 2.2

分析与证明 我们对原命题进行分解:在 6 个点 A、I_a、P、Q、E、F 中选取 3 个点,称为"固定点",然后证明这 6 个点中除固定点外的任意一个点都与 3 个固定点共圆.

今选择 A、P、Q 为固定点(图 2.2),下面证明对每一个点 X($X \in \{I_a, E, F\}$),有 A、P、Q、X 四点共圆.

注意到 E、F 地位对称,我们只需证明 A、P、Q、F 四点共圆,A、P、Q、I_a 四点共圆.

先证 A、P、Q、F 四点共圆,选定边 AQ,只需证 P、F 对 AQ 张等角.

如图 2.2 所示,因为 $CD \parallel AM$,所以 $\angle CDE = \angle M$.

因为 $CD = CE$(切线长),所以 $\angle CDE = \angle CED$,所以
$$\angle M = \angle CED = \angle AEM,$$
于是 $AM = AE$.

同理 $AN = AF$,又 $AE = AF$(切线长),所以 $AM = AN$,即 A 是 MN 的中点.

又 P 是 DM 的中点,Q 是 DN 的中点,所 $PQ \underline{\underline{/\!/}} AN$,所以 $APQN$ 是平行四边形,$\angle 1 = \angle 3 = \angle 4 = \angle 2$.

于是 F 在三角形 APQ 的外接圆上,同理 E 也在这个圆上,所以 A、E、F、P、Q 五点共圆.

又 $\angle I_a EA = \angle I_a FA = 90°$,所以 A、E、F、I_a 共圆,即 I_a 也在这个圆上,证毕.

如果我们选择 A、E、F 为固定点,则证法更简单.

实际上,因为 P、Q 具有对称性,只需证明 A、E、F、P 共圆.为此,选定边 PF,证明 A、E 对它张等角.

这只需证 $\angle 1 = \angle 2$(图 2.3),而由弦切角相等,有 $\angle 1 = \angle 3$,所以只需证 $\angle 2 = \angle 3$.

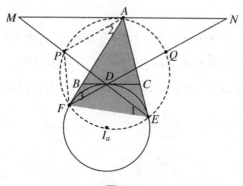

图 2.3

同上,A 是 MN 的中点. 又 P 是 DM 的中点,所以 $PA /\!/ DN$. 所以 $\angle 2 = \angle 3 = \angle 1$,所以 A、P、F、E 共圆. 同理,A、Q、E、F 共圆.

例 2(1987 年国际数学奥林匹克试题) 设锐角 $\triangle ABC$ 的 $\angle A$ 平分线交 BC 于 L,交外接圆于 N,自点 L 分别向 AB 和 AC 作垂线 LK 和 LM,垂足分别为 K 和 M,求证:$\triangle ABC$ 的面积等于四边形

$AKNM$ 的面积.

分析与证明 本题是面积相等问题,最自然的想法是利用等积变换(割补).但本题有一个陷阱,以为原命题可以分解为:$S_{\triangle PBK} = S_{\triangle PLN}$,$S_{\triangle QCM} = S_{\triangle QLN}$(图 2.4).

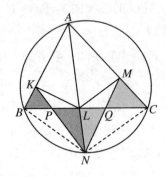

图 2.4

但上面两式成立的条件是 $KL \parallel BN$,$ML \parallel CN$,而本题中并没有这一条件.

当然,这一想法并非一无是处,命题的分解的"大方向"是可取的,只需改进其分解方式,以创造上面所需要的条件.

为此,作 $KH \parallel BN$,交 BC 于 H,连接 HM,我们希望有 $HM \parallel CN$(图 2.5).

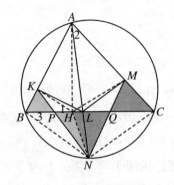

图 2.5

考察 H 的特征,由 $KH \parallel BN$,得 $\angle 1 = \angle 3$(内错角) $= \angle 2$(共弧 NC) $= \angle BAL$(角平分线),于是 A、K、H、L 共圆.

但 $\angle AKL$ 为直角,从而 AL 为直径,所以 $\angle AHL$ 为直角.

为证 $HM \parallel NC$,可反其道而行之,先作 $AH \perp BC$,然后证 $KL \parallel BN$,这样便可同理得 $HM \parallel NC$.

作 $\triangle ABC$ 的高 AH(图 2.5),则 A、K、H、L、M 五点共圆(K、H、M 都在 AL 为直径的圆上).

连结 KH、HM、HN、BN 和 NC,由 $KHLA$ 共圆,有

$\angle 1$(外角) $= \angle BAL =$(角平分线)$\angle 2 =$(共弧 NC)$\angle 3$,所以 $KH \parallel BN$,从而有 $S_{\triangle KHB} = S_{\triangle KHN}$,进而有 $S_{\triangle PBK} = S_{\triangle PNH}$.

同理,$S_{\triangle QHN} = S_{\triangle QMC}$,由此得 $S_{\triangle ABC} = S_{AKNM}$.命题获证.

本题还有两个其他证法,比较简单,介绍如下.

另证 1(三角方法) 显然 $\triangle AKL \cong \triangle AML$(图 2.6),所以 $AK = AM$,又 AN 是 $\angle A$ 的平分线,从而 $S_{\triangle AKN} = S_{\triangle AMN}$,所以 $S_{AKNM} = 2S_{\triangle AKN}$.

因为 $\angle ABC = \angle ANC$,AL 是 $\angle A$ 的平分线,所以 $\triangle ABL \backsim \triangle ANC$,所以 $\dfrac{AB}{AL} = \dfrac{AN}{AC}$,即 $AB \cdot AC = AN \cdot AL$,所以

$2S_{\triangle ABC} = AB \cdot AC \sin A = AL \cdot AN \sin A = AL \cdot AN \cdot 2\sin\dfrac{A}{2}\cos\dfrac{A}{2}$

$= 2AK \cdot AN \cdot \sin\dfrac{A}{2} = 4S_{\triangle AKN} = 2S_{AKNM}$.

另证 2(纯几何方法) 因为 AN 平分 $\angle BAC$,所以 $LK = LM$,$NB = NC$,且 $AL \perp KM$(图 2.7).

又 A、K、L、M 四点共圆,A、B、N、C 四点共圆,所以 $\triangle KLM \backsim \triangle BNC$,所以 $\dfrac{KM}{KL} = \dfrac{BC}{BN}$.

又由托勒密定理,有

$$AN \cdot BC = AB \cdot NC + AC \cdot NB = NB(AB + AC),$$

所以

$$\frac{KM}{KL} = \frac{BC}{BN} = \frac{AB + AC}{NA}$$

所以

$$KM \cdot NA = KL(AB + AC)$$

从而

$$S_{AKNM} = \frac{1}{2}KM \cdot AN = \frac{1}{2}KL(AB + AC)$$
$$= S_{\triangle ABL} + S_{\triangle ACL} = S_{\triangle ABC}.$$

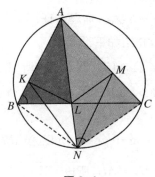

图 2.6

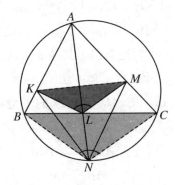

图 2.7

例 3（原创题） 将正三角形的每边都 n 等分,过每一个分点作与另两边平行的直线,得到一个三角形网络.问:这个三角形网络中共有多少个三角形?

分析与解 将单位小三角形染黑白 2 色,使有公共边的小三角形异色(图 2.8),则目标可分解为两部分:一部分是向上的三角形(三个角为白色)的个数 $S_上$,另一部分是向下的三角形(三个角为黑色)的个数 $S_下$.

易知,向上的三角形边长可以为 $1,2,3,\cdots,n$,相应的向上的三角形个数分别为 $1+2+\cdots+n, 1+2+\cdots+(n-1), 1+2+\cdots+(n-2),$

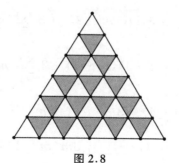

图 2.8

$\cdots, 1.$ 于是

$$S_{上} = \sum_{i=1}^{n} i + \sum_{i=1}^{n-1} i + \sum_{i=1}^{n-2} i + \cdots + 1$$

$$= \frac{n(n+1)}{2} + \frac{n(n-1)}{2} + \frac{(n-1)(n-2)}{2} + \cdots + 1$$

$$= \sum_{i=1}^{n} \frac{i(i+1)}{2} = \frac{1}{2} \sum_{i=1}^{n} i(i+1) = \frac{n(n+1)(n+2)}{6}.$$

同样，向下的三角形边长可以为 $1, 2, 3, \cdots, \left[\dfrac{n}{2}\right]$，相应的向下的三角形个数分别为 $1 + 2 + \cdots + (n-1), 1 + 2 + \cdots + (n-3), 1 + 2 + \cdots + (n-5), \cdots, 1 + 2 (n \text{ 为奇})$ 或 $1 (n \text{ 为偶})$. 于是

当 n 为奇数时，令 $n = 2m + 1$，有

$$S_{下} = (1 + 2 + \cdots + 2m) + (1 + 2 + \cdots + 2m - 2)$$
$$+ (1 + 2 + \cdots + 2m - 4) + \cdots + (1 + 2)$$

$$= \frac{2m(2m+1)}{2} + \frac{(2m-2)(2m-1)}{2}$$
$$+ \frac{(2m-4)(2m-3)}{2} + \cdots + \frac{2 \times 3}{2}$$

$$= \sum_{i=1}^{m} \frac{(2m-2i+2)(2m-2i+3)}{2}$$

$$= \sum_{i=1}^{m} (m-i+1)(2m-2i+3)$$

$$= \sum_{i=1}^{m}(m-i+1)(2m-2i) + 3\sum_{i=1}^{m}(m-i+1)$$

$$= 2\sum_{i=1}^{m}(m-i+1)(m-i) + 3\sum_{i=1}^{m}(m-i+1)$$

$$= 2\sum_{j=1}^{m}j(j-1) + 3\sum_{j=1}^{m}j \quad (令\ m-i+1=j)$$

$$= \frac{2(m-1)m(m+1)}{3} + \frac{3m(m+1)}{2}$$

$$= \frac{m(m+1)(4m+5)}{6} = \frac{(n+1)(n-1)(2n+3)}{24}.$$

当 n 为偶数时,令 $n=2m$,有

$$S_下 = (1+2+\cdots+2m-1) + (1+2+\cdots+2m-3)$$
$$+ (1+2+\cdots+2m-5) + \cdots + 1$$

$$= \frac{2m(2m-1)}{2} + \frac{(2m-2)(2m-3)}{2}$$

$$+ \frac{(2m-4)(2m-5)}{2} + \cdots + \frac{2\times 1}{2}$$

$$= \sum_{i=1}^{m} \frac{(2m-2i+2)(2m-2i+1)}{2}$$

$$= \sum_{i=1}^{m}(m-i+1)(2m-2i+1)$$

$$= \sum_{i=1}^{m}(m-i+1)(2m-2i) + \sum_{i=1}^{m}(m-i+1)$$

$$= 2\sum_{i=1}^{m}(m-i+1)(m-i) + \sum_{i=1}^{m}(m-i+1)$$

$$= 2\sum_{j=1}^{m}j(j-1) + \sum_{j=1}^{m}j \quad (令\ m-i+1=j)$$

$$= \frac{2(m-1)m(m+1)}{3} + \frac{m(m+1)}{2} = \frac{m(m+1)(4m-1)}{6}$$

$$= \frac{n(n+2)(2n-1)}{24}.$$

因为

$$\frac{n(n+2)(2n-1)}{24} = \frac{1}{24}(2n^3 + 3n^2 - 2n)$$

$$= \frac{(n+1)(n-1)(2n+3)}{24} + \frac{3}{24},$$

所以,当 n 为奇数时,有

$$S_{下} = \frac{(n+1)(n-1)(2n+3)}{24} = \left[\frac{(n+1)(n-1)(2n+3)}{24} + \frac{3}{24}\right]$$

$$= \left[\frac{n(n+2)(2n-1)}{24}\right],$$

而当 n 为偶数时,有

$$S_{下} = \frac{n(n+2)(2n-1)}{24} = \left[\frac{n(n+2)(2n-1)}{24}\right].$$

于是,两种情况都有 $S_{下} = \left[\dfrac{n(n+2)(2n-1)}{24}\right]$. 所以

$$S_{上} + S_{下} = \frac{n(n+1)(n+2)}{6} + \left[\frac{n(n+2)(2n-1)}{24}\right]$$

$$= \left[\frac{n(n+1)(n+2)}{6} + \frac{n(n+2)(2n-1)}{24}\right]$$

$$= \left[\frac{n(n+2)}{24}(4n+4+2n-1)\right]$$

$$= \left[\frac{1}{8}n(n+2)(2n+1)\right].$$

例 4(原创题) 将正方形的每边都 n 等分,过每一个分点作与另一边及两对角线平行的直线,得到一个正方形网络.问:这个正方形网络中共有多少个等腰直角三角形?

分析与解 目标可分解为两部分:一部分是直角边平行于正方形的边的 A 类等腰直角三角形,其三角形个数记为 S_A;另一部分是直角边不平行于正方形的边的 B 类等腰直角三角形,其三角形个数

记为 S_B.

对于 A 类三角形,其"开口"有 4 个不同方向,它们类似直角坐标系中的 4 个象限,由对称性,每一个方向的三角形个数相同.所以我们只计算"Ⅰ象限型"方向的三角形个数 $S_Ⅰ$,则 $S_A = 4S_Ⅰ$.

对于直角边长为 1 的"Ⅰ象限型"三角形,其直角顶点可在 $(n-1)\times(n-1)$ 网络中任取一个格点,有 n^2 种取法;对于边长为 2 的"Ⅰ象限型"三角形,其直角顶点可在 $(n-2)\times(n-2)$ 网络中任取一个格点,有 $(n-1)^2$ 种取法……对于边长为 n 的"Ⅰ象限型"三角形,其直角顶点只有 1 个格点可取,有 1 种取法.于是,"Ⅰ象限型"型方向的三角形个数为

$$S_Ⅰ = 1^2 + 2^2 + \cdots + n^2 = \frac{1}{6}n(n+1)(2n+1),$$

所以 A 类等腰直角三角形个数为

$$S_A = 4S_Ⅰ = 4 \cdot \frac{1}{6}n(n+1)(2n+1) = \frac{2}{3}n(n+1)(2n+1).$$

也可利用对应方法计算 S_A:A 类等腰直角三角形都由水平放置的正方形确定,而一个水平放置的正方形可产生 4 个 A 类等腰直角三角形.又水平放置的正方形个数显然为

$$1^2 + 2^2 + \cdots + n^2 = \frac{1}{6}n(n+1)(2n+1),$$

所以 A 类等腰直角三角形个数为

$$4 \cdot \frac{1}{6}n(n+1)(2n+1) = \frac{2}{3}n(n+1)(2n+1).$$

对于 B 类三角形,其"开口"也有 4 个不同方向:向上、向下、向左、向右.由对称性,我们只需计算开口向右的三角形个数 $S_右$.

当 n 为奇数时,令 $n = 2m+1$,设 $n+1$ 条纵向格线为 $a_1, a_2, \cdots, a_m, a_{m+1}, \cdots, a_{2m+2}$(图 2.9).

对于开口向右的三角形,考察斜边位置,则 a_1 上没有斜边.

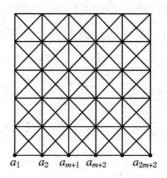

图 2.9

a_2 上的斜边长不大于 2,其中长度为 1 的斜边有 n 条,长度为 2 的斜边有 $n-1$ 条,从而 a_2 上有 $n+(n-1)=2n-1$ 条斜边.

a_3 上的斜边长不大于 4,其中长度为 1 的斜边有 n 条,长度为 2 的斜边有 $n-1$ 条,其中长度为 3 的斜边有 $n-2$ 条,长度为 4 的斜边有 $n-3$ 条,于是,a_3 上有 $n+(n-1)+(n-2)+(n-3)=4n-6$ 条斜边.

……

如此下去,a_m 上的斜边长不大于 $2m-2$,从而 a_m 上有
$$n+(n-1)+(n-2)+\cdots+(n-2m+3)$$
$$=(2n-2m+3)(m-1)$$
条斜边. a_{m+1} 上的斜边长都不大于 $2m$,从而 a_{m+1} 上有
$$n+(n-1)+(n-2)+\cdots+(n-2m+1)$$
$$=(2n-2m+1)m=C_{n+1}^2-1=\frac{(n-1)(n+2)}{2}$$
条斜边.

进而,$a_{m+2},a_{m+3},\cdots,a_{2m+2}$ 上的斜边长都不大于 $2m+1$,从而 $a_{m+2},a_{m+3},\cdots,a_{2m+2}$ 上都有 $C_{n+1}^2=\frac{n(n+1)}{2}$(斜边两端点有 C_{n+1}^2 种选择)条斜边.

又每一条斜边对应唯一一个开口向右的等腰直角三角形,所以,开口向右的等腰直角三角形的个数为

$$S_{右} = (2n-1) + (4n-6) + \cdots + (2n-2m+3)(m-1)$$
$$+ \frac{(n-1)(n+2)}{2} + \frac{n(n+1)}{2}(m+1)$$

$$= \sum_{i=1}^{m}(2n-2i+3)(i-1) + \frac{(n-1)(n+2)}{2}$$
$$+ \frac{n(n+1)}{2}(m+1)$$

$$= (2n+3)\sum_{i=1}^{m}(i-1) - 2\sum_{i=1}^{m}i(i-1) + \frac{(n-1)(n+2)}{2}$$
$$+ \frac{n(n+1)}{2}(m+1)$$

$$= (2n+3) \cdot \frac{m(m-1)}{2} - \frac{2}{3}(m+1)m(m-1)$$
$$+ \frac{(n-1)(n+2)}{2} + \frac{n(n+1)}{2}(m+1)$$

$$= m(m-1) \cdot \left(\frac{2n+3}{2} - \frac{2}{3} \cdot \frac{n+1}{2}\right) + \frac{(n-1)(n+2)}{2}$$
$$+ \frac{n(n+1)}{2} \cdot \frac{n+1}{2}$$

$$= \frac{n-1}{2} \cdot \frac{n-3}{2} \cdot \frac{4n+7}{6} + \frac{(n-1)(n+2)}{2}$$
$$+ \frac{n(n+1)(n+1)}{4}.$$

于是,B 类三角形的个数为

$$S_B = 4S_{右} = (n-1)(n-3) \cdot \frac{4n+7}{6} + 2(n-1)(n+2)$$
$$+ n(n+1)(n+1)$$

$$= \frac{n-1}{6}[(n-3)(4n+7) + 12(n+2)] + n(n+1)(n+1)$$

$$= \frac{1}{6}(10n^3 + 15n^2 + 2n - 3)$$

$$= \left[\frac{1}{6}(10n^3 + 15n^2 + 2n - 3) + \frac{1}{2}\right]$$

$$= \left[\frac{1}{6}(10n^3 + 15n^2 + 2n)\right].$$

当 n 为偶数时,类似可求得所有 B 类等腰直角三角形的个数为

$$S_B = 4S_{\text{右}} = \frac{1}{6}(10n^3 + 15n^2 + 2n) = \left[\frac{1}{6}(10n^3 + 15n^2 + 2n)\right].$$

综上所述,等腰直角三角形的个数为

$$S_A + S_B = \frac{2}{3}n(n+1)(2n+1) + \left[\frac{1}{6}(10n^3 + 15n^2 + 2n)\right]$$

$$= \left[\frac{2}{3}n(n+1)(2n+1) + \frac{1}{6}(10n^3 + 15n^2 + 2n)\right]$$

$$= \left[\frac{4}{6}(2n^3 + 3n^2 + n) + \frac{1}{6}(10n^3 + 15n^2 + 2n)\right]$$

$$= \left[\frac{1}{6}(18n^3 + 27n^2 + 6n)\right]$$

$$= (3n^3 + 4n^2 + n) + \left[\frac{n^2}{2}\right].$$

如果固定 B 类三角形直角边边长(图 2.10),则有如下算法:

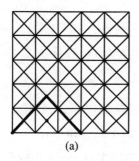
(a)

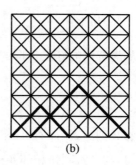
(b)

图 2.10

考察直角边长为 $\frac{\sqrt{2}}{2}k(k=1,2,\cdots,n)$ 的直角开口方向朝下的等腰直角三角形,我们称之为"好三角形".

(1) 当 n 为奇数时,令 $n=2m+1$.

若 $k=1=2\times1-1$,则每一列方格中有 n 个好三角形,又有 n 个列,从而有 n^2 个好三角形;

若 $k=3=2\times2-1$,则每相邻 3 列方格中有 $n-1$ 个好三角形(如图 2.10(a),第 2 列方格中只有一个方格的中心不能为直角顶点,剩下 $n-1$ 个中心都能为直角顶点),又有 $n-2$ 个相邻 3 列组,从而有 $(n-1)(n-2)$ 个好三角形;

若 $k=5=2\times3-1$,则每相邻 5 列方格中有 $n-2$ 个好三角形(如图 2.10(a),第 3 列方格中只有 2 个方格的中心不能为直角顶点,剩下 $n-2$ 个中心都能为直角顶点),又有 $n-4$ 个相邻 5 列组,从而有 $(n-2)(n-4)$ 个好三角形;

……

若 $k=2i-1(i=1,2,\cdots,m+1)$,则每相邻 k 列方格中有 $n-i+1$ 个好三角形,又有 $n-k+1$ 个相邻 k 列组,从而有 $(n-i+1)\cdot(n-k+1)=(2m+1-i+1)(2m+1-2i+2)=(2m+2-i)(2m+3-2i)$ 个好三角形.

于是,k 为奇数的好三角形的个数为 $\sum_{i=1}^{m+1}(2m+2-i)(2m+3-2i)$.

若 $k=2=2\times1$,则每相邻 2 列方格中有 n 个好三角形,又有 $n-1$ 个相邻 2 列组,从而有 $n(n-1)$ 个好三角形;

若 $k=4=2\times2$,则每相邻 4 列方格中有 $n-1$ 个好三角形,又有 $n-3$ 个相邻 4 列组,从而有 $(n-1)(n-3)$ 个好三角形;

……

2 目标分解

若 $k=2i(i=1,2,\cdots,m)$,则每相邻 k 列方格中有 $n-i+1$ 个好三角形,又有 $n-k+1$ 个相邻 k 列组,从而有 $(n-i+1)(n-k+1)=(2m+1-i+1)(2m+1-2i+1)=(2m+2-i)(2m+2-2i)$ 个好三角形.

于是,k 为偶数的好三角形的个数为 $\sum_{i=1}^{m+1}(2m+2-i)(2m+2-2i)$.

所以,向下的等腰直角三角形的个数为

$$S_{下} = \sum_{i=1}^{m+1}(2m+2-i)(2m+3-2i) + \sum_{i=1}^{m+1}(2m+2-i)(2m+2-2i)$$

$$= \sum_{i=1}^{m+1}(2m+2-i)(4m+5-4i)$$

$$= \sum_{i=1}^{m+1}(2m+2)(4m+5) - \sum_{i=1}^{m+1}(12m+13)i + 4\sum_{i=1}^{m+1}i^2$$

$$= (m+1)(2m+2)(4m+5) - (12m+13) \cdot \frac{(m+1)(m+2)}{2} + 4 \cdot \frac{(m+1)(m+2)(2m+3)}{6}$$

$$= \frac{m+1}{6}(20m^2 + 25m + 6)$$

$$= \frac{m+1}{6}[m(20m+25)+6].$$

所以,所有 B 类等腰直角三角形的个数为

$$S_B = 4S_{下} = \frac{2m+2}{6}[2m(20m+25)+12]$$

$$= \frac{n+1}{6}[(n-1)(10n-10+25)+12]$$

$$= \frac{1}{6}(n+1)(10n^2+5n-3)$$

$$= \frac{1}{6}(10n^3 + 15n^2 + 2n - 3)$$

$$= \left[\frac{1}{6}(10n^3 + 15n^2 + 2n - 3) + \frac{1}{2}\right]$$

$$= \left[\frac{1}{6}(10n^3 + 15n^2 + 2n)\right].$$

(2) 当 n 为偶数时,令 $n = 2m$.

若 $k = 1 = 2 \times 1 - 1$,则每一列方格中有 n 个好三角形,又有 n 个列,从而有 n^2 个好三角形;

若 $k = 3 = 2 \times 2 - 1$,则每相邻 3 列方格中有 $n - 1$ 个好三角形(如图 2.10(b),第 2 列方格中只有一个方格的中心不能为直角顶点,剩下 $n - 1$ 个中心都能为直角顶点),又有 $n - 2$ 个相邻 3 列组,从而有 $(n - 1)(n - 2)$ 个好三角形;

若 $k = 5 = 2 \times 3 - 1$,则每相邻 5 列方格中有 $n - 2$ 个好三角形(如图 2.10(b),第 3 列方格中只有 2 个方格的中心不能为直角顶点,剩下 $n - 2$ 个中心都能为直角顶点),又有 $n - 4$ 个相邻 5 列组,从而有 $(n - 2)(n - 4)$ 个好三角形;

……

若 $k = 2i - 1(i = 1, 2, \cdots, m)$,则每相邻 k 列方格中有 $n - i + 1$ 个好三角形,又有 $n - k + 1$ 个相邻 k 列组,从而有 $(n - i + 1)(n - k + 1) = (2m - i + 1)(2m - 2i + 2)$ 个好三角形.

于是,k 为奇数的好三角形的个数为 $\sum_{i=1}^{m}(2m - i + 1)(2m - 2i + 2)$.

若 $k = 2 = 2 \times 1$,则每相邻 2 列方格中有 n 个好三角形,又有 $n - 1$ 个相邻 2 列组,从而有 $n(n - 1)$ 个好三角形;

若 $k = 4 = 2 \times 2$,则每相邻 4 列方格中有 $n - 1$ 个好三角形,又有 $n - 3$ 个相邻 4 列组,从而有 $(n - 1)(n - 3)$ 个好三角形;

......

若 $k=2i(i=1,2,\cdots,m)$，则每相邻 k 列方格中有 $n-i+1$ 个好三角形，又有 $n-k+1$ 个相邻 k 列组，从而有 $(n-i+1)(n-k+1)=(2m-i+1)(2m-2i+1)$ 个好三角形.

于是，k 为偶数的好三角形的个数为 $\sum_{i=1}^{m}(2m-i+1)(2m-2i+1)$.

所以，向下的等腰直角三角形的个数为

$$\begin{aligned}S_{下} &= \sum_{i=1}^{m}(2m-i+1)(2m-2i+2) \\ &\quad + \sum_{i=1}^{m}(2m-i+1)(2m-2i+1) \\ &= \sum_{i=1}^{m}(2m-i+1)(4m-4i+3) \\ &= \sum_{i=1}^{m}(2m+1)(4m+3) - \sum_{i=1}^{m}(12m+7)i + 4\sum_{i=1}^{m}i^2 \\ &= m(2m+1)(4m+3) - (12m+7)\cdot\frac{m(m+1)}{2} \\ &\quad + 4\cdot\frac{m(m+1)(2m+1)}{6} \\ &= \frac{m}{6}(20m^2+15m+1).\end{aligned}$$

所以，所有 B 类等腰直角三角形的个数为

$$S_B = 4S_{下} = \frac{2m}{6}(40m^2+30m+2) = \frac{n}{6}(10n^2+15n+2)$$

$$= \left[\frac{1}{6}(10n^3+15n^2+2n)\right].$$

综上所述，等腰直角三角形的个数为

$$S_A + S_B = \frac{2}{3}n(n+1)(2n+1) + \left[\frac{1}{6}(10n^3+15n^2+2n)\right]$$

$$= \left[\frac{2}{3}n(n+1)(2n+1) + \frac{1}{6}(10n^3 + 15n^2 + 2n)\right]$$

$$= \left[\frac{4}{6}(2n^3 + 3n^2 + n) + \frac{1}{6}(10n^3 + 15n^2 + 2n)\right]$$

$$= \left[\frac{1}{6}(18n^3 + 27n^2 + 6n)\right] = (3n^3 + 4n^2 + n) + \left[\frac{n^2}{2}\right].$$

例 5(1991 年中国数学奥林匹克试题) 求所有正整数 n,使得
$$\min_{k \in Z_+}\left(k^2 + \left[\frac{n}{k^2}\right]\right) = 1991.$$

分析与解 我们将目标中所求 n 满足的条件分解为如下两个方面:

对一切正整数 k,有
$$k^2 + \left[\frac{n}{k^2}\right] \geqslant 1991, \tag{2.2}$$

且存在正整数 k_0,使
$$k_0^2 + \left[\frac{n}{k_0^2}\right] = 1991. \tag{2.3}$$

其中

式(2.2)⇔ 对一切正整数 k,不等式 $k^2 + \frac{n}{k^2} \geqslant 1991$ 都成立,

⇔ $k^4 - 1991k^2 + n \geqslant 0$,

⇔ $f(k) = \left(k^2 - \frac{1991}{2}\right)^2 + n - \frac{1}{4} \times 1991^2 \geqslant 0$,

⇔ $f(k)_{\min} \geqslant 0$,

⇔ $\left(32^2 - \frac{1991}{2}\right)^2 + n - \frac{1991^2}{4} \geqslant 0$

(因为 32^2 是与 $\frac{1991}{2}$ 最接近的平方数),

⇔ $n \geqslant 1024 \times 967.$

式(2.3)⇔ 存在正整数 k_0,$1991 \leqslant k_0^2 + \frac{n}{k_0^2} < 1992$(其中左边的不

等式由式(2.2)保证),

$$\Leftrightarrow k^2 + \frac{n}{k^2} < 1992 \text{ 关于 } k \text{ 有正整数解},$$

$$\Leftrightarrow k^4 - 1992k^2 + n < 0 \text{ 关于 } k \text{ 有正整数解},$$

$$\Leftrightarrow (k^2 - 996)^2 < 996^2 - n \text{ 关于 } k \text{ 有正整数解},$$

$$\Leftrightarrow \min(k^2 - 996)^2 < 996^2 - n,$$

$$\Leftrightarrow (32^2 - 996)^2 < 996^2 - n$$

(因为 32^2 是与 996 最接近的平方数),

$$\Leftrightarrow n < 996^2 - 28^2 = 1024 \times 968.$$

综上所述,$1024 \times 967 \leqslant n < 1024 \times 968$ 为所求.

注 本题用到这样一个基本事实:如果 $n \in \mathbf{Z}$,则 $x \geqslant n \Leftrightarrow [x] \geqslant n$. 实际上,若 $x \geqslant n$,则 $[x] \geqslant [n] = n$. 反之,若 $[x] \geqslant [n]$,则 $x \geqslant [x] \geqslant [n] = n$.

例6(第41届IMO预选题) 设 a,b,c 为正整数,满足条件:$b > 2a, c > 2b$. 求证:存在实数 p,使 pa, pb, pc 的小数部分都在区间 $\left(\dfrac{1}{3}, \dfrac{2}{3}\right]$ 内.

分析与证明 对整数 a,如果实数 p,使 $\{pa\} \in \left(\dfrac{1}{3}, \dfrac{2}{3}\right]$,则称 p 对 a 是好的. 易知

p 对 a 是好的 $\Leftrightarrow$ 存在整数 k,使 $pa = k + \alpha$,且 $\alpha \in \left(\dfrac{1}{3}, \dfrac{2}{3}\right]$,

$$\Leftrightarrow \text{存在整数 } k, \text{使 } pa - k \in \left(\dfrac{1}{3}, \dfrac{2}{3}\right],$$

$$\Leftrightarrow \text{存在整数 } k, \text{使 } k + \dfrac{1}{3} < pa \leqslant k + \dfrac{2}{3},$$

$$\Leftrightarrow \text{存在整数 } k, \text{使 } \dfrac{k + \dfrac{1}{3}}{a} < p \leqslant \dfrac{k + \dfrac{2}{3}}{a}.$$

令 $A_k = \left[\dfrac{k+\dfrac{1}{3}}{a}, \dfrac{k+\dfrac{2}{3}}{a}\right]$,则

p 对 a 是好的 $\Leftrightarrow p \in A$,其中 $A = \bigcup\limits_{k \in \mathbf{Z}} A_k$.

这样一来,目标变为:存在实数 p,使 p 对 a、b、c 是好的. 这又等价于

存在实数 p,使 $p \in (A \cap B \cap C)$,即 $(A \cap B \cap C) \neq \varnothing$. 其中

$$B_m = \left[\dfrac{m+\dfrac{1}{3}}{b}, \dfrac{m+\dfrac{2}{3}}{b}\right], \quad C_n = \left[\dfrac{n+\dfrac{1}{3}}{c}, \dfrac{n+\dfrac{2}{3}}{c}\right],$$

$$B = \bigcup\limits_{m \in \mathbf{Z}} A_m, \quad C = \bigcup\limits_{n \in \mathbf{Z}} A_n.$$

我们分两步来证明. 第一步,找到 m,使 B_m 落到某个 A_k 中. 第二步,将 B_m 投影到 C 上,使其不能落在空隙中(图 2.11).

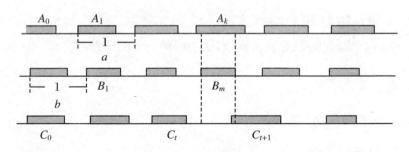

图 2.11

我们证明如下两个命题:

命题 1 存在整数 k, m,使 $A_k \supseteq B_m$.

实际上,$A_k \supseteq B_m$ 等价于 $\dfrac{k+\dfrac{1}{3}}{a} \leqslant \dfrac{m+\dfrac{1}{3}}{b}$,且 $\dfrac{m+\dfrac{2}{3}}{b} \leqslant \dfrac{k+\dfrac{2}{3}}{a}$,即

$$\dfrac{b-a}{3} \leqslant am - bk \leqslant \dfrac{2b-2a}{3}$$

(注意 m、k 是要找的数,以其为主元整理).

于是，我们要证明，对题中给定的整数 a,b，使 $\left[\dfrac{b-a}{3},\dfrac{2b-2a}{3}\right]$ 中存在 $am-bk$ 型的数 $(m,k\in \mathbf{Z})$.

引理 对给定的整数 a,b，当 m,k 跑遍所有整数时，$am-bk$ 跑遍 (a,b) 的倍数，即 $\{ab-bk\mid k,m\in\mathbf{Z}\}=\{rd\mid r\in\mathbf{Z}\}$.

引理的证明 由"$am-bk$"型的数，想到裴蜀定理. 令 $(a,b)=d$，则 $d\mid am-bk$，即存在 $r\in\mathbf{Z}$，使 $am-bk=rd$.

反之，对任何 $r\in\mathbf{Z}$，都有 $m,k\in\mathbf{Z}$，使 $am-bk=rd$. 实际上，由裴蜀定理，存在 $m',k'\in\mathbf{Z}$，使 $am'-bk'=d$，所以 $a(rm')-b(rk')=rd$.

综上所述，引理获证.

由引理，只需证明存在整数 r，使 $\dfrac{b-a}{3}\leqslant rd\leqslant\dfrac{2b-2a}{3}$，即

$$\dfrac{b_1-a_1}{3}\leqslant r\leqslant\dfrac{2b_1-2a_1}{3} \tag{2.4}$$

其中 $a_1=\dfrac{a}{(a,b)}$，$b_1=\dfrac{b}{(a,b)}$. 式(2.4)成立的一个充分条件是，r 所在的区间长度不小于 1，即 $\dfrac{b_1-a_1}{3}\geqslant 1$，即 $b_1-a_1\geqslant 3$.

因为 $b>2a$，所以 $b_1>2a_1$，$b_1-a_1>a_1\geqslant 1$，所以 $b_1-a_1\geqslant 2$.

若 $b_1-a_1=2$，则取 $r=1$，式(2.4)成立.

若 $b_1-a_1\geqslant 3$，则 $\dfrac{2b_1-2a_1}{3}-\dfrac{b_1-a_1}{3}=\dfrac{b_1-a_1}{3}\geqslant 1$，所以存在 $r\in\mathbf{Z}$，使式(2.4)成立，命题 1 获证.

命题 2 对任何整数 m，有 $B_m\cap C\neq\varnothing$.

实际上，若存在整数 m，使 $B_m\cap C=\varnothing$，则必存在 r，使 B_m 介于 C_r 与 C_{r+1} 之间（图 2.12）. 所以

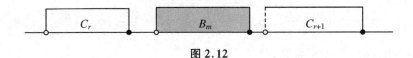

图 2.12

$$\frac{r+\frac{2}{3}}{c} \leqslant \frac{m+\frac{1}{3}}{b}, \quad (2.5)$$

$$\frac{r+1+\frac{1}{3}}{c} \geqslant \frac{m+\frac{2}{3}}{b}. \quad (2.6)$$

由式(2.5)、式(2.6),得 $\frac{\frac{2}{3}}{c} \geqslant \frac{\frac{1}{3}}{b}$,所以 $2b \geqslant c$,与 $c > 2b$ 矛盾,命题2获证.

最后,由命题1,存在整数 k, m,使 $A_k \supseteq B_m$,再由命题2,$B_m \cap C \neq \varnothing$,取 $x \in B_m \cap C$,则 $x \in B_m, x \in C$,而 $A_k \supseteq B_m, x \in A_k$,于是 $x \in B, x \in C, x \in A$,所以 $x \in A \cap B \cap C$,故 $A \cap B \cap C \neq \varnothing$.

例7 设 k 是给定的正偶数,求证:方程 $a^2 + 3b^2 = k$ 的整数解的个数为6的倍数.

分析与证明 首先,对于方程 $a^2 + 3b^2 = k$ 的整数解 (a, b),必有 $(|a|, |b|)$ 是方程 $a^2 + 3b^2 = k$ 的自然数解.

反之,对于方程 $a^2 + 3b^2 = k$ 的自然数解 (a, b),必有 $(\pm a, \pm b)$ 是方程 $a^2 + 3b^2 = k$ 的整数解.

所以,我们只需讨论方程的自然数解.

设 (a, b) 是方程 $a^2 + 3b^2 = k$ 的任意一个自然数解,则 a, b 同奇偶.否则,a, b 一奇一偶,有 $k = a^2 + 3b^2$ 为奇数,矛盾.

定义

$$f(a, b) = \left(\left|\frac{a-3b}{2}\right|, \frac{a+b}{2}\right),$$

$$g(a, b) = \left(\frac{a+3b}{2}, \left|\frac{a-b}{2}\right|\right).$$

令 $a_1 = \left|\frac{a-3b}{2}\right|, b_1 = \frac{a+b}{2}, a_2 = \frac{a+3b}{2}, b_2 = \left|\frac{a-b}{2}\right|$,则 a_1, b_1, a_2, b_2 为正整数,且

$$a_1^2 + 3b_1^2 = \left(\frac{a-3b}{2}\right)^2 + 3\left(\frac{a+b}{2}\right)^2 = a^2 + 3b^2 = k,$$

$$a_2^2 + 3b_2^2 = \left(\frac{a+3b}{2}\right)^2 + 3\left(\frac{a-b}{2}\right)^2 = a^2 + 3b^2 = k,$$

所以,$f(a,b)$,$g(a,b)$ 都是方程 $a^2 + 3b^2 = k$ 的自然数解.

易知,$a-3b$,$a-b$,a,b 中任何两个数都不同时为零,否则 a,b 都为零,矛盾.

于是,方程的自然数解可以划分为如下三个集合:
$A = \{(a,b) \mid a^2 + 3b^2 = k, (a-3b)(a-b)ab \neq 0, a, b \in \mathbf{N}\}$,
$B = \{(a,b) \mid a^2 + 3b^2 = k, (a-3b)a = 0, a, b \in \mathbf{N}\}$,
$C = \{(a,b) \mid a^2 + 3b^2 = k, (a-b)b = 0, a, b \in \mathbf{N}\}$.

显然,集合 A 中的解都是正整数解.

设 (a,b) 是方程 $a^2 + 3b^2 = k$ 在 A 中的任意一个正整数解,我们证明:
$$(a_1 - 3b_1)(a_1 - b_1)a_1 b_1 \neq 0,$$
$$(a_2 - 3b_2)(a_2 - b_2)a_2 b_2 \neq 0,$$
且 (a,b),(a_1,b_1),(a_2,b_2) 两两互异.

实际上,若 $a_1 = 3b_1$,则 $a_1^2 = 9b_1^2$,即 $\left(\frac{a-3b}{2}\right)^2 = 9\left(\frac{a+b}{2}\right)^2$,所以 $a + 3b = 0$,矛盾.

若 $a_1 = b_1$,则 $a_1^2 = b_1^2$,即 $\left(\frac{a-3b}{2}\right)^2 = \left(\frac{a+b}{2}\right)^2$,所以 $a = b$,矛盾.

若 $a_1 = 0$,则 $\frac{a-3b}{2} = 0$,所以 $a = 3b$,矛盾.

若 $b_1 = 0$,则 $a + b = 0$,矛盾.

所以 $(a_1 - 3b_1)(a_1 - b_1)a_1 b_1 \neq 0$.

若 $a_2 = 3b_2$,则 $a_2^2 = 9b_2^2$,即 $\left(\frac{a+3b}{2}\right)^2 = 9\left(\frac{a-b}{2}\right)^2$,所以 $a -$

$3b = 0$,矛盾.

若 $a_2 = b_2$,则 $a_2^2 = b_2^2$,即 $\left(\dfrac{a+3b}{2}\right)^2 = \left(\dfrac{a-b}{2}\right)^2$,所以 $a = -b$,矛盾.

若 $a_1 = 0$,则 $\dfrac{a+3b}{2} = 0$,所以 $a = -3b$,矛盾.

若 $b_1 = 0$,则 $a - b = 0$,矛盾.

所以 $(a_2 - 3b_2)(a_2 - b_2)a_2 b_2 \neq 0$.

若 $(a,b) = (a_1, b_1)$,则 $b = b_1 = \dfrac{a+b}{2}$,所以 $a = b$,矛盾.

若 $(a,b) = (a_2, b_2)$,则 $a = a_2 = \dfrac{a+3b}{2}$,所以 $a = 3b$,矛盾.

若 $(a_1, b_1) = (a_2, b_2)$,则 $b_1^2 = b_2^2$,即 $\left(\dfrac{a+b}{2}\right)^2 = \left(\dfrac{a-b}{2}\right)^2$,所以 $ab = 0$,矛盾.

记 $A_1 = \{(a,b), f(a,b), g(a,b)\}$,我们证明 A_1 对运算 f, g 都封闭.

实际上,设 $f(a_1, b_1) = (x, y)$,则 $x = \left|\dfrac{a_1 - 3b_1}{2}\right|, y = \dfrac{a_1 + b_1}{2}$,于是

$$4x = |2a_1 - 6b_1| = ||a-3b| - 3a - 3b|$$
$$= |\pm(a-3b) - 3a - 3b| = 2a + 6b \text{ 或 } 4a.$$

所以 $x = \dfrac{a+3b}{2}$ 或 a,所以 $f(a_1, b_1) = g(a,b)$ 或 (a,b),即 $f(a_1, b_1) \in A_1$.

同样讨论可知,$g(a_1, b_1), f(a_2, b_2), g(a_2, b_2) \in A_1$.

于是,对方程在 A 中的任意一个解 (a,b),都对应一个三元集

$$A_1 = \{(a,b), f(a,b), g(a,b)\},$$

其中 A_1 对运算 f, g 都封闭,我们称这样的 A_1 为一个封闭组.

2 目标分解

由此可知,方程在 A 中的正整数解的个数为 3 的倍数.

又每一个正整数解 (a,b) 都对应方程的 4 个整数解 $(\pm a, \pm b)$,于是方程满足 $(|a|-3|b|)(|a|-|b|)|ab| \neq 0$ 的整数解 (a,b) 的个数为 12 的倍数,当然也是 6 的倍数.

考察方程在 B 中的自然数解,如果 $\dfrac{k}{12}$ 是平方数,令 $\dfrac{k}{12}=t^2(t>0)$,那么,当 $a=3b$ 时,方程变为 $12b^2=k$,此时方程在 B 中有解 $(3t,t)$,且 $(0,2t)$ 也是方程在 B 中的解.

反之,当 $a=0$ 时,方程变为 $3b^2=k$,此时方程在 B 中有解 $(0,2t)$,且 $(3t,t)$ 也是方程在 B 中的解.

又因为
$$f(3t,t)=(0,2t),$$
$$g(3t,t)=(3t,t),$$
$$f(0,2t)=g(0,2t)=(3t,t).$$

所以 $B_1=\{(3t,t),(0,2t)\}$ 是一个封闭组,且 $(3t,t),(0,2t)$ 对应方程 $a^2+3b^2=k$ 的 6 个整数解:
$$(a,b)=(\pm 3t, \pm t),(0, \pm 2t).$$

如果 $\dfrac{k}{12}$ 不是平方数,那么,当 $a=3b$ 时,方程变为 $12b^2=k$,此时方程无解.

当 $a=0$ 时,方程变为 $3b^2=k$,若此方程有解,则因 k 是偶数,所以 b 是偶数,令 $b=2t$,则方程变为 $12t^2=k$,矛盾,所以此时方程无解.

于是,$\dfrac{k}{12}$ 不是平方数时,方程在 B 中无解.

所以不论 k 为何值,方程满足 $(|a|-3|b|)|a|=0$ 的整数解 (a,b) 的个数为 6 的倍数(为 6 或 0).

考察方程在 C 中的解,如果 $\dfrac{k}{4}$ 是平方数,令 $\dfrac{k}{4}=t^2(t>0)$,那

么,当 $a=b$ 时,方程变为 $4b^2=k$,此时方程在 C 中有解 (t,t),且 $(2t,0)$ 也是方程在 C 中的解;反之,当 $b=0$ 时,方程变为 $a^2=k$,此时方程在 C 中有解 $(2t,0)$,且 (t,t) 也是方程在 C 中的解.

又因为
$$f(t,t)=(t,t),\quad g(t,t)=(2t,0),$$
$$f(2t,0)=g(2t,0)=(t,t),$$

所以 $C_1=\{(t,t),(2t,0)\}$ 是一个封闭组,且 $(t,t),(2t,0)$ 对应方程 $a^2+3b^2=k$ 的 6 个整数解:
$$(a,b)=(\pm t,\pm t),(\pm 2t,0).$$

如果 $\dfrac{k}{4}$ 不是平方数,那么,当 $a=b$ 时,方程变为 $4b^2=k$,此时方程无解.

当 $b=0$ 时,方程变为 $a^2=k$,若此方程有解,则因 k 是偶数,所以 a 是偶数,令 $a=2t$,则方程变为 $4t^2=k$,矛盾,所以此时方程无解.

于是,$\dfrac{k}{4}$ 不是平方数时,方程在 C 中无解,所以不论 k 为何值,方程满足 $(|a|-|b|)|b|=0$ 的整数解 (a,b) 的个数为 6 的倍数(为 6 或 0).

综上所述,方程的所有整数解 (a,b) 的个数为 6 的倍数.

例 8 求所有的实数组 (a,b,c),使对任何整数 n,都有 $[na]+[nb]=[nc]$.(原创题)

分析与解 我们先将目标进行分解,证明如下结论:

"对任何整数 n,都有 $[na]+[nb]=[nc]$" $\Leftrightarrow$ "a、b 中至少有一个为整数,且 $c=a+b$".

一方面,若 a、b 中至少有一个为整数,且 $c=a+b$,则不妨设 a 为整数,那么,对任何整数 n,有 na 为整数,所以 $na=[na]$,于是 $[nc]=[n(a+b)]=[na+nb]=na+[nb]=[na]+[nb]$.

另一方面,若对任何整数 n,都有 $[na]+[nb]=[nc]$,则分别取 $n=1,-1$,得
$$[a]+[b]=[c], \quad [-a]+[-b]=[-c],$$
两式相加得
$$[a]+[-a]+[b]+[-b]=[c]+[-c].$$

又对任何实数 x,有
$$[x]+[-x]=[x]+[-([x]+\{x\})]=[x]+[-[x]-\{x\}]$$
$$=[-\{x\}]=\begin{cases}0 & (x\in \mathbf{Z});\\ -1 & (x\notin \mathbf{Z}).\end{cases}$$

于是,如果 a,b 都不是整数,则
$$[a]+[-a]=[b]+[-b]=-1,$$
所以 $[a]+[-a]+[b]+[-b]=-2\ne[c]+[-c]$,矛盾.

所以 a,b 中至少有一个为整数,不妨设 a 为整数,那么,对任何整数 n,na 为整数,所以 $na=[na]$.

所以对任何整数 n,有
$$[nc]=[na]+[nb]=na+[nb]=[na+nb]=[n(a+b)],$$
即
$$nc-\{nc\}=n(a+b)-\{n(a+b)\},$$
所以
$$a+b-c=\frac{\{n(a+b)\}-\{nc\}}{n}.$$
而 $|\{n(a+b)\}-\{nc\}|<2$,于是,
$$a+b-c=\lim_{n\to\infty}(a+b-c)=\lim_{n\to\infty}\frac{\{n(a+b)\}-\{nc\}}{n}=0,$$
即 $a+b=c$.

这样,问题变为:求所有的实数组 (a,b,c),使 a,b 中至少有一个为整数,且 $c=a+b$.

(1) 当 a 为整数时,令 $a=m(m\in\mathbf{Z})$,则

$$(a,b,c) = (m,s,m+s),$$

其中 $m \in \mathbf{Z}, s \in \mathbf{R}$;

(2) 当 b 为整数时,令 $b = n(n \in \mathbf{Z})$,则

$$(a,b,c) = (t,n,n+t),$$

其中 $n \in \mathbf{Z}, t \in \mathbf{R}$.

综上所述,所求的实数组 $(a,b,c) = (m,s,m+s), (t,n,n+t)$,其中 m, n 为任意整数,s, t 为任意实数.

例9 给定 $c, n \in \mathbf{N}^*$,设 $x_1, x_2, \cdots, x_n \in \mathbf{N}^*$,$x_1 < x_2 < \cdots < x_n$,$x_1 + x_2 + \cdots + x_n = c$,求 $x_n - x_1$ 的最小值.

分析与解 设 $a = 1 + 2 + \cdots + n = \dfrac{n(n+1)}{2}$,$b = 1 + 2 + \cdots + (n-1) = \dfrac{n(n-1)}{2}$. 显然,有

$$c = x_1 + x_2 + \cdots + x_n \geqslant 1 + 2 + \cdots + n = a.$$

为求 $x_n - x_1$ 的最小值,可分开处理,分别求 x_1 的最大值与 x_n 的最小值,为此,可先求 x_1, x_n 的范围.

为求 x_1 的范围,这就要在 $x_1 + x_2 + \cdots + x_n = c$ 中消去 $x_2, x_3, \cdots, x_n$,而可用的条件是 $x_1 < x_2 < \cdots < x_n$,从而可以采用放缩消元.

从个体入手,对 $2 \leqslant k \leqslant n$,考察如何消去 x_k,我们有

$$x_k \geqslant x_{k-1} + 1 \geqslant x_{k-2} + 2 \geqslant \cdots \geqslant x_1 + (k-1),$$

于是,有

$$c = x_1 + x_2 + \cdots + x_n$$
$$\geqslant x_1 + (x_1 + 1) + (x_1 + 2) + \cdots + (x_1 + n - 1) = nx_1 + b.$$

所以 $x_1 \leqslant \dfrac{c-b}{n}$. 但 x_1 为整数,所以 $x_1 \leqslant \left[\dfrac{c-b}{n}\right]$.

类似地,为求 x_n 的范围,从个体入手,对 $1 \leqslant k \leqslant n-1$,考察如何消去 x_k,我们有

$$x_k \leqslant x_{k+1} - 1 \leqslant x_{k+2} - 2 \leqslant \cdots \leqslant x_n + (k-n),$$

于是,有

$$c = x_1 + x_2 + \cdots + x_n$$
$$\leqslant (x_n - n + 1) + (x_n - n + 2) + \cdots + (x_n - 1) + x_n$$
$$= nx_n - b.$$

由此得,$x_n \geqslant \dfrac{c+b}{n} = \dfrac{c-b}{n} + n - 1$,于是:

当 $n \mid c-b$ 时,$x_n - x_1 \geqslant \dfrac{c-b}{n} + n - 1 - \dfrac{c-b}{n} = n - 1$;

当 $n \nmid c+b$ 时,$x_n - x_1 \geqslant \left[\dfrac{c-b}{n}\right] + n - \left[\dfrac{c-b}{n}\right] = n$.

下面证明以上等号都可以成立,即存在 $x_1, x_2, \cdots, x_n$,使

$$\left[\dfrac{c-b}{n}\right] = x_1 < x_2 < \cdots < x_n = \dfrac{c-b}{n} + n - 1 \quad (n \mid c-b \text{ 时})$$

$$\text{或} \left[\dfrac{c-b}{n}\right] + n \quad (n \nmid c-b \text{ 时}),$$

且

$$x_1 + x_2 + \cdots + x_n = c.$$

设 $c - b = qn + r, 0 \leqslant r < n$,则

$$x_1 = \left[\dfrac{c-b}{n}\right] = q,$$

$$x_n = q + n - 1 \quad (r = 0), \tag{2.7}$$

或

$$x_n = q + n \quad (r \neq 0). \tag{2.8}$$

对于式(2.7),$x_1 = q, x_2 = q + 1, \cdots, x_n = q + n - 1$ 是唯一一组合乎条件的数组;对于式(2.8),$x_1 = q, x_2 = q + 1, \cdots, x_{n-r} = q + n - r - 1, x_{n-r+1} = q + n - r + 1, x_{n-r+2} = q + n - r + 2, \cdots, x_n = q + n$ 是唯一一组合乎条件的数组.

综上所述,当 $c - b \equiv 0 \pmod{n}$,即 $c \equiv \dfrac{n(n-1)}{2} \pmod{n}$ 时,

$x_n - x_1$ 的最小值为 $n-1$.

当 $c - b \not\equiv 0 \pmod{n}$, 即 $c \not\equiv \dfrac{n(n-1)}{2} \pmod{n}$ 时, $x_n - x_1$ 的最小值为 $q + n - q = n$.

例 10(原创题) 有 $2n(n>1)$ 个学生, 男女各一半. 如果无论他们怎样围成一圈, 其中都有一人两旁坐的都是女生, 求 n 的所有可能取值.

分析与证明 为叙述问题方便, 如果一个人两旁坐的都是女生, 则称此人为该坐法的"中心". 这样, 问题变为: 求 n 的所有可能取值, 使 $2n$ 个人的任何圆排列都有中心.

从反面考虑: 什么情况下存在没有中心的圆排列?

这等价于排列中每个学生左右两侧的学生都为异性, 此时采用逐步扩充即可. 先从一个男生开始, 他左右两侧学生为异性, 不妨设左侧为男生, 则得到排列的一个局部: 男男女.

进一步, 考虑上述排列中右边的女生, 她左右两侧学生为异性, 便得到扩充后的一个局部: 男男女女.

如此下去, 当排列为这样若干"组"构成: 每个"组"都是 4 个人的排列, 其性别顺序为"男男女女", 则排列不存在中心.

由此可见, 当 n 为偶数时, 存在圆排列没有中心, 此时学生性别排列为周期为 4 的排列: 男男女女…男男女女, 所以 n 为奇数.

下面证明: 当 n 为奇数时, $2n$ 个人的任何圆排列都有中心.

为此, 先将目标分解为: 存在 3 个学生性别的排列或者是"女男女", 或者是"女女女".

显然, 如果前者发生, 即有一个男生, 他的两旁座的都是女生, 则结论成立.

如果每一个男生都至少与一个男生相邻, 此时, 将邻座的男生看作一组(元素捆绑), 每组至少 2 人, 于是 $n = 2k + 1$ 个男生至多分为

k 组. 每相邻 2 组之间有一个"空",则至多有 k 个空. 将 $2k+1$ 个女生归入这至多 k 个空,至少有一个空有 3 个女生,于是有一个女生,她的两旁坐的都是女生,结论成立.

我们还可以从另一个角度来理解我们的分解后目标:存在 3 个学生性别的排列或者是"女男女",或者是"女女女". 这两种性别排列形式的共同特征是:有两个女生"跳跃相邻"(只隔一个学生),也就是说两个女生在相邻的奇号位上或相邻的偶号位上,由此可考察所有奇(偶)号位形成一个抽屉,必有较多的女生在同一抽屉中.

设圆周上 $2n$ 个座位为 $A_1,A_2,\cdots,A_{2n}$,将其分为 2 组:$A=\{A_1,A_3,\cdots,A_{2n-1}\}$ 为奇号位的集合,$B=\{A_2,A_4,\cdots,A_{2n}\}$ 为偶号位的集合.

将 $n=2k+1$ 个女生归入 A,B 两个集合,必定有 $k+1$ 个女生在同一集合,不妨设有 $k+1$ 个女生在 A 中,但 A 中只有 $n=2k+1$ 个位置,则必有 2 个女生在 A 的位置中"相邻",即存在奇号位 A_i,A_{i+2} 上都是女生,此时 A_{i+1} 的两旁都坐女生,结论成立.

综上所述,所求 n 的所有可能取值为一切大于 1 的奇数.

习 题 2

1. (第 12 届莫斯科数学奥林匹克试题) 求证:在整数序列:$a_1,a_2,\cdots,a_n$ 中,必有连续若干项的和为 n 的倍数.

2. 已知 48 个数的积含有 10 个不同的质因数,求证:在这 48 个数中可找到 4 个不同的数,它们的积为平方数.

3. 设 a,b 都是整数,求证:a,b,a^2+b^2,a^2-b^2 中一定有一个被 5 整除.

4. 三角形的三边都是自然数,且其中一条边长是 4,但它不是最短边,求这样的三角形的个数.

5. 五边形 $A_1A_2\cdots A_5$ 的所有边和所有对角线一共可以交成多

少个三角形?

6. 有 100 个人,其中每一个人都至少认识其中 50 个人. 求证:可以从中选出 4 个人,让他们坐成一个圆圈,使得每个人都认识他的邻座.

7. 设 $ac-b^2>0$,对任意实数 x,y,有 $f(x,y)=ax^2+2bxy+cy^2\geqslant 0$,求证:
$$\sqrt{f(x_1,y_1)f(x_2,y_2)}f(x_1-x_2,y_1-y_2)\geqslant(ac-b^2)(x_1y_2-x_2y_1)^2.$$

8. (2005 年中国国家集训队测试题) 设 $a,b,c\geqslant 0$,$ab+bc+ca=\dfrac{1}{3}$,证明:
$$\dfrac{1}{a^2-bc+1}+\dfrac{1}{b^2-ca+1}+\dfrac{1}{c^2-ab+1}\leqslant 3.$$

9. 对任何正数 x,记 $S(x)=\{k[x]|k\in \mathbf{N}^*\}$,是否存在互异的正数 a,b,c,使 $\mathbf{N}^*=S(a)\bigcup S(b)\bigcup S(c)$,且 $S(a),S(b),S(c)$ 互不相交.

10. 将 $1,2,\cdots,9$ 这 9 个数填入 3×3 的方格表中,使相邻(有公共边)两格的数的差的绝对值之和最大,求其最大值.

习题 2 解答

1. 连续若干个数的和可表示为:$a_{i+1}+a_{i+2}+\cdots+a_j(1\leqslant i<j\leqslant n)$. 目标变为 $a_{i+1}+a_{i+2}+\cdots+a_j\equiv 0(\mod n)$. 令 $S_i=a_1+a_2+\cdots+a_i$,则目标可分解为 $a_{i+1}+a_{i+2}+\cdots+a_j=S_j-S_i$,于是,上式等价于 $S_i\equiv S_j(\mod n)$. 至此,以 $S_1,S_2,\cdots,S_n$ 为元素,将其归入模 n 的剩余类,有如下两种可能:(1) 如果有某个 $i(1\leqslant i\leqslant n)$,使 $S_i\equiv 0$,则 $a_1+a_2+\cdots+a_i\equiv 0(\mod n)$,此时,$n\mid a_1+a_2+\cdots+a_i$,结论成立;(2) 如果对所有 $i(1\leqslant i\leqslant n)$,都有 $S_i\not\equiv 0$,则 n 个元素 $S_1,S_2,\cdots,S_n$ 都属于模 n 的另外 $n-1$ 个剩余类,必有某两个数 S_i、$S_j(1\leqslant i$

$<j\leqslant n$)属于同一个剩余类,此时 $n\mid S_j-S_i$,即 $n\mid a_{i+1}+a_{i+2}+\cdots+a_j$,结论成立. 综上所述,命题获证.

2. 我们的目标是,要找到 4 个数 a,b,c,d,使它们的积 $abcd$ 为平方数,我们先将 $abcd$ 分解为两个元素的积:$(ab)\cdot(cd)$,由此可见,要以题给的每两个数的积为元素. 现在要将两个"元素"的积(ab) $\cdot(cd)$为平方数,转化为两个"元素"属于同一抽屉. 找一个充分条件,使 ab,cd 在同一抽屉时,必有 $ab\cdot cd$ 为平方数. 不妨设 $ab=p_1^{r_1}p_2^{r_2}\cdots p_{10}^{r_{10}}$, $cd=p_1^{t_1}p_2^{t_2}\cdots p_{10}^{t_{10}}$,至此,目标转化为 $ab\cdot cd=p_1^{t_1+r_1}p_2^{t_2+r_2}\cdots p_{10}^{t_{10}+r_{10}}$ 为平方数,这等价于对所有的 $i=1,2,\cdots,10$,有 r_i-t_i 为偶数,即 $r_i\equiv t_i\pmod 2$ $(i=1,2,\cdots,10)$.

由此可见,应将题给 48 个数中每 2 个数作积,对每一个积:$ab=p_1^{r_1}p_2^{r_2}\cdots p_{10}^{r_{10}}$,令其对应一个 10 元数组:$(r_1,r_2,\cdots,r_{10})$,然后选择这些 10 元数组为元素,这样,目标转化为:找到两个数组$(r_1,r_2,\cdots,r_{10}),(t_1,t_2,\cdots,t_{10})$,使其对应的每一个分量都关于模 2 同余.

因为每两个数 a,b 组成的无序数对都对应一个 10 元数组:$(k_1,k_2,\cdots,k_{10})$,而无序对共有 C_{48}^2 个,从而 10 元数组(元素)共有 C_{48}^2 个. 考察这些数组各分量的奇偶性,因为每个分量都有 2 种可能,从而共有 $2^{10}=1024$ 种可能. 注意到 $1024<1128=C_{48}^2$,于是必有两个不同的数对$\{a,b\},\{c,d\}$,它们对应的两个 10 元数组:$(r_1,r_2,\cdots,r_{10}),(t_1,t_2,\cdots,t_{10})$ 各分量同奇偶,此时, $abcd=ab\cdot cd=p_1^{r_1}p_2^{r_2}\cdots p_{10}^{r_{10}}\cdot p_1^{t_1}p_2^{t_2}\cdots p_{10}^{t_{10}}=p_1^{r_1+t_1}p_2^{r_2+t_2}\cdots p_{10}^{r_{10}+t_{10}}$ 为平方数.

若 a,b,c,d 互异,则命题获证;否则,不妨设 $b=d$,由于$\{a,b\},\{c,d\}$ 是两个不同的数组,从而 $a\neq c$,此时,由 $abcd=acb^2$ 为平方数,知 ac 为平方数,且 a,c 互异. 设题给的 48 个数构成的集合为 A,考察集合 $B=A\setminus\{a,c\}$,注意到 $2^{10}=1024<1035=C_{46}^2$,利用上述方法,又可以在集合 B 中找到 4 个数 x,y,u,v,使 $xyuv$ 为平方数. 若 x,y,u,v 互异,命题获证;否则,同上,在 x,y,u,v 中可以找

到互异的两数x,u,使xu为平方数.由于x,u不属于A,所以x,u,a,c互异,且$xuac$为平方数.综上所述,命题获证.

3. 若a,b中有一个是$5k$型的数,则结论成立.

当a,b都是$5k\pm1,5k\pm2$型的数时,因为

$$(5k\pm1)^2=25k^2\pm10k+1=5m+1\quad(m\in\mathbf{Z}),$$

$$(5k\pm2)^2=25k^2\pm20k+4=5m'+4\quad(m'\in\mathbf{Z})$$

所以a^2,b^2都是$5k\pm1$型的数.①当a^2,b^2都是$5k+1$型的数时,$5|a^2-b^2$.②当a^2,b^2都是$5k-1$型的数时,$5|a^2-b^2$.③当a^2,b^2一个是$5k+1$型的数,一个是$5k-1$型的数时,$5|a^2+b^2$.综上所述,命题获证.

4. 当4为最长边时,三边为$a\leqslant b\leqslant 4$,且$a\neq 4$,于是$a=1,2,3$.但此时只要求$a+b>4$,于是三角形为$(a,b,4)=(1,4,4),(2,3,4),(2,4,4),(3,3,4),(3,4,4)$,有5个三角形;当4不是最长边时,三边为$a<4<b$(因为4不是最大边也不是最小边),于是$a=1,2,3$.此时只要求$a+4>b$,即$a>b-4\geqslant 1$,所以$a=2,3$.于是三角形为$(a,4,b)=(2,4,5),(3,4,5),(3,4,6)$,有3个三角形.综上所述,共有$5+3=8$个三角形.

另解 设最小边为a,另两边为$b,4(b\geqslant a)$,则$a=1,2,3$,且$a+b>4,a+4>b$,即$4-a<b<4+a$.当$a=1$时,$4-1<b<4+1$,即$3<b<5$,于是$b=4$,有1个三角形$(a,b,4)=(1,4,4)$;当$a=2$时,$4-2<b<4+2$,即$2<b<6$,于是$b=3,4,5$,有3个三角形$(a,b,4)=(2,3,4),(2,4,4),(2,5,4)$;当$a=3$时,$4-3<b<4+3$,即$1<b<7$,但$b\geqslant a=3$,于是$b=3,4,5,6$,有4个三角形$(a,b,4)=(2,3,4),(2,4,4),(2,5,4)$;综上所述,共有$1+3+4=8$个三角形.

5. 对任意一个三角形,它的边来自如下两个集合:

$X=\{$五边形的边$\}$, $Y=\{$五边形的对角线及其交成的线段$\}$.

(1)若三角形有两条边属于X,则三角形是以五边形的三个相

邻顶点为顶点的三角形,这样的三角形有 5 个.

(2) 若三角形恰有一条边属于 X,设此边为 A_iA_{i+1},此时,第三顶点可为 $A_{i+3}, B_{i+2}, B_{i+3}, B_{i+4}$(图 2.13),共有 4 种可能.从而这样的三角形有 $6 \times 4 = 20$ 个.

(3) 若三角形的边都属于 Y,此时有如下两种情况:

① 以 $A_i(i=1,2,\cdots,5)$ 为底边所对顶点的等腰三角形 $A_iB_{i+2}B_{i+3}$,比如 $A_1B_3B_4$(图 2.14),这样的三角形有 5 个;② 以 B_i ($i=1,2,\cdots,5$) 为底边所对顶点的等腰三角形 $B_iA_{i+1}A_{i+4}$,比如 $B_1 A_2A_5$(图 2.15),这样的三角形有 5 个.注意:①与②可合起来计算,避开分类.由于三角形的边都由 5 条对角线两两交成,从而有 $C_5^3 = 10$ 个.所以合乎条件的三角形有 $5+20+5+5=35$ 个.

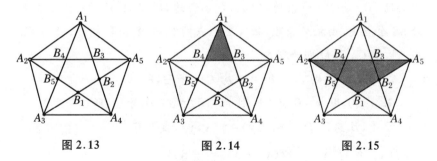

图 2.13　　　　　图 2.14　　　　　图 2.15

另解　称各个互不相交的区域为"块",则由 1 块组成,有 10 个三角形(图 2.16).

由 2 块组成,有 10 个三角形 $(1,2),(2,3),(3,4),\cdots,(10,1)$.

由 3 块组成,有 10 个三角形 $(1,2,3),(3,4,5),(5,6,7),(7,8,9),(9,10,1),(2,11,8),(4,11,10),(6,11,2),(8,11,4),(10,11,6)$(图 2.17).

由 5 块组成,有 5 个三角形 $(2,6,7,8,11)$ 等(图 2.18).所以合乎条件的三角形有 $10+10+10+5=35$ 个.

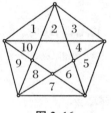
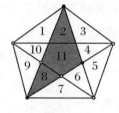
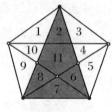

图 2.16　　　　　图 2.17　　　　　图 2.18

6. 用点表示人,当且仅当 2 个人认识时对应的点连边,得到一个简单图 G,问题变为 G 中存在长为 4 的圈.将目标分解为:存在两条长为 2 的"链",它们有两个公共端点.

如果 G 中任何两个点都相连,则任取其中 4 个点即可.如果有 2 个点不相连,设 A,B 不相连.除 A,B 外,还有 98 个点,由于 A,B 至少共连 $50+50=100$ 条边,但 A,B 不连边,所以 A,B 的邻点都在另外 98 个点中,由抽屉原理,必有 2 个点同时与 A 和 B 相连,设为 C,D.则 A,C,B,D 即为所求.

7. 若 $a=0$,则 $ac-b^2=-b^2\leqslant 0$,矛盾,所以 $a\neq 0$.

若 $a<0$,取 $y=0,x=1$,则 $f(1,0)=a<0$,矛盾,所以 $a>0$.

于是,注意到 $f(-x,-y)=f(x,y)$,我们有

$$\sqrt{f(x_1,y_1)f(x_2,y_2)}f(x_1-x_2,y_1-y_2)$$
$$\geqslant (ac-b^2)(x_1y_2-x_2y_1)^2,$$
$$\Leftrightarrow f(x_1,y_1)f(x_2,y_2)f(x_1-x_2,y_1-y_2)^2$$
$$\geqslant (ac-b^2)^2(x_1y_2-x_2y_1)^4,$$
$$\Leftrightarrow f(x_1,y_1)f(x_1-x_2,y_1-y_2)\cdot f(x_2,y_2)f(x_1-x_2,y_1-y_2)$$
$$\geqslant (ac-b^2)^2(x_1y_2-x_2y_1)^4,$$
$$\Leftrightarrow f(x_1,y_1)f(x_1-x_2,y_1-y_2)\cdot f(x_2,y_2)f(x_2-x_1,y_2-y_1)$$
$$\geqslant (ac-b^2)^2(x_1y_2-x_2y_1)^4.$$

由对称性,我们只需证明

$$f(x_1,y_1)f(x_1-x_2,y_1-y_2)\geqslant (ac-b^2)(x_1y_2-x_2y_1)^2. \quad (2.9)$$

实际上

$f(x_1, y_1)f(x_1 - x_2, y_1 - y_2)$

$= (ax_1^2 + 2bx_1y_1 + cy_1^2)[a(x_1 - x_2)^2$
$\quad + 2b(x_1 - x_2)(y_1 - y_2) + c(y_1 - y_2)^2]$

$= \left[a\left(x_1 + \dfrac{by_1}{a}\right)^2 + \dfrac{(ac - b^2)y_1^2}{a}\right]\left[a\left(x_1 - x_2 + \dfrac{by_1 - by_2}{a}\right)^2\right.$
$\quad \left. + \dfrac{(ac - b^2)(y_1 - y_2)^2}{a}\right]$ (配方)

$= \left[\left(\sqrt{a}x_1 + \dfrac{by_1}{\sqrt{a}}\right)^2 + \left(\dfrac{\sqrt{ac - b^2}\,y_1}{\sqrt{a}}\right)^2\right] \cdot \left[\left(\dfrac{\sqrt{ac - b^2}(y_1 - y_2)}{\sqrt{a}}\right)^2\right.$
$\quad \left. + \left(\sqrt{a}x_1 - \sqrt{a}x_2 + \dfrac{by_1 - by_2}{\sqrt{a}}\right)^2\right]$

$\geqslant \left[\left(\sqrt{a}x_1 + \dfrac{by_1}{\sqrt{a}}\right)\left(\dfrac{\sqrt{ac - b^2}(y_1 - y_2)}{\sqrt{a}}\right)\right.$
$\quad \left. + \dfrac{\sqrt{ac - b^2}\,y_1}{\sqrt{a}}\left(\sqrt{a}x_1 - \sqrt{a}x_2 + \dfrac{by_1 - by_2}{\sqrt{a}}\right)\right]^2$

$= \left[\dfrac{ax_1 + by_1}{\sqrt{a}} \cdot \dfrac{\sqrt{ac - b^2}(y_1 - y_2)}{\sqrt{a}} + \dfrac{\sqrt{ac - b^2}\,y_1}{\sqrt{a}}\right.$
$\quad \left. \cdot \dfrac{ax_1 - ax_2 + by_1 - by_2}{\sqrt{a}}\right]^2$

$= \left[\dfrac{\sqrt{ac - b^2}}{a}(ax_1 + by_1) \cdot (y_1 - y_2) + \dfrac{\sqrt{ac - b^2}}{a}\right.$
$\quad \left. \cdot y_1(ax_1 - ax_2 + by_1 - by_2)\right]^2$

$= \dfrac{ac - b^2}{a^2}[(ax_1 + by_1) \cdot (y_1 - y_2) + y_1(ax_1 - ax_2 + by_1 - by_2)]^2$

$= (ac - b^2)(x_1y_2 - x_2y_1)^2.$

不等式(2.9)成立,所以原不等式成立.

8. 由已知条件知

$$a^2 - bc + 1 \geqslant -bc + 1 \geqslant -(ab + bc + ca) + 1 = -\frac{1}{3} + 1 > 0.$$

同理,$b^2 - ca + 1, c^2 - ab + 1 > 0$. 另外,若 $a + b + c = 0$,则 $a = b = c = 0$,与条件矛盾,所以 $a + b + c > 0$. 令

$$M = \frac{a}{a^2 - bc + 1} + \frac{b}{b^2 - ca + 1} + \frac{c}{c^2 - ab + 1}, \quad (2.10)$$

$$N = \frac{1}{a^2 - bc + 1} + \frac{1}{b^2 - ca + 1} + \frac{1}{c^2 - ab + 1}. \quad (2.11)$$

由柯西不等式,有

$$M[a(a^2 - bc + 1) + b(b^2 - ca + 1) + c(c^2 - ab + 1)]$$
$$\geqslant (a + b + c)^2,$$

所以

$$M \geqslant \frac{(a + b + c)^2}{a^3 + b^3 + c^3 - 3abc + a + b + c}$$

$$= \frac{a + b + c}{a^2 + b^2 + c^2 - ab - bc - ca + 1}$$

$$= \frac{a + b + c}{a^2 + b^2 + c^2 + 2ab + 2bc + 2ca} = \frac{1}{a + b + c}. \quad (2.12)$$

由式(2.11),结合已知条件,有

$$\frac{N}{3} = \frac{ab + bc + ca}{a^2 - bc + 1} + \frac{bc + ca + ab}{b^2 - ca + 1} + \frac{ca + ab + bc}{c^2 - ab + 1}. \quad (2.13)$$

此外,

$$\frac{ab + bc + ca}{a^2 - bc + 1} = \frac{a}{a^2 - bc + 1}(a + b + c) + \frac{1}{a^2 - bc + 1} - 1, \quad (2.14)$$

$$\frac{bc + ca + ab}{b^2 - ca + 1} = \frac{b}{b^2 - ca + 1}(a + b + c) + \frac{1}{b^2 - ca + 1} - 1, \quad (2.15)$$

$$\frac{ca + ab + bc}{c^2 - ab + 1} = \frac{c}{c^2 - ab + 1}(a + b + c) + \frac{1}{c^2 - ab + 1} - 1. \quad (2.16)$$

由式(2.10)~(2.16),可得

$$\frac{N}{3} = M(a + b + c) + N - 3,$$

$$\frac{2N}{3} = 3 - M(a+b+c) \leqslant 3 - \frac{a+b+c}{a+b+c} = 2,$$

故 $N \leqslant 3$,证毕.

9. 假设存在 $a<b<c$,使 $\mathbf{N}^* = S(a) \cup S(b) \cup S(c)$,且 $S(a)$, $S(b)$, $S(c)$ 互不相交. 因为 $S(a)$, $S(b)$ 不相交,所以 $[a] \neq [b]$,故 $[a]<[b]$,同理 $[b]<[c]$. 但 $1 \in S(a) \cup S(b) \cup S(c)$,只能是 $1 \in S(a)$,所以 $[a]=1$.

可设 $a = 1+t (0 \leqslant t < 1)$,且不妨设 $1, 2, \cdots, r-1 \in S(a)$,而 $r \notin S(a)$,则

$$[(r-1)a] = r-1, \quad [ra] = r+1,$$

所以

$$(r-1)a < r, \quad ra \geqslant r+1,$$

进而,

$$1 + \frac{1}{r} \leqslant a < 1 + \frac{1}{r-1},$$

即

$$\frac{1}{r} \leqslant t < \frac{1}{r-1}.$$

命题 1 若 $u \notin S(a)$,则下一个不属于 $S(a)$ 的元素是 $u+r$ 或 $u+r+1$(而 $u+r, u+r+1$ 中的另一个元素属于 $S(a)$).

实际上,设 $[ta] = u-1, [(t+1)a] = u+1$,令 $g = (t+1)a - (u+1)$,则下一个不属于 $S(a)$ 的元素是 $u+m$,其中 m 是满足 $g + (m-1)t \geqslant 1$ 的最小整数.

若 $m \leqslant r-1$,则有 $g + (m-1)t < mt \leqslant (r-1)t < 1$(因为 $g<t$),又对 $m = r+1$,有 $g+(m-1)t = g+rt \geqslant 1$,所以 $m=r$ 或 $r+1$,命题 1 成立.

注意到 $[b] = r$,所以 $r \leqslant b < r+1$. 于是有:

命题 2 若 $v \in S(b)$,则下一个属于 $S(a)$ 的元素是 $v+r$ 或

$v+r+1$(证法类似). 利用命题 1 和 2,并注意到 $S(a),S(b)$ 不相交,我们有 $\mathbf{N}^* = S(a) \bigcup S(b)$,矛盾.

10. 如图 2.19 所示,记各个格中的数分别为 $a_1,a_2,\cdots,a_9$,相邻(有公共边)的两格的数的差的绝对值之和为 H. 注意到旋转周围 8 个方格中的数,H 只有两种不同取值,于是,不妨先固定中间一个方格内的数 a_9,考察其他数怎样填方可使 H 最大.

a_1	a_2	a_3
a_8	a_9	a_4
a_7	a_6	a_5

图 2.19

记周围 8 个格相邻两数之差的绝对值之和为 H_1,与 a_9 相邻的各数与 a_9 之差的绝对值之和为 H_2,则 $H = H_1 + H_2$. 下面证明,当 a_9 固定时,$a_1,a_2,\cdots,a_8$ 按大小交错排列时 H_1 最大. 实际上,反设有三个连续项单调,不妨设 $a_1 < a_2 < a_3$. 那么,由 $|a_2 - a_1| + |a_3 - a_2| = (a_2 - a_1) + (a_3 - a_2) = a_3 - a_1$ 可知,在数表中去掉 a_2,H_1 不变. 将外围的 8 个数看作一个圈,去掉 a_2 后,圈中剩下 7 个数,其中的每个数要么比 a_2 大,要么比 a_2 小. 注意到 7 为奇数,所以必存在两个相邻的数同比 a_2 大或同比 a_2 小,将 a_2 插入这两个数之间,得到的排法使 H_1 增大,矛盾.

不妨设 $a_1 > a_2, a_2 < a_3, a_3 > a_4, \cdots, a_7 > a_8, a_8 < a_1$,则
$$H_1 = (a_1 - a_2) + (a_3 - a_2) + (a_3 - a_4) + \cdots$$
$$+ (a_7 - a_8) + (a_1 - a_8)$$
$$= 2(a_1 + a_3 + a_5 + a_7) - 2(a_2 + a_4 + a_6 + a_8).$$

在 8 个数中,取 a_1,a_3,a_5,a_7 为较大的 4 个数,a_2,a_4,a_6,a_8 为较小

的 4 个数，则 H_1 最大. 下面讨论 a_9 的取值，最后求出 H 的最大值.

当 $a_9=9$ 时，$H_1 \leqslant 2(8+7+6+5)-2(4+3+2+1)=32$，$H_1 \leqslant (9-1)+(9-2)+(9-3)+(9-4)=26$，$H \leqslant 32+26=58$. 类似地，当 $a_9=8$ 时，$H_1 \leqslant 34$，$H_2 \leqslant 22$，$H \leqslant 56$. 当 $a_9=7$ 时，$H_1 \leqslant 36$，$H_2 \leqslant 18$，$H \leqslant 54$. 当 $a_9=6$ 时，$H_1 \leqslant 38$，$H_2 \leqslant 15$，$H \leqslant 53$. 当 $a_9=5$ 时，$H_1 \leqslant 40$，$H_2 \leqslant 14$，$H \leqslant 54$. 以下都有 $H \leqslant 58$（实际上，用 $9-i$ 代替 i 即可）.

最后，如图 2.20 所示，有 $H=58$，所以 H 的最大值为 58.

5	1	6
2	9	4
8	3	7

图 2.20

本章介绍一种分解策略:范围分解.

所谓范围分解,就是将题中有关对象的存在范围分割为若干块,由此发掘题中元素的相互关系.

寻找块内规律

有些问题中,从整体上看,各元素的表现形式、排列方式或相互关系没有什么明显的规律.但若将元素的存在范围分割为若干块,则或者同一块内的元素有某种规律,或者各个块之间元素的相互关系具有某种的规律.

例1(2007 保加利亚国家数学奥林匹克春季试题) 设 m,n 是给定的大于 1 的奇数,在 $m \times n$ 的方格棋盘中每个方格都填写上互不相同的实数,若一个数满足:它既是所在行(列)的最大数,又是所在列(行)的中间数(比剩余数的一半大且与比剩余数的另一半小),则称它是一个好数,求好数个数的最大值.

分析与解 如果一个数是所在行的最大数,又是所在列的中间数,则称之为"行好数",所有"行好数"的集合记为 X. 如果一个数是所在列的最大数,又是所在行的中间数,则称之为"列好数",所有"列好数"的集合记为 Y. 则所有好数的集合 $M = X \cup Y$.

由对称性，我们只需估计 $|X|$．为此，可取 X 中的一个元素 x，考察 x 的特征，由此发现 x 在棋盘中的可能位置，进而得到 x 个数的估计．

因为 x 是"行好数"，则一方面，它是其所在行的最大数，而每一个行只有一个最大数（各数互异），所以每一个行至多一个数属于 X，所以 $|X| \leqslant m$．另一方面，它是其所在列的中间数，而每一个列只有一个中间数（各数互异），从而每列至多一个数属于 X，所以 $|X| \leqslant n$．

进一步思考发现，不等式 $|X| \leqslant m$ 可以改进：比如，其等号并不成立，即每一个行的最大数不可能都为"行好数"．

为了确定哪些行的最大数不是"行好数"，设第 $i(1 \leqslant i \leqslant m)$ 行的最大数为 x_i，将它们重新排列为 $y_1 > y_2 > \cdots > y_n$，其中 $\{y_1, y_2, \cdots, y_n\} = \{x_1, x_2, \cdots, x_n\}$．

容易知道，y_1 不是"行好数"，这是因为 y_1 是所有数中的最大数，它不能为所在列的中间数．进一步发现，当 $j \leqslant \dfrac{m-1}{2}$ 时，y_j 不是"行好数"，这是因为比 y_j 小的数只有 $y_1, y_2, \cdots, y_{j-1}$ 这 $j-1 < \dfrac{m-1}{2}$ 个，它不能为所在列的中间数．所以

$$|X| \leqslant m - \dfrac{m-1}{2} = \dfrac{m+1}{2}.$$

又 $|X| \leqslant n$，所以

$$|X| \leqslant \min\left\{n, \dfrac{m+1}{2}\right\}.$$

由对称性，我们有

$$|M| = |X| + |Y| \leqslant \min\left\{m, \dfrac{n+1}{2}\right\} + \min\left\{n, \dfrac{m+1}{2}\right\}.$$

下面证明：存在一种填数方法，使 $|M| = \min\left\{m, \dfrac{n+1}{2}\right\} +$

$$\min\left\{n, \frac{m+1}{2}\right\}.$$

采用范围分解技巧:将 $m \times n$ 棋盘分割为若干块,然后对棋盘填数,使同一块内所填的数是一些连续正整数.

(1) 若 $m \neq n$,则不妨设 $1 < m < n$,如图 3.1 所示,将 $m \times n$ 棋盘划分为 1,2,3,4,5 这样 5 类区域,图中的数字为区域的代号,然后在区域 1,2,3,4,5 中依次填入数 $1,2,3,\cdots,mn$,则由填数顺序可知,如果区域 A 的代号大于区域 B 的代号,则 A 中的数大于 B 中的数.

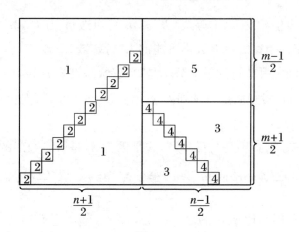

图 3.1

由此可见,区域 2 中的数大于区域 1 中的数且小于区域 3,4,5 中的数,从而区域 2 中的数为"列好数".

类似地,区域 4 中的数大于区域 1,2,3 中的数且小于区域 5 中的数,从而区域 4 中的数为"行好数".

此外,其他区域中的数都不是好数,于是

$$|M| = \min\left\{m, \frac{n+1}{2}\right\} + \frac{m+1}{2} = \min\left\{m, \frac{n+1}{2}\right\} + \min\left\{n, \frac{m+1}{2}\right\}.$$

(2) 若 $m = n > 3$,如图 3.2 所示,将 $n \times n$ 棋盘划分为 1,2,3,4,5 这 5 类区域,图中的数字为区域的代号,然后在区域 1,2,3,4,5

中依次填入数 $1,2,3,\cdots,n^2$.

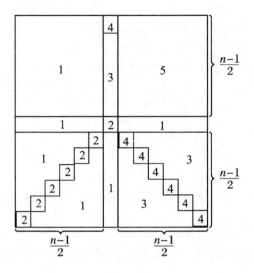

图 3.2

由填数顺序可知,区域 2 中的数大于区域 1 中的数且小于区域 3,4,5 中的数,从而区域 2 中的数除棋盘中心的一个数外都为"列好数",而棋盘中心的一个数为"行好数".从而区域 2 中的数都是好数.

区域 4 中的数大于区域 1,2,3 中的数且小于区域 5 中的数,从而区域 4 中的数除棋盘中心一列的那个数外都为"行好数",而棋盘中心一列那个区域 4 中的数为"列好数".从而区域 4 中的数都是好数.

此外,其他区域中的数都不是好数,于是,有

$$|M| = \frac{n-1}{2} + \frac{n-1}{2} + 1 + 1 = n+1 = \frac{n+1}{2} + \frac{n+1}{2}$$
$$= \min\left\{m, \frac{n+1}{2}\right\} + \min\left\{n, \frac{m+1}{2}\right\}.$$

(3) 若 $m = n = 3$,如图 3.3 所示,将 3×3 棋盘填入数 $1,2,3,\cdots,9$,则 $5,6,7,8$ 为好数.此时,有

$$|M| = 4 = 2 + 2 = \min\left\{m, \frac{n+1}{2}\right\} + \min\left\{n, \frac{m+1}{2}\right\}.$$

1	7	9
2	6	4
5	3	8

图 3.3

综上所述,好数个数的最大值为 $\min\left\{m, \frac{n+1}{2}\right\} + \min\left\{n, \frac{m+1}{2}\right\}$.

例2(第29届IMO预选题) 对怎样的正整数 n,可在 $n \times n$ 棋盘的方格中填数 $0, 1$ 和 -1,使各行元素的和、各列元素的和是 $2n$ 个不同的整数?

分析与解 首先,设第 i 行的和为 $a_i (i = 1, 2, \cdots, n)$,第 j 列的和为 $b_j (j = 1, 2, \cdots, n)$,显然 $|a_i|, |b_j| \leqslant n$.

又 $a_i, b_j (i, j = 1, 2, \cdots, n)$ 是 $2n$ 个不同的整数,所以可设

$$\{a_1, a_2, \cdots, a_n, b_1, b_2, \cdots, b_n\} = M \setminus \{x\},$$

其中 $M = \{0, \pm 1, \pm 2, \cdots, \pm n\}, x \in M$. 考察

$$S = \sum_{i=1}^{n} |a_i| + \sum_{j=1}^{n} |b_j|.$$

一方面,有

$S = 0 + 2(1 + 2 + \cdots + n) - |x| \geqslant 2(1 + 2 + \cdots + n) - n = n^2.$

另一方面,注意到 M 中有 $n+1$ 个非负数,也有 $n+1$ 个非正数,所以在 $\{a_1, a_2, \cdots, a_n, b_1, b_2, \cdots, b_n\}$ 中至少有 n 个非负数,也至少有 n 个非正数.

引入容量参数 $k (0 \leqslant k \leqslant n)$,不妨设 $a_1, a_2, \cdots, a_k \geqslant 0, a_{k+1}, a_{k+2}, \cdots, a_n \leqslant 0$,那么各 b_j 中至少有 $n-k$ 个非负,也至少有 k 个 b_j

非正,所以不妨设 $b_1, b_2, \cdots, b_{n-k} \geqslant 0, b_{n-k+1}, b_{n-k+2}, \cdots, b_n \leqslant 0$,那么

$$S = \sum_{i=1}^{n} |a_i| + \sum_{j=1}^{n} |b_j| = \sum_{i=1}^{k} a_i - \sum_{i=k+1}^{n} a_i + \sum_{j=1}^{n-k} b_j - \sum_{j=n-k+1}^{n} b_j.$$

如图 3.4 所示,将棋盘分成 A、B、C、D 四块,则

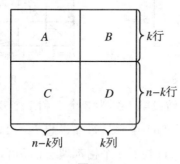

图 3.4

$$\begin{aligned}
S &= [S(A) + S(B)] - [S(C) + S(D)] \\
&\quad + [S(A) + S(C)] - [S(B) + S(D)] \\
&= 2S(A) - 2S(D) \leqslant 2|S(A)| + 2|S(D)| \\
&\leqslant 2 \cdot k(n-k) \cdot 1 + 2 \cdot k(n-k) \cdot 1 = 4k(n-k).
\end{aligned}$$

其中 $S(X)$ 表示 X 中各数的和.所以

$$n^2 \leqslant S \leqslant 4k(n-k),$$

由此得 $(n-2k)^2 \leqslant 0$,所以 $n-2k=0$,即 $n=2k$,故 n 为偶数.

其次,当 n 为偶数时,我们证明可按要求进行填数.

从特例出发,当 $n=2$ 时,填数是很容易的,如图 3.5 所示,此时 $\{a_1, a_2, b_1, b_2\} = \{-1, 0, 1, 2\}$.

由此可猜想,一般情况下,可构造 $\{a_1, a_2, \cdots, a_n, b_1, b_2, \cdots, b_n\} = M \setminus \{-n\}$.

当 $n=4$ 时,期望能构造 $\{a_1, a_2, \cdots, a_4, b_1, b_2, \cdots, b_4\} = M \setminus \{-4\}$.

先设想 $a_1 = 4$,不妨设第 1 行为 4 个 1;再设想 $a_2 = 3$,不妨设第

2 行为 3 个 1 和 1 个 0;剩下 4 个格都填 -1 即可,但其构造比较复杂(图 3.6).

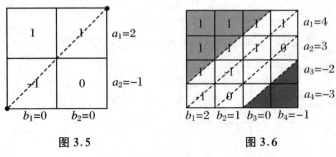

图 3.5　　　　　　　　图 3.6

设想 $b_1=3$,不妨设第 1 列为 3 个 1 和 1 个 0;再设想 $a_2=2$,不妨设第 2 行为 3 个 1 与 1 个 -1;进而设想 $b_2=1$,不妨设第 2 列为 2 个 1,1 个 0 和 1 个 -1;剩下 4 个格都填 -1 即可,此时其构造较简单(图 3.7).

如果设想 $b_2=2$,不妨设第 2 列为 3 个 1 与 1 个 -1;进而设想 $a_2=1$,不妨设第 2 行为 2 个 1,1 个 0 和 1 个 -1;剩下 4 个格都填 -1 即可,此时构造如图 3.8 所示.

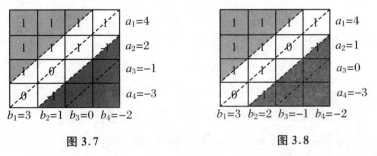

图 3.7　　　　　　　　图 3.8

以上 3 种构造都可得到一般情况的构造,其中以第 2 种构造最简单.

仿图 3.7,构造如下的数表:对角线上方的数都是 1,对角线下方的数都是 -1,对角线上位于上半部的 $\dfrac{n}{2}$ 个数都是 1,位于下半部的 $\dfrac{n}{2}$

个数都是 0(图 3.9).

此时,各行的和为 $n, n-2, n-4, \cdots, 2, -1, -3, \cdots, -(n-1)$,各列的和为 $n-1, n-3, n-5, \cdots, 1, 0, -2, -4, \cdots, -(n-2)$,它们合乎题意.

如果仿图 3.6,构造一般的数表,则构造较为复杂,图 3.10 所示为其 $n=6$ 的情形.

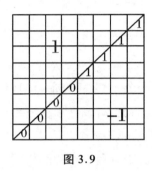

图 3.9

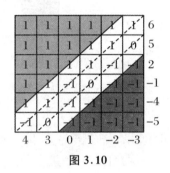

图 3.10

综上所述,所求 n 为所有正偶数.

例 3 在 $n \times n$ 方格表中,每个方格都填上一个绝对值不大于 1 的实数,使任何 2×2 正方形内的 4 个数之和为 0,求证:表中所有数之和不大于 n.

分析与证明 一种自然的想法是,如果 $n \times n$ 方格表可以分割成若干个互补重叠的 2×2 正方形,则结论显然成立,此时表中所有数之和为 0,当然不大于 n.

由此可见,当 n 为偶数时,结论成立.

当 n 为奇数时,尽管 $n \times n$ 方格表不可以分割成若干个互补重叠的 2×2 正方形,但可以分割出尽可能多的互补重叠的 2×2 正方形.由对称性,考察棋盘主对角线上方的部分,可按图 3.11 所示方式进行分割.

注意上述分割中,只有少数几个格"越界"(有属于对角线下方的部分),由对称性,棋盘主对角线下方的部分也可按图 3.11 所示方式进行类似分割,这只需将图形作关于对角线的对称图形即可.

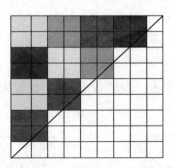

图 3.11

于是,从上至下,从左到右划分为若干个 2×2 正方形,使任何两个正方形不相交,每个正方形都在对角线的上方,或至多有一个格与对角线相交,且对角线上方的每一个格都恰属于一个正方形.

将这些正方形的集合记为 A,设 A 关于对角线对称的格的集合记为 B.

显然,其对角线上的格或者既属于 A 又属于 B,这些格的集合为 $A\cap B$;或者既不属于 A 又不属于 B,这些格的集合为 $\overline{A\cup B}$.

用 $S(X)$ 表示集合 X 中各格内各数的和,则
$$S = S(A\cup B) + S(\overline{A\cup B})$$
$$= S(A) + S(B) - S(A\cap B) + S(\overline{A\cup B})$$
$$= S(\overline{A\cup B}) - S(A\cap B).$$

其中注意 $S(A) = S(B) = 0$(被分为若干个 2×2 正方形),但由
$$(\overline{A\cup B}) \cup (A\cap B) = \{对角线上的格\},$$
知 $|S(\overline{A\cup B})| + |S(A\cap B)| \leqslant n$,所以,有
$$S = S(\overline{A\cup B}) - S(A\cap B) \leqslant |S(\overline{A\cup B})| + |S(A\cap B)| \leqslant n,$$
命题获证.

另证 设 n 为奇数,对 n 归纳.

设结论对小于 n 的自然数成立,考察 $n\times n$ 棋盘,将其划分一个

$(n-2)\times(n-2)$ 棋盘 A,一个 $2\times(n-1)$ 棋盘 B,一个 $(n-1)\times 2$ 棋盘 C(图 3.12).

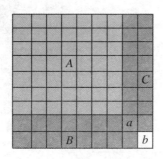

图 3.12

将图中两个格记为 a,b,所填的数也用这些字母表示,那么,有
$$S = S(A) + S(B) + S(C) - a + b.$$
由归纳假设,$S(A) \leqslant n-2$,而 $S(B) = S(C) = 0$,所以
$$S = S(A) - a + b \leqslant n-2 + |a| + |b| \leqslant n-2 + 2 = n,$$
结论成立.

例 4 在 100×100 棋盘上,每个格填上 a,b,c 之一,能否使任何一个 3×4 矩形内均有 3 个 a,4 个 b,5 个 c?

分析与解 稍做实验,便可猜测结论是否定的.

先研究局部性质,考察两个 3×4 矩形,它们有一个公共的 3×3 正方形(图 3.13),则剩下的两个 1×3 矩形内所填的数 a,b,c 的个数分别相同,我们称这样的两个图形为"同数"的.

这样,每个 $1\times 3, 3\times 1$ 矩形平移 4 个单位后得到同数的矩形(图 3.14).

由此可知,任何 1×12 矩形必有其上方或下方一个 3×4 矩形与之同数.

实际上,1×12 矩形可以划分为 4 个 1×3 矩形 A,B,C,D,不妨设 1×12 矩形上方有 4 行(图 3.15),则 A,B,C,D 分别与上方一些

3×1 矩形同数.

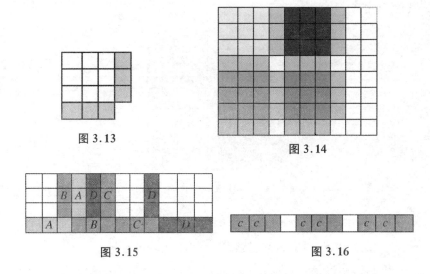

图 3.13

图 3.14

图 3.15

图 3.16

由此可知,任何 1×12 矩形中有 3 个 a,4 个 b,5 个 c.

将 3×4 矩形划分为 4 个 1×3 矩形,将 5 个 c 归入 4 个矩形,必有一个 1×3 矩形 x 含有两个 c,将矩形 x 连续两次平移 4 个单位,则 x 被扩充为一个 1×12 矩形(图 3.16),其中必包含 3 个与 x 同数的矩形,于是,此 1×12 矩形中有 6 个 c,矛盾.

例 5(1988 年德国数学奥林匹克试题) 在 $n^2\times n^2$ 棋盘中,放有 n^3 个棋子,每个格最多放一个棋子.如果每行每列都放有同样多的棋子(n 个子),且这些棋子关于正方形的一条对角线 d 对称,问:是否存在一种放法,使得 d 上没有棋子?

分析与解 我们先介绍本题原来的解答,其采用的是对角布子法:先对左上角区域的格布子,然后关于对角线作对称,得到右下角区域的布子.

因为棋子关于正方形的一条对角线 d 对称,从而对角线 d 两侧的棋子数相等,又对角线 d 上没有棋子,所以整个棋盘中棋子数为偶数,即 n^3 为偶数,所以 n 为偶数.

反之,若 n 为偶数,我们证明存在相应的布子方法.

显然,每行应放有 n 个棋子(共有 n^2 行).

用 (i,j) 表示第 i 行第 j 列的格,在第一列的 n 个格 $(n,1)$, $(2n,1),(3n,1),\cdots,(n^2,1)$ 中各放一个棋(布子的格的记号用显式表达式),然后沿平行于 $45°$ 对角线的直线方向布子,最后将得到的左上角的布子沿 $135°$ 对角线作对称,得到右下角的布子,则布子合乎要求.

实际上,每条平行于 $45°$ 对角线的直线上的布子都关于 $135°$ 对角线 d 对称,从而布子关于 $135°$ 对角线 d 对称.

其次,易知,第一行的布子为 $(1,n),(1,2n),\cdots,(1,n^2)$;第二行的布子为 $(2,n-1),(2,2n-1),\cdots,(2,n^2-1)$;……如此下去,对确定的 i,第 i 行布子的格为 $(i,kn-i+1)(k=1,2,\cdots,n)$,其中的数按模 n^2 理解,从而每行恰有 n 个子.

由对称性,对确定的 j,第 j 列恰有 n 个子.

最后,若 $i=kn+1-i$,则 $2i=kn+1$,但 n 是偶数,矛盾,所以 $i\neq kn+1-i$,即 $(i,kn+1-i)$ 不在 $135°$ 对角线 d 上.

综上所述,布子合乎要求.图 3.17 为 $n=4$ 的布子情形.

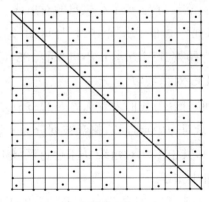

图 3.17

上述构造还可通过另外两种途径得到,且其构造方式更加直观明了.

途径 1 将所有满足 $i+j\equiv 1(\bmod n)$ 的格 (i,j) 放一子,容易验证题中 3 个条件都满足:

(1) 当格 (i,j) 上放子时,$i+j\equiv 1(\bmod n)$,从而格 (j,i) 上也放子,棋盘中的布子关于 135° 对角线 d 对称.

(2) 对确定的 i(即第 i 行),j 可取 $n+1-i,2n+1-i,\cdots,n^2+1-i$,从而每行恰有 n 个子,此时一共布了 n^3 个子.同样可知,每列恰有 n 个子.

(3) 显然有 $i\neq j$(因为 n 为偶,$i+i\neq kn+1\equiv 1$),从而 135° 对角线 d 上无子.

途径 2 将棋盘分割成 n^2 个 $n\times n$ 的小棋盘,每个 $n\times n$ 的小棋盘都在其 45° 对角线的每个格上布子.容易验证题中 3 个条件都满足:

(1) 因为布子都在平行于 45° 对角线的直线上,且如果某条这样的直线上有子,则这条直线上的所有格都被布子,而这条直线上的所有格关于棋盘的 135° 对角线 d 对称,从而所有布子关于棋盘的 135° 对角线 d 对称.

(2) 对每一行,它恰好与 n 个小棋盘的对角线有公共格,从而每行恰有 n 个子,从而一共布了 n^3 个子.同样可知,每列恰有 n 个子.

(3) 因为 n 为偶数,每个 $n\times n$ 小棋盘的 135° 对角线上都无子,从而整个棋盘的 135° 对角线 d 上无子.

为了便于将问题推广,我们来寻求另外的布子方法,我们采用范围分解策略.将棋盘对边中点连线,棋盘被划分为 4 块:Ⅰ、Ⅱ、Ⅲ、Ⅳ(类似于 4 个象限),其中 135° 对角线 d 不通过区域Ⅰ和Ⅲ,所以可考虑仅在区域Ⅰ和Ⅲ中布子.

又区域Ⅰ、Ⅲ关于 135° 对角线 d 对称,所以只需在区域Ⅰ中布子,然后对称地在区域Ⅲ中布子.

设 $n=2k$,则区域Ⅰ是一个 $2k^2 \times 2k^2$ 的棋盘,从而Ⅰ中每行每列应布 $n=2k$ 个子,注意到 $2k^2 \geqslant 2k$,这是可以办到的.

实际上,令 $2k^2 \times 2k^2$ 棋盘的第 i 行布子的格为 $(i,i),(i,i+1),(i,i+2),\cdots,(i,i+2k-1)$,其中的数按模 $2k$ 理解,即大于 $2k$ 的数取其除以 $2k$ 的正剩余.

图 3.18 是 $n=4$,即 $k=2$ 时的布子情形.

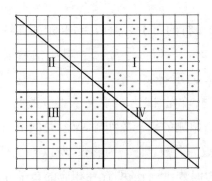

图 3.18

如果注意到 $2k^2$ 是 $2k$ 的倍数这一特点,则区域Ⅰ中有更简便的布子方法,如图 3.19 所示.

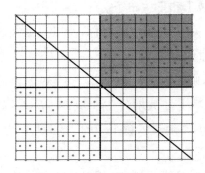

图 3.19

上题可以推广为如下的问题:

例 6 在 $n^2 \times n^2$ 棋盘中,放有 n^3 个棋子,每个格最多放一个棋子.如果每行每列都放有同样多的棋子(n 个子),且这些棋子关于正方形的 2 条对角线 d_1、d_2 都对称,问:是否存在一种放法,使得 d_1、d_2 上都没有棋子?

分析与解 先证明如下的引理。

引理 当 $k \leqslant n$ 时,可在 $n \times n$ 棋盘中适当布子,使每一行每一列都有 k 个子.

实际上,令第 i 行的布子为由 (i,i) 开始的连续 k 个格:(i,i),$(i,i+1)$,$(i,i+2)$,…,$(i,i+k-1)$,其中的数按模 n 理解(大于 n 的数取其除以 n 的正剩余).

下面解答原题.首先,因为棋子关于正方形的一条对角线 d_1 对称,从而对角线 d_1 两侧的棋子数相等,又对角线 d_1 上没有棋子,所以整个棋盘中棋子数为偶数,即 n^3 为偶数,所以 n 为偶数.

反之,若 n 为偶数,我们证明存在相应的布子方法.

显然,每行应放有 n 个棋子(共有 n^2 行).

令 $n=2k$,将棋盘对边中点连线,棋盘被划分为 4 个区域:Ⅰ、Ⅱ、Ⅲ、Ⅳ(类似于 4 个象限),其中对角线 d_1 不通过区域Ⅰ和Ⅲ,所以可考虑只在区域Ⅰ和Ⅲ中布子.

又区域Ⅰ、Ⅲ关于对角线 d_1 对称,所以只需在区域Ⅰ中布子,然后对称地在区域Ⅲ中布子.

因为 $n=2k$,则区域Ⅰ是一个 $2k^2 \times 2k^2$ 的棋盘,再将区域Ⅰ的对边中点连线,区域Ⅰ又被划分为 4 块:A,B,C,D(类似于 4 个象限),其中对角线 d_2 不通过区域Ⅰ中的 B 和 D,所以可考虑只在 B 和 D 中布子.

又 B,D 关于对角线 d_2 对称,所以只需在 B 中布子,然后对称地在 D 中布子.

注意到区域Ⅰ中每一行每一列要布 $n=2k$ 个子,即 B 中每一行每一列要布 $n=2k$ 个子,而 B 是 $k^2 \times k^2$ 的棋盘,且当 $n>2, k>1$ 时,有 $k^2 > 2k = n$,所以由引理,可在 B 中适当布子,使每一行每一列都有 n 个子.

于是原棋盘存在合乎条件的布子,图 3.20,图 3.21 分别是 $n=4,6$ 时的布子.

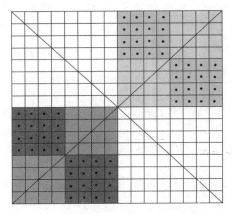

图 3.20

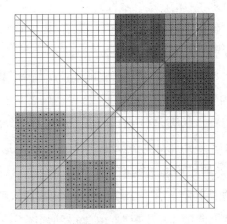

图 3.21

若 $n=2$,由图 3.22 可知,也存在合乎条件的布子.

注 我们还有如下的另外一种构造.

同样,将棋盘分割为类似于 4 个象限的区域,再将棋盘分割为 n^2 个 $n\times n$ 的子棋盘,对 Ⅰ、Ⅲ 象限的每个 $n\times n$ 子棋盘,都在 135° 的主对角线上布 n 个子,对 Ⅱ、Ⅳ 象限的 $n\times n$ 子棋盘,都在 45° 的主对角线上布 n 个子,则构造合乎条件.

图 3.22

图 3.22 就是 $n=2$ 时的布子.这样一种构造,布子不仅关于两条主对角线对称,而且关于上下左右中位线也对称.

例 7(第 41 届 IMO 预选题) 设 n 和 k 是正整数,满足 $\dfrac{n}{2}<k\leqslant\dfrac{2n}{3}$,求最小的整数 m,使得能将 m 只棋放入一个 $n\times n$ 棋盘内,其中每一个方格内至多放一只棋,且每行每列的连续 k 个方格内都至少有一只棋.

分析与解 如果一个棋盘内放有 m 只棋,则称之为 m 棋棋盘. 我们需要找到常数 c,满足以下条件:

(1) 如果存在一个 m 棋的 $n\times n$ 棋盘,其中每行每列的连续 k 个方格内都至少有一只棋,则 $m\geqslant c$.

(2) 当 $m=c$ 时,存在一个 m 棋的 $n\times n$ 棋盘,其中每行每列的连续 k 个方格内都至少有一只棋.

为了保证(2)成立,满足(1)的 c 要尽可能大,这自然想到要尽可能多地分割出 $1\times k$ 矩形,这是因为每个 $1\times k$ 矩形中至少有一只棋,由此便可以得到尽可能多的棋.

假定棋盘的左上角上有一个横向的 $1\times k$ 矩形,则棋盘的右上角上可放 $n-k$ 个纵向的 $1\times k$ 矩形,由此得到如图 3.23 所示的构造.

在 $n\times n$ 棋盘的中心去掉一个 $(2k-n)\times(2k-n)$ 的正方形,

剩下部分可以分割为 4 个 $k \times (n-k)$ 的矩形,再将每个 $k \times (n-k)$ 的矩形分割为 $n-k$ 个 $1 \times k$ 的长条.

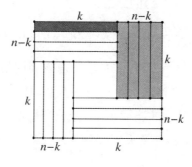

图 3.23

每个 $1 \times k$ 的长条中至少一只棋,从而棋盘中的棋数

$$m \geqslant 4(n-k)$$

现在考虑 $m = 4(n-k)$ 的情形,此时,将棋盘进行如图 3.24 所示的分割,则其中心的 $(2k-n) \times (2k-n)$ 子正方形 P 不能放棋.

但正方形 P 所在的每一行、列的 $1 \times k$ 矩形都要有棋,从而想到将棋放在 P 所在的行、列的 4 个区域 A, B, C, D 处,且 $A(B, C, D)$ 的每行每列有一只棋,这按对角线周期地布子即可(图 3.24).

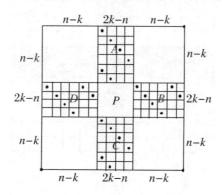

图 3.24

先在 $n \times n$ 棋盘的 4 个角上各去掉一个 $(n-k) \times (n-k)$ 的正方形,再在中心去掉一个 $(2k-n) \times (2k-n)$ 的正方形,剩下的部分为 4 个 $(2k-n) \times (n-k)$ 的矩形.

注意到 $\dfrac{n}{2} < k \leqslant \dfrac{2n}{3}$,有 $n-k > 2k-n > 0$,对每个 $(2k-n) \times (n-k)$ 的矩形,从角上方格开始,按对角线周期地布子,可使每行每列的连续 $2k-n$ 个方格内都至少有一只棋.因为每个 $1 \times k$ 长条至多包含最初去掉部分中的连续 $n-k$ 个格,从而至少包含某个 $(2k-n) \times (n-k)$ 矩形中的连续 $k-(n-k) = 2k-n$ 个格,所以至少有一只棋.

综上所述,m 的最小值为 $4(n-k)$.

注 以上对于 $m = 4(n-k)$ 的构造中,只需在 A, B, C, D 都布满一条对角线,使 A 与 C 及 B 与 D 的对角线平行,且相距 k 个格,其他的棋可在 A, B, C, D 中任意放,使每行每列有一只棋即可,比如上面的构造,A 中最后两行两只棋都可以放在第 4 列,这样便得到另一种构造,如图 3.25 所示.

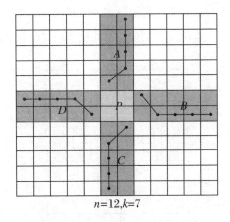

$n=12, k=7$

图 3.25

3 范围分解

例8 当 $k \leq \dfrac{n}{2}$,或 $k > \dfrac{2n}{3}$ 时,如果存在一个 m 棋的 $n \times n$ 棋盘,其中每行每列的连续 k 个方格内都至少有一只棋,求 m 的最小值.

分析与解 当 $k > \dfrac{2n}{3}$ 时,问题较简单.

首先,如图 3.26 所示,将棋盘分割为一个 $k \times n$ 矩形,一个 $(n-k) \times k$ 矩形和一个 $(n-k) \times (n-k)$ 正方形,则 $k \times n$ 矩形内至少 n 只棋,$(n-k) \times k$ 矩形内至少 $n-k$ 只棋,所以,有

$$m \geq n + (n-k) = 2n - k.$$

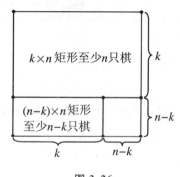

图 3.26

当 $m = n + (n-k) = 2n - k$ 时,如图 3.27 所示,在棋盘左上角的 $k \times k$ 正方形中按对角线布子,在棋盘右下角的 $(2n-2k) \times (2n-2k)$ 正方形中按对角线布子,则共放了 $k + (2n-2k) = 2n-k$ 只棋,因为两条对角线平行,且相距 k 个格,于是,每个 $1 \times k$ 矩形都有一只棋.

综上所述,m 的最小值为 $2n - k$.

当 $k = \dfrac{n}{2}$ 时,m 的最小值为 $4(n-k)$.此时的布子方式是,将 $n \times n$ 棋盘划分为 4 个 $k \times k$ 的正方形,每个正方形都从角上方格开始,按对角线布子即可(中心对称),此时棋盘中恰有 $4k = 4(n-k)$

只棋.

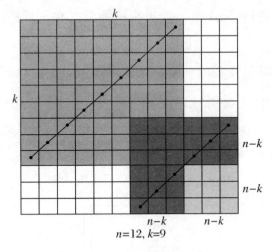

$n=12, k=9$

图 3.27

当 $k < \dfrac{n}{2}$ 时,问题很复杂,我们可证明 $m \geqslant 2n \cdot \left[\dfrac{n+k}{k}\right] - \left(\left[\dfrac{2n}{k}\right] - \left[\dfrac{n}{k}\right]\right)^2 \cdot k$.

设 $n = pk + r(0 \leqslant r < k)$,将棋盘分割为一个 $(p-1)k \times n$ 矩形、一个 $(p-1)k \times (k+r)$ 矩形和一个 $(k+r) \times (k+r)$ 正方形,则 $(p-1)k \times n$ 矩形内至少 $(p-1)n$ 只棋,$(p-1)k \times (k+r)$ 矩形内至少 $(p-1) \times (k+r)$ 只棋,$(k+r) \times (k+r)$ 正方形内至少 $g(k,r)$ 只棋,其中 $g(k,r)$ 是合乎题设条件的 $(k+r) \times (k+r)$ 正方形棋盘内的最小棋子数. 所以,有

$$m \geqslant (p-1)n + (p-1) \times (k+r) + g(k,r) = f(k,r).$$

令 $n' = k + r$,则 $n' = k + r < 2k$,即 $k > \dfrac{n'}{2}$.

① 当 $r \geqslant \dfrac{k}{2}$ 时,$n' = k + r \geqslant k + \dfrac{k}{2} = \dfrac{3k}{2}$,即 $k \leqslant \dfrac{2n'}{3}$,于是,$\dfrac{n'}{2} <$

$k \leqslant \dfrac{2n'}{3}$. 由前面讨论, 有 $g(k,r) = 4(n' - k) = 4r$. 此时, 有

$$f(k,r) = (p-1)n + (p-1) \times (k+r) + 4r$$
$$= (p-1)(n+k+r) + 4r$$
$$= (p-1)(n+k+n-pk) + 4(n-pk)$$
$$= (p-1)(2n+k-pk) + 4n - 4pk$$
$$= (p-1) \cdot 2n - (p-1)^2 k + 4n - 4pk$$
$$= 2n(p+1) - (p+1)^2 k.$$

② 当 $r < \dfrac{k}{2}$ 时, $n' = k + r < k + \dfrac{k}{2} = \dfrac{3k}{2}$, 即 $k > \dfrac{2n'}{3}$, 由前面讨论, 有 $g(k,r) = 2n' - k = 2r + k$. 此时, 有

$$f(k,r) = (p-1)n + (p-1) \times (k+r) + 2r + k$$
$$= (p-1)(n+k+r) + 2r + k$$
$$= (p-1)(n+k+n-pk) + 2(n-pk) + k$$
$$= (p-1)(2n+k-pk) + 2n - 2pk + k$$
$$= (p-1) \cdot 2n - (p-1)^2 k + 2n - 2pk + k$$
$$= 2n(p+1) - p^2 k.$$

综合①、②, 我们有

$$f(k,r) = 2n(p+1) - \left(p + \left[\dfrac{2r}{k}\right]\right)^2 k$$
$$= 2n(p+1) - \left(p + \left[\dfrac{2n-2pk}{k}\right]\right)^2 k$$
$$= 2n(p+1) - \left(p + \left[\dfrac{2n}{k}\right] - 2p\right)^2 k$$
$$= 2n(p+1) - \left(\left[\dfrac{2n}{k}\right] - p\right)^2 k$$
$$= 2n \cdot \left[\dfrac{n+k}{k}\right] - \left(\left[\dfrac{2n}{k}\right] - \left[\dfrac{n}{k}\right]\right)^2 \cdot k.$$

所以, 有

$$m \geqslant 2n \cdot \left[\frac{n+k}{k}\right] - \left(\left[\frac{2n}{k}\right] - \left[\frac{n}{k}\right]\right)^2 \cdot k.$$

综上所述,我们有以下结论:设 m 的最小值为 f,那么,有

(1) 当 $\frac{n}{2} \leqslant k \leqslant \frac{2n}{3}$ 时,$f = 4(n-k)$;

(2) 当 $k > \frac{2n}{3}$ 时,$f = 2n - k$;

(3) 当 $k < \frac{n}{2}$ 时,$f \geqslant 2n \cdot \left[\frac{n+k}{k}\right] - \left(\left[\frac{2n}{k}\right] - \left[\frac{n}{k}\right]\right)^2 \cdot k.$

3.2 各个击破

有些问题中,从整体上难以实现解题目标. 若将元素的存在范围分割为若干块,则可对每一块内的元素分别处理,使目标变得容易实现.

此时,一种常见的处理方式是,考察某个块中元素的个数,然后根据元素个数的不同情况分别讨论.

例 1 设 $2 \mid mn$,求 $m \times n$ 棋盘去掉两个格后可用 1×2 骨牌覆盖的充分必要条件.

分析与解 设第 i 行第 j 列的格为 a_{ij},如果 $i+j$ 是奇(偶)数,则称格 a_{ij} 是奇(偶)格.

首先注意,相邻两个格的奇偶性不同,从而每个 1×2 骨牌覆盖一个奇格和一个偶格,所以所有骨牌覆盖的奇格个数与偶格个数相等.

又 $2 \mid mn$,从而 $m \times n$ 棋盘中奇格个数与偶格个数相等. 如果去掉两个格后 $m \times n$ 棋盘可用 1×2 骨牌覆盖,则只能去掉一个奇格和一个偶格.

反之,如果棋盘去掉一个奇格和一个偶格,我们证明剩下的格可以用 1×2 骨牌覆盖.

不妨设 m 为偶数,去掉的格分别为 a_{ij}, a_{st},其中 $i<s, j<t$,且 $i+j, s+t$ 不同奇偶,于是 $(s-i)+(t-j) \equiv 1 \pmod 2$.

由对称性,不妨设 $s-i$ 为奇数,$t-j$ 为偶数.

若 i 为奇数,则 s 为偶数,此时,将棋盘按图 3.28 所示的方式分割为若干块,使每一个块或者是偶数行,或者是偶数列,从而每一个块都可以用 1×2 骨牌覆盖.

若 i 为偶数,则 s 为奇数,此时,将棋盘按图 3.29 所示的方式分割为若干块,使每一个块或者是偶数行,或者是偶数列,从而每一个块都可以用 1×2 骨牌覆盖.

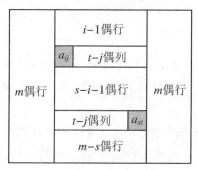

图 3.28

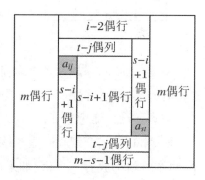

图 3.29

综上所述,所求的充分必要条件是,去掉的两个格不同奇偶.

例 2(1992 年全国高中数学联赛试题) 任取 6 个格点 $P_i(x_i, y_i)$,使它们满足:$|x_i|\leq 2, |y_i|\leq 2$,且其中任何 3 点不共线. 求证:存在以 P_i 为顶点的三角形,它的面积不大于 2.

分析与证明 本题命题组给出的解答很繁琐,利用分割范围技巧,我们可得到它的一个非常简单的证明.

用反证法,假定不存在合乎要求的 3 个点,如图 3.30 所示,将 4×4 棋盘分割出一个 4×1 矩形 A,一个 1×2 矩形 B 和一个 2×2 矩形 C,这些矩形覆盖了 4×4 棋盘的所有格点(当然并没有覆盖整

个棋盘).

将选取的 6 个点归入 A,B,C 三个矩形,由假设,每个矩形中至多 2 个点,但共有 6 个点,从而每个矩形中恰有 2 个点,于是 B 中恰有两个点.

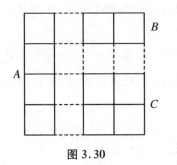

图 3.30

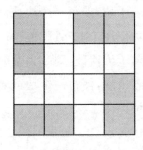

图 3.31

将图 3.30 的分割方式连续旋转 3 次,每次旋转 90°,得到另 3 种形式的分割,由对称性,图 3.31 中阴影部分各有 2 个点,从而共选取了 8 个点,矛盾.命题获证.

例 3(2007 年全国高中数学联赛加试题) 在 7×8 的方格棋盘中,每个方格都放有一只棋.如果两只棋所在的方格有公共顶点,则称这两只棋是相连的.现在从这些棋中取出 k 只棋,使剩下的棋中没有 5 只棋在一条直线(横、竖、斜 45°)上依次相连,求 k 的最小值.

分析与解 我们称取走棋后的那个格为"空",则显然 1×5 的矩形中至少有 1 个空.

进一步,任何 $5 \times r$ 的矩形中至少有 r 个空.

由此想到这样分割:左边 7×5 的块 P,右下角 5×3 的块 Q(图 3.32),显然 P 中至少有 7 个空,Q 中至少有 3 个空,从而棋盘中至少有 10 个空,即 $k \geqslant 10$.

能否有 $k = 10$? 如果 $k = 10$,则棋盘右上角 2×3 的块中没有空,由对称性,棋盘四角的 2×3 的块中都没有空,于是想到棋盘最终要作如下的分割:

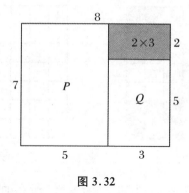

图 3.32

用 4 条直线将棋盘划分为 A,B,C,D,E,F,G,H,O 共 9 个区域(图 3.33).

由条件,$A \cup G$ 中至少 2 个空,$E \cup O$ 中至少 3 个空,$C \cup H$ 中至少 2 个空,$B \cup F$ 中至少 3 个空,从而 $k \geqslant 2+3+2+3 = 10$.

如果 $k = 10$,则上述不等式都成立等号,从而区域 D 中没有空.由对称性,区域 A,B,C,D 中都没有空.

此外,因为 $A \cup G$ 中至少 2 个空,$B \cup F$ 中至少 3 个空,$D \cup H$ 中至少 2 个空,$C \cup E$ 中至少 3 个空,又棋盘中只有 10 个空,从而区域 O 中没有空.

于是,阴影区域都没有空,10 个空都在白色区域 E,F,G,H 中,且 E,F 中各恰 3 个空,G,H 中各恰 2 个空.

如图 3.33 所示,考察 A,C 出发的 2 条斜线格,可知 1,2 都是空(否则有 5 子连).

此外,$C \cup E$ 的每列至少 1 个空,从而 $C \cup E$ 中至少 4 个空,即 E 中至少 4 个空,矛盾.所以 $k \geqslant 11$.

当 $k = 11$ 时,如图 3.34 所示,我们采用"马步"布子,则棋盘中没有同一直线上的 5 子相连.综上所述,$k_{\min} = 11$.

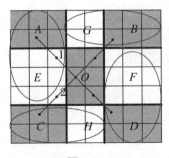

图 3.33

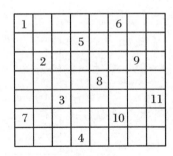

图 3.34

构图的发现：先在 a_{11} 中布子，考察 a_{11} 所在的行、列、对角线，可知 a_{16},a_{61},a_{66} 中各布一空，用黑色格表示（图 3.35）。

接下来考察 a_{12},a_{21} 所在的行、列、对角线，这一组线上的子尽可能不在前一组线（图中的点线）上，于是可考虑 a_{23} 或 a_{32} 中布一子。

如果在 a_{23} 中布子，则得到横向斜率为负的"马步"步子，此时纵向是斜率为正的"马步"步子，但需要 12 个子，不合要求。

如果在 a_{32} 中布子（图 3.36），则得到纵向斜率为负的"马步"步子，此时横向是斜率为正的"马步"步子，恰好 11 个子，合乎要求。

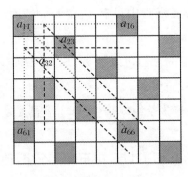

图 3.35

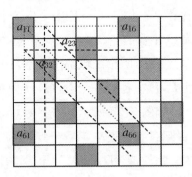

图 3.36

例 4（2003 年美国国家队选拔赛试题） 设 a,b 为整数，$0<a<b<1000$，集合 $S\subseteq\{1,2,\cdots,2003\}$ 称为关于 (a,b) 是跨越的，如果对任何 $x,y\in S$，有 $|x-y|\notin\{a,b\}$。

3 范围分解

令 $f(a,b)$ 表示关于 (a,b) 是跨越的集合 S 的最大容量,求 $f(a,b)$ 的最大值与最小值.

分析与解 $f(a,b)$ 的最大值与最小值分别为 1334,668.

记 $X=\{1,2,\cdots,2003\}$,先证对任何 a,b,有 $f(a,b) \leqslant 1334$.

因为 a,b 至少一个不是 668,于是可选取 $d \in \{a,b\}$,使 $d \neq 668$.

若 $d \geqslant 669$,则考察 2003 个集合:$\{1,d+1\},\{2,d+2\},\{3,d+3\},\cdots,\{2003-d,2003\}$(每个集合中两数的差为 d,所以两数不同属于 S),因为 $d<1000$,所以 $2003-d > d+1$,于是这些集合覆盖了 X.

显然 S 只能含每个集合中的至多一个元素,所以 $|S| \leqslant 2003-d \leqslant 1334$.

若 $d \leqslant 667$,且 $\left\lceil \dfrac{2003}{a} \right\rceil$ 为偶数(连续 a 个一组,余数单独为一组),其中 $\lceil x \rceil$ 表示不小于 x 的最小整数,令 $\left\lceil \dfrac{2003}{a} \right\rceil = 2k$,考察模 a 的剩余类,每个类最多含 X 中的 $2k$ 个数,注意 X 中属于同一类的两个相邻的数不能同时属于 S,从而 S 只能含每个类中的至多 k 个元素,所以 $|S| \leqslant ka$.

注意到 $a \leqslant d \leqslant 667$,及 $k = \dfrac{1}{2}\left\lceil \dfrac{2003}{a} \right\rceil < \dfrac{1}{2}\left(\dfrac{2003}{a}+1\right)$,所以

$$S \leqslant ka < \dfrac{1}{2}\left(\dfrac{2003}{a}+1\right)a = \dfrac{2003+a}{2} \leqslant 1335,$$

所以 $S \leqslant 1334$.

若 $d \leqslant 667$,且 $\left\lceil \dfrac{2003}{a} \right\rceil$ 为奇数,令 $\left\lceil \dfrac{2003}{a} \right\rceil = 2k+1$,同样考察模 a 的剩余类,每个类最多含 $\{1,2,\cdots,2ka\}$ 中的 $2k$ 个数,从而 S 只能含 $\{1,2,\cdots,2ka\}$ 中属于同一剩余类的至多 k 个元素,至多含 $X \setminus \{1,2,\cdots,2ka\}$ 中的 $2003-2ka$ 个元素,所以 $|S| \leqslant ka+(2003-$

$2ka) = 2003 - ka$.

注意到 $k = \frac{1}{2}\left(\left\lceil\frac{2003}{a}\right\rceil - 1\right) \geqslant \frac{1}{2}\left(\frac{2003}{a} - 1\right)$,及 $a \leqslant d \leqslant 667$,所以

$$S \leqslant 2003 - ka = 2003 - 2003 - \frac{1}{2}\left(\left\lceil\frac{2003}{a}\right\rceil - 1\right)a$$

$$\leqslant 2003 - \frac{1}{2}\left(\frac{2003}{a} - 1\right)a = \frac{2003 + a}{2} \leqslant 1335.$$

如果等号成立,则 $\left\lceil\frac{2003}{a}\right\rceil = \frac{2003}{a}$, $a = d = 667$,但 $a = 667$ 时,$\frac{2003}{a}$ 不是整数,$\left\lceil\frac{2003}{a}\right\rceil = \frac{2003}{a}$ 不成立,所以 $S \leqslant 1334$.

综上所述,对任何 a,b,有 $f(a,b) \leqslant 1334$.

从等号入手构造,取 $a = 667$,令 $S = \{1,2,3,\cdots,667\} \cup \{1336,1337,\cdots,2002\}$,则 S 关于 $(667,668)$ 是跨越的,此时 $|S| = 1334$,所以 $f(667,668) = 1334$.

故 $f(a,b)$ 的最大值是 1334.

下面求 $f(a,b)$ 的最小值.

我们证明,对任何 a,b,有 $f(a,b) \geqslant 668$.

先注意如下的事实:如果我们在 S 中添加一个数 x,则以后不能在 S 中加入 $x, x+a, x+b$,我们称这些数为"坏数".

显然,每添加一个数,最多"破坏" X 中的 3 个数,每次将 X 中非坏数的最小一个数加入 S 中,则后加入的任意一个数 y 总是大于前面已在 S 中的任意一个数 x,且由于 y 不是坏的,所以 $y - x \neq a, b$.

所以 S 关于 (a,b) 是跨越的,于是 $f(a,b) \geqslant |S| \geqslant \left\lceil\frac{2003}{3}\right\rceil = 668$.

最后,取 $a = 1, b = 2$(从等号入手,连续 3 个数中恰有一个属于 S),则 668 个集合 $\{1,2,3\}, \{4,5,6\}, \cdots, \{1999,2000,2001\}, \{2002,$

2003}中每个至多有一个元素属于 S,从而 $|S| \leqslant 668$.

取 $S = \{x \mid x = 3k+1, k = 0, 1, 2, \cdots, 667\}$,则 $|S| = 668$,所以 $f(1,2) = 668$.

故 $f(a,b)$ 的最小值为 668.

例 5(1999 年美国数学奥林匹克试题) 在 $1 \times n$ 的方格棋盘上,A,B 轮流在其中的一个空格上写 S 或 O,规定第一次使 3 个连续的格中写的字母为 SOS 者为胜,如果所有格都填满后都没有出现 SOS,则为平局.试问:谁有必胜策略?

分析与解 当 $n \geqslant 14$,且 n 为偶数时,B(后走者)有必胜策略.

当 $n \geqslant 7$,且 n 为奇数时,A 有必胜策略.

当 $n \in \{1,2,3,4,5,6,8,10,12\}$ 时,任何人都没有必胜策略.

证明如下:

对某一个空格,如果适当填一个字母,可使填者立即获胜,则称该格为"好格";对某一个空格,如果无论一个人怎么填,都至少产生一个好格,则称该格为"坏格".

此外,称形如"S□□S"的块(两个 S 之间夹着 2 个空格)为"陷阱".

显然,陷阱中的空格都是坏的.反之,对任何一个坏格 H,由于 H 中填 O 后必产生好格,从而必出现"SO□"或"□OS"的块.于是,坏格 H 所在的位置只有两种类型:类型Ⅰ:SH□□;类型Ⅱ:□□HS.

对于类型Ⅰ,由于坏格 H 中填 S 也产生好格,即 SS□□ 中有好格,从而必定是 SHO□ 或 SH□S,但前者 H 中填 O 不产生好格,从而只能是 SH□S,所以 H 是陷阱中的格.

对于类型Ⅱ,由于 H 中填 S 也产生好格,即 □□SS 中有好格,从而必定是 S□HS 或 □OHS,但后者 H 中填 O 不产生好格,从而只能是 S□HS,所以 H 也是陷阱中的格.

由此可见,所有坏格都在陷阱中.

考察 $1\times n$ 的方格棋盘,有如下情况:

(1) 当 $n\geqslant 14$,且 n 为偶数时,B 有必胜策略.

将棋盘分割成左右两段,每段是连续 $\dfrac{n}{2}$ 个格.

不妨设 A 第一次在左边填,则 B 在右边的中央(可能是两格之一)填 S.

由于右边至少有 7 个格,则 S 两侧都有连续 3 个空格(图 3.37),不论 A 下一次如何填,B 总可以在 S 的一侧构造一个陷阱(除非已出现好格而不必再构造陷阱),于是 B 可使平局不产生.

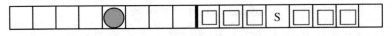

图 3.37

注意每个陷阱产生 2 个坏格,所以不管 A 是否制造了陷阱,也不管有多少个陷阱,任何没有好格的状态中坏格的个数是偶数.

又 n 为偶数,于是,A 每次走完后,棋盘中不坏的空格个数为奇数,而 B 每次走完后,棋盘中不坏的空格个数为偶数.

这样一来,必定是 A 最先填坏格,B 获胜.

(2) 当 $n\geqslant 7$,且 n 为奇数时,同样讨论可知(奇偶交换),A 有必胜策略.

(3) 当 $n\in\{1,2,3,4,5,6,8,10,12\}$ 时,直接验证可知,任何人都没有必胜策略.

我们只对 $n=12$ 给出证明.

先证 A 无必胜策略.如果棋盘中一直不出现陷阱,则为平局.如果棋盘中出现陷阱,但由于 n 为偶数,且有偶数个坏格,所以必定是 A 最先填坏格,B 获胜,故 A 无必胜策略.

再证 B 无必胜策略.将格依次记为 $1,2,\cdots,12$,则 A 可先在中心格 6 填 O,然后阻止 B 构造陷阱.因为 B 填任何一个格 G,G 至多有一侧含有连续 3 个空格,A 可在这一侧(否则随便填 O)与 G 相隔两个空格的位置填 O,则无法构造陷阱,得到平局.

例 6 给定 $\triangle ABC$,点 X 不在其三边所在直线上,AX, BX, CX 分别与 BC, CA, AB 交于 A', B', C',求证:三圆 $AB'C', BC'A', CA'B'$ 交于一点 Y,并讨论 X, Y 重合的充要条件.

分析与证明 记 $\triangle ABC$ 三边所在的直线将平面划分为三种区域,分别为 Ⅰ、Ⅱ、Ⅲ(图 3.38).

(1) 当点 X 在区域 Ⅰ 时,A'、B'、C' 在 $\triangle ABC$ 的三边上.

由于圆 $AB'C'$ 与圆 $BC'A'$ 有一个交点 C',设另一个交点为 Y.

① 当 $Y \neq C'$ 时,连 YA', YB', YC'(图 3.39),则 $\angle 1 = \angle 2$,$\angle 2 = \angle 3$,所以,$\angle 1 = \angle 3$,Y 在圆 $CA'B'$ 上,从而三圆交于一点 Y.

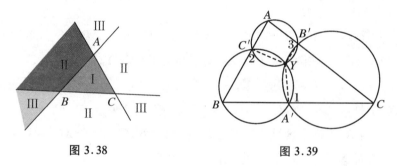

图 3.38　　图 3.39

② 当 $Y = C'$ 时,两圆 $AB'C'$,$BC'A'$ 相切于 C',作两圆 $AB'C'$,$BC'A'$ 的公切线 MN(图 3.40),则 $\angle B = \angle NC'A'$(弦切角),所以,$\angle 1 = \angle MC'B$.

同样,$\angle 2 = \angle AC'N$,所以 $\angle 1 = \angle 2$,Y 在圆 $CA'B'$ 上,从而三圆交于一点 Y.

(2) 当点 X 在区域 Ⅱ 时(图 3.41),同样设圆 $AB'C'$ 与圆 $BC'A'$ 交于另一个点 Y.

A, B', C', Y 共圆,$\angle 1 = \angle 3$,同样 $\angle 2 = \angle 4$.

所以,$\angle B'YA' + \angle ACB = \angle 3 + \angle 4 + \angle ACB = 180°$,所以四点

C, B', A', Y 共圆,从而三圆交于一点 Y.

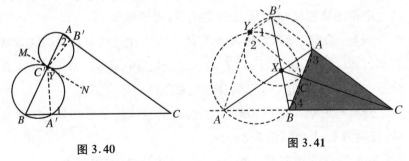

图 3.40　　　　　　　　图 3.41

(3) 当点 X 在区域Ⅲ时,同样设圆 $AB'C'$ 与圆 $BC'A'$ 交于另一个点 Y.

A, B', C', Y 共圆,$\angle B'YC' = \angle BAB'$(对同一弦 $B'C'$),同样 $\angle C'YA' = \angle ABC$.

所以,$\angle A'YB' + \angle A'CB' = \angle BAB' + \angle ABC + \angle ACB = 180°$,所以 Y 在圆 $CA'B'$ 上,从而三圆交于一点 Y.

最后,若 X, Y 重合,则 X 必是三圆 $AB'C', BC'A', CA'B'$ 的交点.于是,X, A, B', C' 共圆,所以,$\angle B'XC' = 180° - A$.

当 X 在第Ⅰ区域或第Ⅲ区域时,有 $\angle BXC = \angle B'XC' = 180° - A$,从而 X 在以 BC 为弦的 $180° - A$ 的弧上.

同样,X 应在以 AB 为弦的 $180° - C$ 的弧上.

由此可见,点 X 若存在,则只有唯一的一个点.

直接验证可知,X 为三角形 ABC 的垂心时,X, Y 重合;

当 X 在第Ⅱ区域时,有 $\angle BXC = 180° - \angle B'XC' = A$,从而 X 在三角形 ABC 的外接圆上.

但此时,$XAB'C'$ 为凹四边形,四点必不共圆,从而此时点 X 不存在.

故 $X = Y$ 的充分必要条件是 X 为三角形 ABC 的垂心.

例 7(2003 年中国数学奥林匹克协作体训练题)　设 a, b, c 是两两互质的正整数,求不能表示成 $bcx + cay + abz$ 的 n 的个数(x, y, $z \in \mathbf{N}^*$).

分析与解 设 $f(x,y,z) = bcx + cay + abz (x,y,z \in \mathbf{N}^*)$,令 $B = \{f(x,y,z) | 1 \leq x \leq a, 1 \leq y \leq b, 1 \leq z \leq c\}$,则 B 中最大的元素必为 $3abc$.

对任意 $f(x_1, y_1, z_1), f(x_2, y_2, z_2) \in B, (x_1, y_1, z_1)$ 与 (x_2, y_2, z_2) 不全相同,则
$$f(x_1, y_1, z_1) - f(x_2, y_2, z_2) = (x_1 - x_2)bc + (y_1 - y_2)ac + (z_1 - z_2)ab,$$

不妨设 $x_1 \neq x_2$,因为 $1 \leq x_1, x_2 \leq a$,所以 $a \nmid x_1 - x_2$. 因为
$$a \mid (y_1 - y_2)ac + (z_1 - z_2)ab$$
$$\Rightarrow a \nmid (x_1 - x_2)bc + (y_1 - y_2)ac + (z_1 - z_2)ab,$$
所以
$$abc \nmid f(x_1, y_1, z_1) - f(x_2, y_2, z_2),$$

可见 B 中每两个数的模 abc 不同余,且 B 中共有 abc 个元素,故 B 构成模 abc 的一个完全剩余系.

将 B 分解为 3 个集合:
$$B_1 = B \cap \{x \mid 1 \leq x \leq abc, x \in \mathbf{N}\},$$
$$B_2 = B \cap \{x \mid abc + 1 \leq x \leq 2abc, x \in \mathbf{N}\},$$
$$B_3 = B \cap \{x \mid 2abc + 1 \leq x \leq 3abc, x \in \mathbf{N}\}.$$

因为 B 中最大元素为 $3abc$,所以 $B = B_1 \cup B_2 \cup B_3$,且
$$B_1 \cap B_2 = \varnothing, \quad B_2 \cap B_3 = \varnothing, \quad B_3 \cap B_1 = \varnothing.$$

对每一个 $f(x_1, y_1, z_1)$ 都可以表示为
$$f(x_1, y_1, z_1) = kabc + f(x_0, y_0, z_0),$$

其中 x_0 是 x 模 a 中最小的非剩余,y_0 是 x 模 b 中最小的非剩余,z_0 是 x 模 c 中最小的非剩余,即每一个

$$f(x_1, y_1, z_1) = kabc + x, \quad k \in \bar{\mathbf{Z}}^-, \quad x \in B.$$

反之,

$$kabc + f(x_0, y_0, z_0) = f(x_0 + ka, y_0, z_0)$$
$$(1 \leqslant x_0 \leqslant a, 1 \leqslant y_0 \leqslant b, 1 \leqslant z_0 \leqslant c),$$

则 n 可表示为 $bcx + cay + abz$,等价于 $\exists x \in B$ 使 $x - a = kabc$.

所以大于 $3abc$ 的数表可以表示成 $bcx + cay + abz$ 的形式在不大于 $3abc$ 的数中.

3.3 依此类推

先将题中有关对象的存在范围分割为若干块,并对其中的一个块进行处理,然后将其处理方法迁移到其他块中,使问题获解.

特别地,当范围分割具有某种"对称性"时,对其中的一个块的处理方法完全适用于其他块.

例 1(第 26 届 IMO 备选题) 设 A 是正整数集合 $\mathbf{N}^*$ 的子集,对任何 $x, y \in A, x \neq y$,有 $|x - y| \geqslant \dfrac{xy}{25}$.求 $|A|$ 的最大值.

分析与解 自然的想法是,将 $\mathbf{N}^*$ 划分为若干块,使 A 在每一块中至多含有 1 个元素.

现在考虑应如何分块才能合乎上述要求.注意到 A 满足的条件是:对任何 $a_i < a_j \in A$,都有 $a_j - a_i \geqslant \dfrac{a_i a_j}{25}$.因此,对 $\mathbf{N}^*$ 分块时,可使每一块中的任何两个元素 $x, y (x < y)$,都有

$$y - x < \frac{xy}{25}. \tag{3.1}$$

先取 $1 \in X_1$,由于数对 $1, x (x \geqslant 2)$ 不满足不等式(3.1),从而 $2 \notin X_1$,所以 $X_1 = \{1\}$.再取 $2 \in X_2$,依此类推,可令 $X_1 = \{1\}, X_2 = \{2\}$,$X_3 = \{3\}, X_4 = \{4\}$.

3 范围分解

由于数对 5,6 满足不等式(3.1),而数对 $5,x(x\geqslant 7)$ 不满足不等式(3.1),所以 $X_5=\{5,6\}$.

依此类推,可令 $X_6=\{7,8,9\}$,$X_7=\{10,11,\cdots,16\}$,$X_8=\{17,18,\cdots,53\}$.

最后,令 $X_9=\{54,55,\cdots\}=\mathbf{N}^*\backslash\{1,2,\cdots,53\}$.

这样,对 $X_i(i=1,2,\cdots,8)$ 中的任意两个数 $x,y(x<y)$,都有 $y-x<\dfrac{xy}{25}$.

而对 $X_i(i=1,2,\cdots,8)$ 中的任意两个数 $x,y(x<y)$,由于 $x>25$,所以 $y-x<y<y\cdot\dfrac{x}{25}=\dfrac{xy}{25}$.

于是,A 最多只能含有上述每个集合中的一个数,所以 $n\leqslant 9$.

又 $A=\{1,2,3,4,5,7,10,17,54\}$ 合乎条件,所以 $|A|$ 的最大值为 9.

例 2(第 7 届美国数学奥林匹克试题) 设 A 是 $X=\{1,2,3,\cdots,1989\}$ 的子集,对任何 $x,y\in A$,有 $|x-y|\neq 4$ 和 7. 求 $|A|$ 的最大值.

分析与解 为了得到不等式 $|A|\leqslant c$(常数),将 X 均匀划分为若干块:

$$X=X_1\cup X_2\cup\cdots\cup X_r,$$

其中 $|X_1|=|X_2|=\cdots=|X_r|$. 由等式的基本性质可知,我们只需估计其中一个块中最多含有 A 中多少个元素,即 $|A\cap X_i|\leqslant c'(i=1,2,\cdots,r)$. 这样一来,便有

$$|A|\leqslant rc'.$$

为了使 rc' 尽可能小,我们要适当选取 X_i,使 $\dfrac{|A\cap X_i|}{|X_i|}$ 尽可能小,即 X_i 中含有的 A 的元素个数在 X_i 中所占的比例尽可能小.

设 $X_1=\{1,2,\cdots,t\}$,列表 3.1 观察.

表 3.1

$t=\lvert X_1\rvert$	1	2	3	4	5	6	7	8	9	10	11	12	13
$\lvert A\cap X_1\rvert$	1	2	3	4	4	4	4	4	5	5	5	6	7
$\dfrac{\lvert A\cap X_1\rvert}{\lvert X_1\rvert}$	1	1	1	1	$\dfrac{4}{5}$	$\dfrac{2}{3}$	$\dfrac{4}{7}$	$\dfrac{1}{2}$	$\dfrac{5}{9}$	$\dfrac{1}{2}$	$\dfrac{5}{11}$	$\dfrac{1}{2}$	$\dfrac{7}{13}$

其中以 $\dfrac{\lvert A\cap X_1\rvert}{\lvert X_1\rvert}=\dfrac{5}{11}$ 最小,此时,$X_1=\{1,2,\cdots,11\}$,$\lvert A\cap X_1\rvert$ $\leqslant 5$. 我们仅对这一情形给出证明,表中的其他情形请读者自行证明.

自然的想法是,将 X_1 分成 5 块,使每一块的两个数 x,y 满足 $\lvert x-y\rvert=4$ 或 7,从而 A 最多含有每一块中一个数,但这样的分块不存在.

退一步,将 X_1 分成 6 块,使 A 最多含有每一块中一个数,则有 $\lvert A\cap X_1\rvert\leqslant 6$,进而说明等号不成立.

先想象每一块的两个数 x,y 都满足 $\lvert x-y\rvert=4$,则有 4 个块分别为 $\{1,5\},\{2,6\},\{3,7\},\{4,8\}$,而剩下 9,10,11 要分成 3 块,此时要分成 7 块,不合要求. 由此可见,要使块数不多于 6,至少有一个块中两数的差为 7.

由上面的讨论,可把最后"剩下"的 3 个数:9,10,11 中的某一个放在差为 7 的块,尝试 9 放在这样的块,则其块为 $\{2,9\}$,再设法让其余的块都是差为 4,得到 X_1 的如下划分:

$$\{1,5\},\{2,9\},\{3,7\},\{4,8\},\{6,10\},\{11\},$$

对上述每一个子集,A 最多含有它的一个元素,所以 $\lvert A\cap X_1\rvert\leqslant 6$.

若 $\lvert A\cap X_1\rvert=6$,则 A 在上述每个子集中都至少含有一个元素,于是

$11\in A,\ \to 4\notin A,\ \to 8\in A,\ \to 1\notin A,\ \to 5\in A,\ \to 9\notin A,\ \to 2\in A,\ \to 6\notin A,\ \to 10\in A,\ \to 3\notin A,\ \to 7\in A.$

但 $11-7=4$,矛盾. 所以 $\lvert A\cap X_1\rvert\leqslant 5$.

3 范围分解

将上述性质迁移到每一个集合 $X_k = \{11k+1, 11k+2, \cdots, 11k+11\}$ $(k=0,1,2,\cdots,179)$，$X_{180} = \{1981, 1982, \cdots, 1989\}$ 中，则对 $k = 0, 1, 2, \cdots, 180$，A 至多含有 P_k 中的 5 个元素，所以

$$|A| \leqslant 5 \times 181 = 905.$$

下面构造合乎条件的集合 A，使 $|A| = 905$. 这需要注意以下两个方面：

(1) 对于相邻两个子集 X_i 与 X_{i+1}，要去掉 X_i 中的数 x 及 X_{i+1} 中的数 y，如果它们满足 $|x-y|=4$ 和 7；

(2) A 能否含 X_{180} 中的 5 个元素，使其满足 $|x-y| \neq 4$ 和 7.

先考虑(2)，注意到 $X_{180} \equiv \{1, 2, \cdots, 9\} \pmod{11}$，那么 $\{1, 2, \cdots, 9\}$ 中是否可有 5 个数属于 A？取 $1, 2, 3, 4$ 都属于 A 试验，则剩下的数都不能取($5-1=4, 6-2=4, 7-3=4, 8-4=4, 9-2=7$)，其中"2"影响最大(出现在 2 个"坏"等式中)，于是去掉 2，换上同组中的数 6，得到 $1, 3, 4, 6, 9$ 可属于 A，将其平移，得到其他组中的取数满足(2).

于是，令 $A_k = \{11k+1, 11k+3, 11k+4, 11k+6, 11k+9\}$ ($k = 0, 1, 2, \cdots, 180$)，$A = A_0 \bigcup A_1 \bigcup \cdots \bigcup A_{180}$，则 A 合乎题意，此时 $|A| = 905$，故 $|A|$ 的最大值为 905.

例 3(2001 年中国数学奥林匹克试题) 设 $X = \{1, 2, \cdots, 2001\}$，求最小的正整数 m，适合要求：对 X 的任何一个 m 元子集 W，都存在 $u, v \in W$ (u, v 可以相同)，使得 $u+v$ 是 2 的方幂.

分析与解 为叙述问题方便，如果 $u+v$ 是 2 的方幂，则称 u, v 是一个对子. 我们从反面考虑，如果 X 的子集 W 不含对子，则 W 最多有多少个元素.

显然，我们如果能将 X 划分成若干块，使每一块中任何 2 个数对是对子，则 W 只能含每一块中的一个元素.

考虑到与 2001 最接近的幂是 1024，且 $2001 = 1024 + 977$，于

是,令

$$A_i = \{1024 - i, 1024 + i\} \quad (i = 1, 2, \cdots, 977),$$

剩下的数的集合是 $\{1, 2, \cdots, 46\} \cup \{1024\}$.

因为与46最接近的幂是32,且 $46 = 32 + 14$,再令

$$B_j = \{32 - j, 32 + j\} \quad (j = 1, 2, \cdots, 14),$$
$$C = \{15, 17\},$$
$$D_k = \{8 - k, 8 + k\} \quad (k = 1, 2, \cdots, 6),$$
$$E = \{1, 2, 4, 8, 16, 32, 1024\} \quad (图3.42).$$

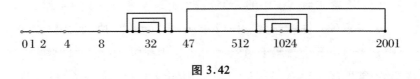

图 3.42

假定 W 不含有对子,则 W 不能含有 E 中的元素,且最多只能含有各 A_i, B_j, D_k 与 C 中的一个元素,于是,有

$$|W| \leqslant 977 + 14 + 6 + 1 = 998.$$

这表明,当 $|W| \geqslant 999$ 时, W 中必有对子,也就是说, $m = 999$ 合乎条件.

其次,令

$$W = \{1025, 1026, \cdots, 2001\} \cup \{33, 34, \cdots, 46\} \cup \{17\} \cup \{9, 10, \cdots, 14\},$$

此时, $|W| = 998$,容易验证 W 中没有对子.

当 $m \leqslant 998$ 时,取 W 的一个 m 元子集,则该子集中没有对子,矛盾,于是 $m \geqslant 999$.

综上所述, m 的最小值为999.

例4(1992年圣彼得堡数学竞赛试题) 能否用20个形如图3.43的图形覆盖 5×20 的矩形?图形可以重叠,也可以超出矩形边界.

分析与解 先考察题中相关数据的特征.欲覆盖的是 5×20 的

矩形,而可用的图形有 20 个,一个自然的想法是,能否将 5×20 的矩形分割为 20 个全等的块,使每一块都能被图 3.43 中的图形覆盖.

显然,分割的每一个块都有 5 个小正方形,但不能是 1×5 的矩形,否则不能被图 3.43 中的图形覆盖.由此可见,每一个块都只能是图 3.43 中的图形去掉一个小正方形而得到(图 3.44).

进一步发现,2 个图 3.44 中的图形可覆盖一个 2×5 的矩形(图 3.45),于是,将 5×20 的矩形划分为 10 个 2×5 的矩形,进而将每个 2×5 的矩形分割为 2 个形如图 3.44 的图形,这样,5×20 的矩形被分割为 20 个形如图 3.44 的图形.而每个形如图 3.44 的图形都可以由图 3.43 中的图形覆盖,从而可用 20 个形如图 3.43 的图形覆盖 5×20 的矩形.

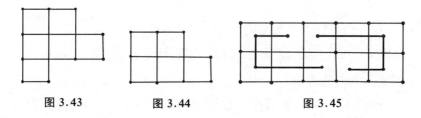

图 3.43　　　　　图 3.44　　　　　图 3.45

例 5　在边长为 5 的正方形内有 81 个点,证明:可以用一个单位(半径为 1 的)圆覆盖其中 6 个点.

分析与解　先考察题中的数据,由 $81 = 5\cdot 16 + 1$ 可知,我们只需证明:可以用 16 个单位圆覆盖边长为 5 的正方形.

其策略是:先将点的存在域分割为 16 个全等的块,使每一个块能被一个单位圆覆盖.显然,最简单的分割是使每一个块为小正方形.

于是,将边长为 5 的正方形分割为 16 个边长为 $\dfrac{5}{4}$ 的小正方形(图 3.46),而每个小正方形能被它的外接圆覆盖,则这 16 个"外接圆"覆盖了整个边长为 5 的正方形,从而覆盖了 81 个已知点.

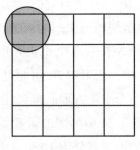

图 3.46

由抽屉原理,必有一个"外接圆"覆盖了其中 $\left[\dfrac{81}{16}\right]+1=6$ 个点.

显然,每个"外接圆"的半径为

$$\dfrac{5}{4}\cdot\dfrac{\sqrt{2}}{2}=\dfrac{5\sqrt{2}}{8}<\dfrac{5\times 1.5}{8}=\dfrac{15}{16},$$

于是,作一个半径为 1 的圆覆盖"外接圆"即可.

例 6 在边长为 12 的正三角形内有 21 个点,证明:可以用一个半径为 $\sqrt{3}$ 的圆覆盖其中的 3 个点.

分析与解 先考察题中的数据,由 $21=2\cdot 10+1$ 可知,我们只需证明:可以用 10 个半径为 $\sqrt{3}$ 的圆覆盖边长为 12 的正三角形.

其策略是:先将点的存在域分割为 10 个全等的块,使每一个块能被一个半径为 $\sqrt{3}$ 的圆覆盖.显然,最简单的分割是每一个块为小正三角形.

现在考虑,小正三角形的边长最多为多少时,它的外接圆半径不大于 $\sqrt{3}$.设小正三角形的边长为 a,则其外接圆半径为: $\dfrac{\sqrt{3}}{3}a\leqslant\sqrt{3}$,于是 $a\leqslant 3$,取 $a=3$,则将边长为 12 的正三角形每边 4 等分,用相邻边对应分点连线进行分割,则边长为 12 的正三角形被分割为 16 个小正三角形.

现在的问题是,我们只能用 10 个圆去覆盖!从而不能用外接圆覆盖每一个小正三角形.

3 范围分解

通过观察发现,如果每一个小三角形都作一个外接圆,则有些外接圆可以去掉.现在我们考虑哪些小三角形的外接圆可以去掉.

先考虑最上方一个编号为 1 的小正三角形(图 3.47),它的外接圆不能去掉,因为其他小正三角形的外接圆不能完整覆盖它.同样,编号为 2,4 的小正三角形也是如此.但当编号为 1,2,4 的小正三角形都用其外接圆覆盖后,则编号为 3 的小正三角形同时被这 3 个外接圆协同覆盖,从而它的外接圆可以去掉.如此下去,发现恰好可以去掉 6 个外接圆.

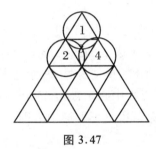  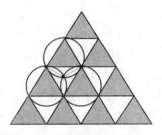

图 3.47　　　　　　　　　图 3.48

实际上,如图 3.48 所示,将每个小正三角形染成黑白 2 色之一,使有公共边的小三角形异色,其中有 10 个为黑色三角形,6 个为白色三角形,以每个黑色小正三角形的中心为圆心,以 $\sqrt{3}$ 为半径作 10 个圆,则这 10 个圆覆盖了整个边长为 12 的正三角形.这是因为,每个白色小正三角形的中心与它旁边的任意一个黑色小正三角形的 3 个顶点共圆(对角互补).10 个圆覆盖了 21 个已知点,由抽屉原理,必有一个圆覆盖了其中 $\left[\dfrac{21}{10}\right]+1=3$ 个点,证毕.

例 7　在边长为 12 的正方形内有 2009 个点,证明:可以用一个边长为 11 的正三角形覆盖其中的 503 个点.

分析与解　先考察题中的数据,由 $2009 = 4 \cdot 502 + 1$ 可知,我们只需证明:可以用 4 个边长为 11 的正三角形覆盖整个边长为 12 的正方形.

其策略是:先将点的存在域分割为 4 个全等的块,使每一个块能被边长为 11 的正三角形覆盖.

显然,最简单的分割是每一个块为小正方形.但遗憾的是,边长为 12 的正方形分割为 4 个边长为 6 的小正方形后,每个小正方形并不能被边长为 11 的正三角形覆盖!

既然直接分割难以奏效,不妨反过来考虑:如何使边长为 11 的正三角形覆盖正方形尽可能多的地方.显然,这只需将正三角形的一条边放置在大正方形的一条边上即可(图 3.49).但此时,以每条边上长为 11 的线段为边作 4 个边长为 11 的正三角形并没有覆盖整个正方形,其间留有空隙.

现在,将上述构造进行修改,适当调整边长为 11 的正三角形的位置.为了覆盖点 A 附近的空隙,可将 AB 边上的三角形适当向左移动.怎样的移动才是"适当"的?注意到构造的对称性,每个边长为 11 的正三角形都要覆盖正方形的中心(否则中心未被覆盖),于是向左平移 AB 边上的正三角形,使其右边那条边过正方形中心即可(图 3.50).

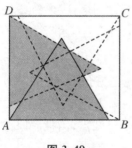

图 3.49

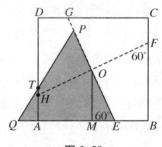

图 3.50

于是,设正方形 $ABCD$ 的中心为 O,过 O 作直线 EG,与 AB,CD 分别交于点 E,G,使 $\angle AEG = 60°$.再过 O 作直线 HF,与 AD,BC 分别交于点 H,F,使 $\angle BFH = 60°$(图 3.50).

作边长为 11 的正三角形 PQE,使点 P 在 GE 上,点 Q 在 BA 的延长线上,我们证明正 $\triangle PQE$ 覆盖了四边形 $OHAE$,这只需证明 $AH < AT$,其中 T 是 PQ 与 AD 的交点.

作 $OM \perp AB$ 于 M,则

$$OM = MB = \frac{1}{2}BC = 6, \quad ME = OM \cdot \cot 60° = 6 \cdot \frac{\sqrt{3}}{3} = 2\sqrt{3},$$

于是,

$$AH = EB = MB - ME = 6 - 2\sqrt{3},$$
$$QA = 11 - AE = 11 - (6 + 2\sqrt{3}) = 5 - 2\sqrt{3},$$
$$AT = QA \cdot \tan 60° = (5 - 2\sqrt{3}) \cdot \sqrt{3} = 5\sqrt{3} - 6.$$

由于

$$AT - AH = (5\sqrt{3} - 6) - (6 - 2\sqrt{3}) = 7\sqrt{3} - 12 > 0,$$

所以点 H 在线段 AT 上,从而边长为 11 的正 $\triangle PQE$ 覆盖了四边形 $OHAE$.

由上可知,可以作 4 个边长为 11 的正三角形覆盖整个正方形 $ABCD$,从而覆盖了 2009 个已知点.由抽屉原理,必有一个正三角形覆盖了其中 $\left[\dfrac{2009}{4}\right] + 1 = 503$ 个点,证毕.

例 8 用 3 个半径为 r 的圆覆盖一个边长为 1 的正方形,求 r 的最小值.

分析与解 设正方形为 $ABCD$,一种自然的想法是,将正方形分割为 3 个全等的块,使每一个块可以被半径为 r 的圆覆盖.

一种自然的分割方式是分割为 3 个全等的矩形(图 3.51),此时每个矩形的直径 $d = \sqrt{\left(\dfrac{1}{3}\right)^2 + 1} = \dfrac{\sqrt{10}}{3}$,对应 3 个圆的半径 $r = \dfrac{\sqrt{10}}{6}$,但相邻两个圆重叠部分过多,容易发现它并不是最小半径.

现在调整思路,其分割的图形并不需要全等,只需每块的直径相等.此外,分割线不能全是横向分割线,由此想到上述分割可这样进行调整:将其中一条横向分割线改成纵向分割线:作直线 $EF \parallel AB$,交 AD 于 E,交 BC 于 F.设 CD,EF 的中点分别为 P,Q,连 PQ,则正方形 $ABCD$ 被分割为 3 个矩形 $ABFE$,$DEQP$,$PQFC$(图 3.52).

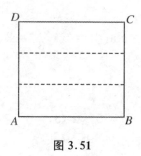

图 3.51

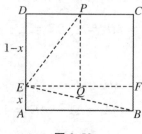

图 3.52

记 $AE = x$，则 $BE = \sqrt{1+x^2}$，

$$EP = \sqrt{\left(\frac{1}{2}\right)^2 + (1-x)^2} = \sqrt{x^2 - 2x + \frac{5}{4}},$$

为了使 3 个矩形的直径相等，令

$$\sqrt{1+x^2} = \sqrt{x^2 - 2x + \frac{5}{4}},$$

解得 $x = \frac{1}{8}$，此时 $BE = EP = \frac{\sqrt{65}}{8}$.

于是，用 3 个半径为 $\frac{\sqrt{65}}{16}$ 的圆可分别覆盖矩形 ABFE，FCPQ 及 DEQP，从而覆盖了正方形 ABCD，所以 $r = \frac{\sqrt{65}}{16}$ 合乎条件.

下面证明 $r \geq \frac{\sqrt{65}}{16}$. 用反证法，设 $r < \frac{\sqrt{65}}{16}$，我们证明 3 个半径为 $r\left(r < \frac{\sqrt{65}}{16}\right)$ 的圆不能覆盖一个边长为 1 的正方形.

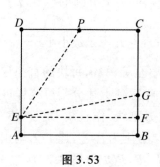

图 3.53

这属于不能覆盖问题，可考虑边界上若干特殊点：A, B, C, D, E, F, G, P（图 3.53），我们只需证明这 8 个点中至少有一个点没有被覆盖.

3 范围分解

反设 3 个半径为 $r\left(r<\dfrac{\sqrt{65}}{16}\right)$ 的圆 O_1, O_2, O_3 覆盖了正方形 $ABCD$,先考察 4 个顶点 A,B,C,D,由抽屉原理,必有一个圆覆盖了其中两个点.但对角线上的两顶点的距离为 $\sqrt{2}>\dfrac{\sqrt{65}}{8}>2r$,所以一个圆只能覆盖正方形的两个相邻点.不妨设圆 O_1 覆盖了点 A,B.

因为 $AF=EB=\dfrac{\sqrt{65}}{8}>2r$,所以圆 O_1 未覆盖点 E,F,进而圆 O_1 未覆盖线段 ED,FC 上的任何点.设 CD 的中点为 P,因为 $AP=PB>EP=\dfrac{\sqrt{65}}{8}>2r$,所以圆 O_1 未覆盖点 P.于是另两个圆 O_2,O_3 覆盖了线段 ED,FC 及点 P(相当于去掉圆 O_1 及点 A,B).

因为两个圆 O_2,O_3 覆盖了 4 点 E,F,C,D,由抽屉原理,必有一个圆覆盖了其中 2 点,但 $CE=DF>2r$,从而不可能一个圆覆盖了其中 3 点,于是,每个圆恰覆盖了其中 2 点,且这两点不能是 E,C,也不能是 F,D.

如果一个圆覆盖了 E,D,则另一个圆覆盖了 F,C,但此时 $EP=FP=\dfrac{\sqrt{65}}{8}>2r$,则点 P 未被覆盖,矛盾.如果一个圆覆盖了 E,F,则另一个圆覆盖了 C,D.此时,在线段 FC 上取点 G,使 $FG=BF=\dfrac{1}{8}$,则 $EG=\dfrac{\sqrt{65}}{8}>2r$,$DG>EG=\dfrac{\sqrt{65}}{8}>2r$,所以点 G 未被覆盖,矛盾.

综上所述,$r_{\min}=\dfrac{\sqrt{65}}{16}$.

例 9(原创题)   21 世纪城的街道都是东西向和南北向的.为了加强治安,在一些十字路口安装有电子监控器.以 2 个监控器为顶点、街道为边围成的矩形形成一个监控区,监控区(包括边界)内监控器的个数称为该监控区的监控强度.

如果 21 世纪城两个方向的街道都至少有 15 条,且任何两条不平行的街道都交成一个十字路口,今任意选定其中 15 个十字路口各安装一个监控器,求监控强度最大的监控区其监控强度的最小值.

分析与解 用 $S(X)$ 表示监控区 X 的监控强度,我们要找到常数 c,使不论监控器如何分布,都存在一个监控区 X,使 $S(X) \geq c$.

其基本想法是,将 15 个监控器圈定在一个确定的矩形内,然后将该矩形分割为若干个小监控区,然后证明其中必定有一个监控区 X,使 $S(X) \geq c$.

为此,先用一个由街道围成的充分大的矩形覆盖已知的 15 个监控器,然后不断缩小该矩形直至不能再缩小,使之仍覆盖所有 15 个监控器.设此时的矩形为 M,则 M 的每条边上都至少有一个监控器.在 M 的四边上依次各取一个监控器 A,B,C,D(可能有重合).

(1) 若 A,B,C,D 中至少有 2 个为 M 的顶点,则 M 为监控区,此时 $S(M) = 15 > 5$.

(2) 若 A,B,C,D 中恰有 1 个为 M 的顶点,不妨设为 A(图 3.54),则 M 的不含 A 的 2 边上各有一个监控器,设为 B,C,那么,3 个监控区 AB,BC,CA 覆盖了 M,从而至少有一个监控区,设为 AB,使 $S(AB) \geq \dfrac{15}{3} = 5$.

(3) 若 A,B,C,D 都不是 M 的顶点,此时,若其中有两个监控器,设为 A,C,在同一条街道上,则街道 AC 将 M 划分为 2 个监控区,这 2 个监控区覆盖了 M,从而至少有其中一个监控区,记为 X,使 $S(X) \geq \dfrac{15}{2} > 5$;若其中任何两个监控器都不在同一条街道上,则 4 个监控区 AB,BC,CD,DA 覆盖了 M 中除矩形 $A'B'C'D'$ 外的所有监控器(图 3.55).

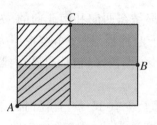

图 3.54

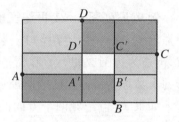

图 3.55

3 范围分解

又监控区 AC 覆盖了矩形 $A'B'C'D'$,于是 A,B,C,D 外的 11 个监控器都被上述 5 个监控区覆盖,从而至少有一个监控区,记为 Y,它覆盖了这 11 个监控器中至少 $\left[\dfrac{11}{5}\right]+1=3$ 个监控器. 又 Y 覆盖了 A,B,C,D 中至少 2 个监控器(以其中 2 个为顶点),所以 $S(Y) \geqslant 3+2=5$.

综上所述,$S_{\max} \geqslant 5$.

现在来构造 $S_{\max}=5$ 的情形.

首先,为了设法使任何监控区中监控器尽可能少,可安排"腹地"没有监控器,即监控器都安排在"边域".

其次,采用分组构造技巧:将 15 个监控器分为 A,B,C,D 四组,各组监控器的个数分别为 4,4,4,3,每一个组中的监控器都安排在一个较小的区域:4×4 或 3×3 区域内. 这样,对同一组中的任何两个监控器,以它们为顶点的监控区只包含该组中的监控器,从而 $S\leqslant 4$.

再者,对不同组中的任何两个监控器,可设想以它们为顶点的监控区只包含该两组中的监控器,于是安排所有监控器不同行不同列,从而 4 个组不能位于角上(否则与"边域"中的另一组同行或同列),这样可得出 4 个组的大致位置.

最后,对任何两组,我们期望,当监控区含有一个组中多个监控器时,该监控区只含另一组中的一个监控器,以保证 $S\leqslant 5$. 考察相邻两组 A 与 B,可发现每一个组中监控器都排在相应区域的对角线上,且相邻区域排监控器的对角线方向不同,得到如图 3.56 所示的构造合乎条件.

综上所述,监控强度最大的监控区的监控强度的最小值为 5.

例 10(原创题) 在 $n\times n$ 的方格棋盘上放有若干只 1×3 骨牌,每个 1×3 骨牌都恰好覆盖棋盘的 3 个方格,如果棋盘上不能再放进任何 1×3 骨牌,则称上述覆盖为 $n\times n$ 方格棋盘的 1×3 骨牌的饱和覆盖.

设 P 是 $n\times n(n>1)$ 方格棋盘的 1×3 骨牌的任意一个饱和覆

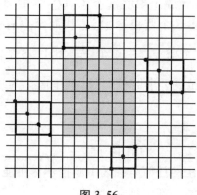

图 3.56

盖,覆盖 P 中骨牌数的最小值为 $|P|$,试证:$\frac{1}{6}(n^2-2n) \leqslant |P| \leqslant \frac{1}{5}(n^2+2n)$.

分析与解 本题是我们研究棋盘饱和覆盖得到的一个简单结果.有趣的是,第 31 届美国数学奥林匹克中有一个类似的试题,但其结果是:

$$\frac{1}{7}(n^2-2n) \leqslant |P| \leqslant \frac{1}{5}(n^2+27n),$$

显然,我们的结果比上述结果更强.

先证明:$|P| \leqslant \frac{1}{5}(n^2+2n)$.

当 $n=1,2$ 时,$|P|=0 \leqslant \frac{1}{5}(n^2+2n)$,结论成立.

当 $n=3,4,5$ 时,$|P|=n \leqslant \frac{1}{5}(n^2+2n)$,结论成立.

当 $n \geqslant 6$ 时,设 $n=5k+r(0 \leqslant r \leqslant 4)$,先将棋盘分割为一个 $n \times 5k$ 的子棋盘和一个 $n \times r$ 的子棋盘.

对于左边的 $n \times 5k$ 的子棋盘,按图 3.57 所示方式,在每行放置 k 个 1×3 骨牌,其中序号为奇数的行,1×3 骨牌放置在每连续 5 个格的后 3 个格中;序号为偶数的行,1×3 骨牌放置在每连续 5 个格的前 3 个格中,则 $5k \times n$ 的子棋盘中不能再放置任何 1×3 骨牌.

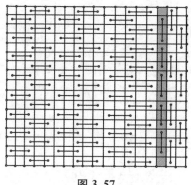

图 3.57

在棋盘的第 $5k+1$ 列中,按图 3.57 所示方式,放置 $\left[\dfrac{n+1}{3}\right]$ 个 1×3 骨牌:其中 $n \equiv 0 \pmod 3$ 时,从最上一格开始覆盖,每连续 3 格放置 1 个 1×3 骨牌,共放置 $\dfrac{n}{3}$ 个骨牌;$n \equiv 1 \pmod 3$ 时,从第二格开始覆盖,每连续 3 格放置 1 个 1×3 骨牌,共放置 $\dfrac{n-1}{3}$ 个骨牌;$n \equiv 2 \pmod 3$ 时,从第 2 格开始覆盖,每连续 3 格放置 1 个 1×3 骨牌,共放置 $\dfrac{n-2}{3}$ 个骨牌,此时该列最后一格亦为空格,如果该空格与左边两个空格相邻,则加盖一张横向骨牌,共最多放置 $\dfrac{n-2}{3}+1 = \dfrac{n+1}{3}$ 张骨牌,所以第 $5k+1$ 列至多覆盖 $\left[\dfrac{n+1}{3}\right]$ 张骨牌.

剩下从第 $5k+2$ 列起的 $r-1$ 列按如图 3.57 所示方式从上到下每连续 5 个格放置一个 1×3 骨牌,使第 $5k+2$ 列最上一格和最下一格都被盖住,每列最多 $k+1$ 个 1×3 骨牌.所以,有

$$|P| \leqslant nk + \dfrac{n+1}{3} + (r-1)(k+1)$$
$$= n \cdot \dfrac{n-r}{5} + \dfrac{n+1}{3} + (r-1)\left(\dfrac{n-r}{5}+1\right)$$

$$= \frac{1}{15}(3n^2 + 2n + 18r - 3r^2 - 10)$$

$$= \frac{1}{15}(3n^2 + 2n) + \frac{3}{15} \cdot r(6-r) - \frac{10}{15}$$

$$\leqslant \frac{1}{15}(3n^2 + 2n) + \frac{3}{15}\left(\frac{r+6-r}{2}\right)^2 - \frac{10}{15}$$

$$= \frac{1}{15}(3n^2 + 2n) + \frac{17}{15}$$

$$\leqslant \frac{1}{15}(3n^2 + 2n) + \frac{3n}{15} \quad (因为 n \geqslant 10)$$

$$\leqslant \frac{n^2}{5} + \frac{n}{3} \leqslant \frac{1}{5}(n^2 + 2n).$$

下面证明：$|P| \geqslant \frac{1}{6}(n^2 - 2n)$.

考察任一个饱和覆盖 P，设 P 中放置的横向的 1×3 骨牌个数为 x，纵向的 1×3 骨牌个数为 y.

对任意一个空格（未被覆盖的格），称之为它所在的行左边与它最靠近的那块骨牌（横向或纵向）的伙伴.

显然，每个横向骨牌最多 2 个伙伴（图 3.58），每个纵向骨牌最多 4 个伙伴（图 3.59、图 3.60），于是所有伙伴最多有 $2x + 4y$ 个.

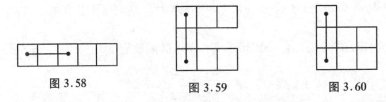

图 3.58　　　　图 3.59　　　　图 3.60

考察任意一个不是伙伴的空格，设它位于第 j 列，由于它左边没有被覆盖的格，如果 $j \geqslant 3$，则可以再放入一只横向的 1×3 骨牌，矛盾，所以 $j \leqslant 2$，这表明：所有不是伙伴的空格都在最左边的两列.

显然最左边两列最多 $2n$ 个空格，所以棋盘至多有 $2n + 2x + 4y$ 个空格，所以

$$(2n + 2x + 4y) + (3x + 3y) \geqslant n^2, \quad 即 \quad 5x + 7y \geqslant n(n-2).$$

由对称性,有 $5y+7x \geq n(n-2)$,所以 $12(x+y) \geq 2n(n-2)$,所以,有
$$|P| = x+y \geq \frac{1}{6}(n^2-2n).$$

习 题 3

1. 在边长为 1 的正方形内有 3 个点,连同正方形的 4 个顶点共 7 个点. 求证:其中一定有 3 个点,它们构成的三角形面积不大于 $\frac{1}{8}$.

2. 有一个棱长为 5 的正方体,从它的每个面看都有一个穿透的完全相同的孔(图 3.61),求这个立方体的表面积.

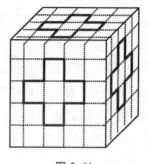

图 3.61

3. 在 9×9 的方格纸上,每个格子中有一只蚂蚁. 一段时间以后,每只蚂蚁都爬到了它所在格的邻格(有公共边)中,求证:此时,至少有一个方格中没有蚂蚁.

4. 设 $M = \{1, 2, \cdots, 2005\}$,$A$ 是 M 的子集,若对任何 $a_i, a_j \in A$,$a_i \neq a_j$,都能以 a_i、a_j 为边长唯一地确定一个等腰三角形,求 $|A|$ 的最大值.

5. 在单位正方形内有 151 个点,证明:可以用一个半径为 $\frac{1}{7}$ 的圆覆盖其中 7 个点.

6. 求证:可以适当选取 3 个半径都小于 1 的圆覆盖一个半径为

1 的圆.

7. 平面上有 100 个点,其中任何两个点的距离不大于 1. 证明:可以用一个直径为 1 的圆覆盖其中的 34 个点.

8. (1992 年圣彼得堡数学竞赛) 取定 100 个格点,证明:可以从中找到 2 个格点,使得以它们为顶点的格径矩形中(包括边界)至少有 20 个格点.

9. 要在一个边长为 a 的正方形球场上空悬挂 4 盏灯,使它们能照亮整个球场,已知灯所能照亮的圆形区域的半径为灯悬挂的高度,如果每盏灯悬挂的高度都相同,问它们至少要悬挂多高?

10. (1992 年圣彼得堡数学竞赛) 若干直径不大于 10 的硬币贴在一张 30×70 的纸上. 证明:这些硬币可以贴在另一张 40×60 的纸上.

11. (1992 年圣彼得堡数学竞赛题) 若干直径不大于 10 的硬币贴在一张 30×70 的纸上,再加入一枚直径为 25 的硬币. 证明:所有硬币都可以贴在另一张 55×55 的纸上.

12. 用 r 个半径为 1 的圆可以覆盖一个半径为 2 的圆,求 r 的最小值.

13. (第 9 届全苏数学奥林匹克试题) 将 $k \times k \times k$ 立方棋盘的格 2-染色,使任何一格都恰有两个相邻的格(具有公共面)同色,求 k 的所有可能取值.

14. (第 26 届莫斯科数学奥林匹克试题) 将 1×2 卡片各格分别填上 1 和 -1,再将这些卡片拼成 $5 \times n$ 棋盘,使每行每列的积为正,求 n 的所有可能取值.

15. 求最小的整数 m,将 m 只棋中的每一个放入一个 8×8 棋盘的一个方格内,使每行每列的连续 $k(3 \leqslant k \leqslant 6)$ 个方格内都至少有一只棋.

16. (原创题) 求出所有由互异正整数组成的无穷序列:a_1,

$a_2,\cdots$,使 $A=\{t\mid a_t>t\}$ 为有限集时,$B=\{t\mid a_t\neq t\}$ 为无限集.

17.(2006 年江西省南昌市高中数学竞赛试题) 将等差数列 $\{a_n\}:a_n=4n-1(n\in\mathbf{N}^*)$ 中所有能被 3 或 5 整除的数删去后,剩下的数自小到大排成一个数列 $\{b_n\}$,求 b_{2006} 的值.

18. 设 $X=\{1,2,\cdots,200\}$,$A\subseteq X$,$|A|=100$,且对任何 $a,b\in A(a\neq b)$,有 $a\nmid b$.

(1) 求 A 中最小数的最小值;

(2) 求 A 中最大数的最小值.

19.(2003 年中国国家集训队选拔考试试题) 设 $A\subseteq\{0,1,2,\cdots,29\}$,满足:对任何整数 k 及 A 中任意数 $a,b(a,b$ 可以相同),$a+b+30k$ 均不是两个相邻整数之积.试定出所有元素个数最多的 A.

20.(2012 年中国数学奥林匹克试题) 给定质数 p,设 $A=(a_{ij})$ 是一个 $p\times p$ 的矩阵,满足 $\{a_{ij}\mid 1\leqslant i,j\leqslant p\}=\{1,2,\cdots,p^2\}$.允许对一个矩阵作如下操作:选取一行或一列,将该行或该列的每个数同时加上 1 或同时减去 1,若可以通过有限多次上述操作将 A 中元素全变为 0,则称 A 是一个"好矩阵".求好矩阵 A 的个数.

21.(第六届中国东南地区数学奥林匹克试题) 在 8×8 方格表中,最少需要挖去几个小方格,才能使得无法从剩余的方格表中裁剪出一片形状如图 3.62 所示的 T 形五方连块?

图 3.62

22. 在 $n^2\times n^2\times n^2$ 立方体棋盘上放 n^5 只棋,使每行(从左到右的 n 个格)、每列(从前到后的 n 个格)、每柱(从上到下的 n 个格)都恰有 n 只棋,求 n 的所有可能值.

习题 3 解答

1. 因为正方形 4 个顶点都是已知点,先考虑一个已知点与正方形一条边构成的三角形,发现一种分割:与正方形边相距为 1 且平行于边的直线分割而成的 1×4,4×1 矩形,这样的矩形中若有已知点,则结论成立.由此发现可将正方形分割为两块,问题迎刃而解.

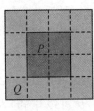

图 3.63

如图 3.63 所示,将正方形分割为 P、Q 两块,如果 Q 中有一个点,则此点与正方形两个相邻顶点构成的三角形合乎条件.若 Q 中没有点,则 3 个点都在 P 中,它们构成的三角形面积不大于正方形 P 的面积的一半,所以这个三角形合乎条件.

2. 由对称性,可先考察立方体的 $\dfrac{1}{8}$ 部分,即可发现如下分割(图 3.64):

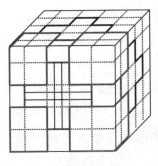

图 3.64

将立方体分割为 8 个 $2\times 2\times 2$ 的正方体与 12 个 $1\times 1\times 1$ 的正方体,这些正方体的表面积之和为:$(2\times 2\times 6)\times 8+(1\times 1\times 6)\times 12=264$.但每个 $1\times 1\times 1$ 的正方体都有 2 个面分别与 2 个 $2\times 2\times 2$ 的正方体重合,重合一个面时要去掉两个面积,所以要去掉 $4\times 12=48$.综上所述,立方体的表面积为 $264-48=216$.

3 范围分解

3. 将 9×9 的方格纸的格染成黑白 2 色,使相邻格不同色(分成两个局部),不妨设黑格比白格多一个. 当蚂蚁爬动后,考察黑格中的蚂蚁(局部),它只能从原来的白格中爬来. 但黑格比白格多一个,原来白格中的蚂蚁无法占满黑格,所以至少有一个黑格中没有蚂蚁.

4. 将 M 划分为若干块,使 A 在每一块中至多含有 1 个元素. 注意到 A 满足的条件是:对任何 $a_i < a_j \in A$,都有 $2a_i \leqslant a_j$. 因此,在对 M 分块时,可使每一块中的任何两个元素 $x, y (x < y)$,都有 $2x > y$. 于是,令 $A_1 = \{1\}, A_2 = \{2, 3\}, A_3 = \{2^2, 2^2+1, \cdots, 2^3-1\}, \cdots,$ $A_{11} = \{2^{10}, 2^{10}+1, \cdots, 2005\}$,因为对每个集合 A_i 中的任何元素 x, y $(x < y)$,都有 $2x > y$,从而 $|A \cap A_i| \leqslant 1 (i = 1, 2, 3, \cdots, 11)$,所以 $|A| \leqslant 11$. 又 $A = \{1, 2, \cdots, 1024\}$ 合乎条件,故 $|A|$ 的最大值为 11.

5. 只需证明:可以用 25 个半径为 $\frac{1}{7}$ 的圆覆盖边长为 1 的正方形. 将单位正方形分割为 25 个边长为 $\frac{1}{5}$ 的小正方形,而此小正方形可被它的外接圆 C 覆盖,由抽屉原理,必有一个小圆包含其中 $\left[\frac{151}{25}\right] + 1 = 7$ 个点. 显然,小圆的半径为 $\frac{1}{5} \cdot \frac{\sqrt{2}}{2} = \frac{\sqrt{2}}{10} < \frac{1}{7}$,作一个半径为 $\frac{1}{7}$ 的圆覆盖小圆即可.

6. 设圆周上三点 A, B, C 将圆周三等分,则 $AB = BC = CA < 2$,分别以 AB, BC, CA 为直径作 3 个小圆,我们证明这 3 个小圆覆盖了圆 O. 由对称性,我们只需证明圆 AB 覆盖了扇形 OAB.

设 P 是扇形 OAB 内任意一点. 如图 3.65 所示,若 P 在 AB 上方,则由外角定理可知,$\angle 1 > \angle 2 > \angle 3 = 120° > 90°$,所以 P 在圆 AB 内. 若 P 在 AB 下方,则由外角定理可知,$\angle 4 > \angle 5 = 180° - \angle C = 120° > 90°$,所以 P 在圆 AB 内. 综上所述,命题获证.

7. 只需证明:可以用 3 个直径为 1 的圆覆盖所有 100 个点. 容易

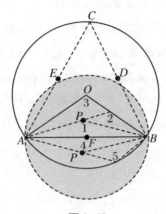

图 3.65

证明如下引理:给定平面上的有限个点,任何两点之间的距离不大于 1,则可以用一个边长为 $\sqrt{3}$ 的正三角形覆盖这些点. 由引理,我们可用一个边长为 $\sqrt{3}$ 的正 $\triangle ABC$ 覆盖所有的已知点. 设 $\triangle ABC$ 的边 BC, CA, AB 的中点分别为 D, E, F, 作 $\triangle AFE$, $\triangle BDF$, $\triangle CED$ 的外接圆,我们证明这 3 个圆覆盖了 $\triangle ABC$. 实际上,设 $\triangle ABC$ 的中心为 O, 连 OD, OE, OF, 则 $\angle DOE = \angle EOF = \angle FOD = 120°$, 又 $\angle EAF = 60°$, 于是 A, F, O, E 四点共圆,于是 $\triangle AEF$ 的外接圆覆盖了四边形 $AFOE$. 同理, $\triangle BDF$, $\triangle CED$ 的外接圆分别覆盖了四边形 $BDOF$, $CEOD$, 于是 $\triangle AFE$, $\triangle BDF$, $\triangle CED$ 的外接圆覆盖所有的已知点,由抽屉原理,必有一个圆覆盖了其中 $\left[\dfrac{100}{3}\right]+1=34$ 个点. 因为 $AF=\dfrac{1}{2}AB=\dfrac{\sqrt{3}}{2}$, 所以 $\triangle AFE$ 的外接圆半径 $R=\dfrac{\sqrt{3}}{3}\cdot\dfrac{\sqrt{3}}{2}=\dfrac{1}{2}$, 故可以用一个直径为 1 的圆覆盖其中的 34 个点.

8. 我们证明更强的结论:存在格径矩形,其中至少有 22 个格点.

先确定其存在域. 用一个充分大的格径矩形覆盖已知的 100 个

3 范围分解

格点,再不断缩小格径矩形直至不能再缩小,使之仍覆盖所有 100 个格点. 设此时的格径矩形为 M,则 M 的每条边上都至少有一个格点. 在 M 的四边上依次各取一个格点 A,B,C,D(可能有重合). 为叙述问题方便,称以其中 2 个已知格点为顶点的格径矩形为好矩形. 用 $S(X)$ 表示好矩形 X 中已知格点的个数.

(1) 若 A,B,C,D 中至少有 2 个点为 M 的顶点,则 M 为好矩形,$S(M)=100>22$.

(2) 若 A,B,C,D 中恰有 1 个点为 M 的顶点,不妨设此点为 A(图 3.66),则 M 的不含 A 的 2 边上各有一个已知格点,设为 B,C,那么,3 个好矩形 AB,BC,CA 覆盖了 M,从而至少有其中一个矩形,设为 AB,使 $S(AB) \geqslant \dfrac{100}{3} > 22$.

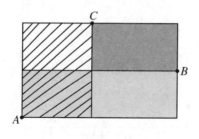

图 3.66

(3) 若 A,B,C,D 都不是 M 的顶点,此时,若其中有两点在同一条格线上,不妨设此 2 点为 A,C(图 3.67),则 AC 将 M 划分为 2 个好矩形,这 2 个矩形覆盖了 M,从而至少有其中一个矩形,记为 X,使 $S(X) \geqslant \dfrac{100}{2} > 22$.

若其中任何两点都不在同一条格线上,则 4 个好矩形 AB,BC,CD,DA 覆盖了 M 中除矩形 $A'B'C'D'$ 外的所有点,又好矩形 AC 覆盖了矩形 $A'B'C'D'$,于是 A,B,C,D 外的 96 个格点都被上述 5

个好矩形覆盖,从而至少有一个好矩形,记为 Y,使 Y 覆盖了这 96 个格点中至少 $\left[\dfrac{96}{5}\right]+1=20$ 个格点(图 3.68).又 Y 覆盖了 A,B,C,D 中至少 2 个格点,所以 $S(Y)\geqslant 20+2=22$.

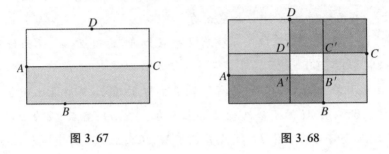

图 3.67　　　　　　　　图 3.68

9. 本题等价于"用 4 个半径为 r 的圆覆盖一个边长为 a 的正方形,求 r 的最小值".首先,将边长为 a 的正方形分割为 4 个边长为 $\dfrac{a}{2}$ 的小正方形,以每个小正方形的对角线为直径作 4 个圆,则这 4 个圆覆盖了边长为 a 的正方形,此时 $r=\sqrt{2}\cdot\dfrac{a}{2}=\dfrac{\sqrt{2}}{2}a$(图 3.69).

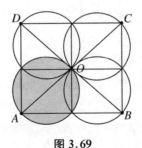

图 3.69

下证 $r\geqslant\dfrac{\sqrt{2}}{2}a$.反设 $r<\dfrac{\sqrt{2}}{2}a$,局部思考:用几个分散的点来替代整体.设边长为 a 的正方形 $ABCD$ 的中心为 O,则 5 个点 A,B,C,D,O 中任何两个点之间的距离不小于 $\dfrac{\sqrt{2}}{2}a$,从而每个圆至多覆盖其

3 范围分解

中的一个点,必有一个点未被覆盖,矛盾.综上所述,r 的最小值为 $\dfrac{\sqrt{2}}{2}a$.

10. 直径不大于 10 不能用直径等于 10 来代替,因为直径不大于 10 时,硬币的个数不确定,而直径等于 10 时,可算出硬币的个数.先从反面思考:先将 40×60 的纸剪成若干块,然后覆盖 30×70 的纸(可以重叠),当然就覆盖了所有硬币,其中当然要求:每个硬币都完整地属于某个块.对于每个覆盖 30×70 的纸(上面放有硬币)的块,连同它覆盖的硬币再还原成 40×60 的纸即可(图 3.70).为了使每个硬币都完整地属于某个块,这就要使分割的块尽可能少.

注意到 60 是 30 的两倍,可将 40×60 的纸两等分,得到 2 张 40×30 的纸,这 2 张 40×30 的纸可覆盖 70×30 的纸,重叠 10×30 的部分(图 3.71).

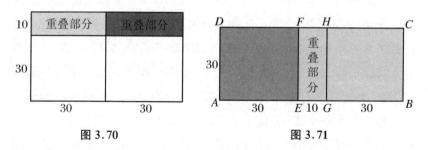

图 3.70   图 3.71

于是,将 2 张 40×30 的纸 $AGHD$,$EBCF$ 重叠 30×10 的部分 $EGHF$ 后覆盖放有硬币的 30×70 的纸,考察其中任意一个硬币 X,若 X 与 EF,GH 都没有公共点,则 X 要么属于 $AGHD$,要么属于 $EBCF$;若 X 与 EF 有公共点,则 X 属于 $AGHD$;若 X 与 GH 有公共点,则 X 属于 $EBCF$.于是,每个硬币都完整地属于其中一个块.将属于块 $AGHD$ 的硬币贴在纸 $AGHD$ 上,属于 $EBCF$ 的硬币重新贴在纸 $EBCF$ 上,再将 $AGHD$,$EBCF$ 拼成 30×70 的纸即可.

11. 本题与上题类似,只是多了一枚直径为 25 的硬币,于是可在一个角上分割一个 25×25 的块单独覆盖这枚硬币(图 3.72),再将其余部分按上题要求(每个硬币都完整地属于其中一个块)分割成若干块,然后覆盖 30×70 的纸即可.

为了使分割的块尽可能少(最少为 3 块),则除 25×25 的块外,其余 2 块都应有一边长为 30,于是得到如下的分割:

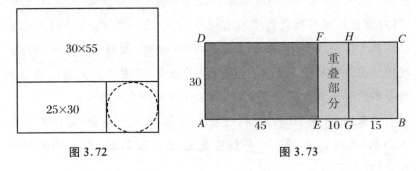

图 3.72　　　　　　　　　图 3.73

将 1 张 30×55 的纸 $AGHD$ 和 1 张 30×25 的纸 $EBCF$ 重叠 30×10 的部分 $EGHF$ 后覆盖放有硬币的 30×70 的纸(图 3.73),考察其中任意一个硬币 X,若 X 与 EF,GH 都没有公共点,则 X 要么属于 $AGHD$,要么属于 $EBCF$;若 X 与 EF 有公共点,则 X 属于 $AGHD$;若 X 与 GH 有公共点,则 X 属于 $EBCF$. 于是,每个硬币都完整地属于其中一个块. 将属于块 $AGHD$ 的硬币贴在纸 $AGHD$ 上,属于 $EBCF$ 的硬币重新贴在纸 $EBCF$ 上,再将 $AGHD$,$EBCF$ 与 25×25 的块拼成 55×55 的纸即可.

12. 设半径为 2 的圆为圆 O,考察圆 O 的边界,半径为 1 的圆最多可以覆盖圆 O 边界的 $\frac{1}{6}$,于是覆盖圆 O 至少要 6 个半径为 1 的圆. 但若 6 个半径为 1 的圆覆盖了圆 O,则每个半径为 1 的圆都覆盖了圆 O 的边界的 $\frac{1}{6}$,此时,每个小圆与圆 O 的公共弦为小圆的直径.

设 AB 是一个小圆 O_1 与圆 O 的一条公共弦(图 3.74),则 $AB = OA = OB = 2$,所以 O 到 AB 的距离为 $\sqrt{3}$,由于 $OO_1 > \sqrt{3}$,所以点 O

没有被小圆 O_1 覆盖. 由对称性, 点 O 没有被任何一个小圆覆盖, 所以 $r \geqslant 7$.

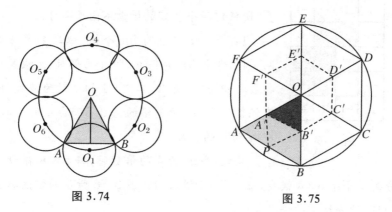

图 3.74　　　　　　　图 3.75

其次, 作圆 O 的内接正六边形 $ABCDEF$ (图 3.75), 设 OA, OB, OC, OD, OE, OF 的中点分别为 A', B', $\cdots$, F', 分别以六边形的边为直径作 6 个圆, 再以 O 为圆心作一半径为 1 的圆. 设 AB 的中点为 P, 则 $PA' = PB' = PA = PB = 1$, 所以圆 P 覆盖了梯形 $ABB'A'$. 又 AB 弧为 $120°$, 所以圆 P 覆盖了弓形 AB. 此外, 圆 O 覆盖了 $\triangle OA'B'$, 所以扇形 OAB 被小圆 P 和小圆 O 覆盖, 从而扇形 OAB 被 7 个小圆覆盖. 由对称性, 7 个小圆覆盖了其他扇形, 从而覆盖了整个圆 O.

13. 所求的 k 为一切正偶数.

(1) 设 k 为奇数, 我们证明不存在合乎要求的染色. 否则, 将同色的相邻两格用该两格的颜色的线段连接, 这样, 各个格都引出两条线段. 由图论的知识可知, 它们构成若干个圈. 考察每一个圈, 它在横、纵、竖 3 个方向上的线段各有偶数条, 是因从一点出发要回到出发点, 从而每个圈有偶数条线段. 于是, 每个圈有偶数个点, 即有偶数个格. 由此可知, 棋盘共有偶数个格, 矛盾.

(2) 设 k 为偶数, 我们证明存在合乎要求的染色. 先构造 (2, 2, 2) 棋盘, 上方四格同色, 下方四格同色. 再将 (k, k, k) 棋盘划分为若干个$(2,2,2)$棋盘,称上四格为黑色的棋盘是 A 类盘,上四格为白色的为 B 类盘.对(k,k,k)棋盘的每个$(2,2,2)$棋盘,使任何两个相邻的棋盘不同类即可.

图 3.76

14. $5\times n$ 棋盘有 $5n$ 个格,但每个卡片有两个格,于是 $5n$ 为偶数,即 n 为偶数.又棋盘中各数之积为正,所以,其中 -1 的个数为偶数,即有偶数张卡片,于是格的总数 $5n$ 为 4 的倍数,即 n 为 4 的倍数.

反之,当 n 为 4 的倍数时,将 $5\times n$ 棋盘划分为若干个 5×4 棋盘,每个 5×4 棋盘均按图 3.76 所示的方法填数即可.故一切 4 的倍数为所求.

15. 当 $k=3$ 时,如图 3.77 所示,8×8 棋盘中有 21 个 1×3 矩形,从而至少要放 21 只棋.如图 3.78 所示,放 21 只棋合乎要求,从而 m 的最小值为 21.

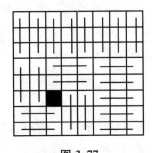

图 3.77   图 3.78

当 $k=4$ 时,显然 m 的最小值为 16.

当 $k=5$ 时,如图 3.79 所示,8×8 棋盘中有 12 个 1×5 矩形,从而至少要放 12 只棋.如图 3.80 所示,放 12 只棋合乎要求,因为每个 1×5 矩形至少包含某个标记了的 2×3 矩形中的连续 2 个格,从而 m 的最小值为 12.

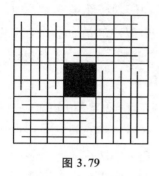

图 3.79

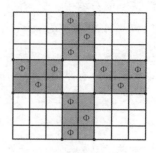

图 3.80

当 $k=6$ 时,如图 3.81 所示,8×8 棋盘中有 10 个 1×6 矩形,从而至少要放 10 只棋.如图 3.82 所示,放 10 只棋合乎要求,从而 m 的最小值为 10.

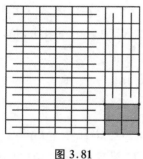

图 3.81

图 3.82

16. 这样的正整数序列不存在.我们证明如下结论:对任何互异正整数组成的序列:$a_1,a_2,\cdots$,当 $A=\{t\mid a_t>t\}$ 为有限集时,$B=\{t\mid a_t\neq t\}$ 也为有限集.

证明如下:(1) 若 $A=\varnothing$,则对一切 t,有 $a_t\leqslant t$.即 $a_1\leqslant 1,a_2\leqslant 2,\cdots$,但各 a_i 是互异的正整数,故 $a_t=t$,$B=\varnothing$,结论成立.

(2) 若 $A\neq\varnothing$,A 为有集,设 $A=\{i_1,i_2,\cdots,i_r\}$,令 $M=\max\{i_1,i_2,\cdots,i_r,a_{i_1},a_{i_2},\cdots,a_{i_r}\}$, $X=\{a_1,a_2,\cdots,a_M\}$.

我们证明 $X=\{1,2,\cdots,M\}$.注意到 X 中的数是互异的正整数,所以只需证明 $1\leqslant a_i\leqslant M(i=1,2,\cdots,M)$.考察 X 中的任意一个项

$a_i(1 \leqslant i \leqslant M)$,若 $a_i > i$,则 $i \in A$,那么,$a_i \leqslant M$.若 $a_i < i$,则 $a_i < i \leqslant M$.由此可知,$a_1, a_2, \cdots, a_M \in \{1, 2, \cdots, M\}$.但 $a_1, a_2, \cdots, a_M$ 是互异的自然数,从而 $X = \{1, 2, \cdots, M\}$.下面证明:当 $t > M$ 时,恒有 $a_t = t$,从而 B 为有限集.

考察 a_{M+1},由于 $M + 1 \notin A$,所以 $a_{M+1} \leqslant M + 1$.但 a_{M+1} 与 $a_1, a_2, \cdots, a_M$ 互异,所以 $a_{M+1} = M + 1$,$\{a_1, a_2, \cdots, a_{M+1}\} = \{1, 2, \cdots, M + 1\}$.如此下去,设 $a_{M+k} = M + k$,$\{a_1, a_2, \cdots, a_{M+k}\} = \{1, 2, \cdots, M + k\}$.再考察 a_{M+k+1},由于 $M + k + 1 \notin A$,所以 $a_{M+k+1} \leqslant M + k + 1$.又 a_{M+k+1} 与 $a_1, a_2, \cdots, a_M$ 互异,所以 $a_{M+k+1} = M + k + 1$.由归纳原理知,对一切自然数 k,有 $a_{M+k} = M + k$.故 B 为有限集.

另证 令 $C = \{t \mid a_t < t, t \in \mathbf{N}\}$,问题等价于证明 C 是有限集.用反证法,反设 C 是无限集,那么,C 中存在任意大的数.但 A 是有限集,则 $A' = \{a_t \mid a_t > t\}$ 也是有限集,于是可在 C 中取一个数 n,使 n 比 A' 中所有数都大,即

$$\text{存在 } n \in C, \text{使 } a_t < n \quad (\text{对任何 } t \in A). \tag{3.2}$$

考察 $a_1, a_2, \cdots, a_n$,将下标 $i(1 \leqslant i \leqslant n)$ 分为三类:第一类,$i \in A$,即 $a_i > i$,此时由(3.2)可知,$a_i < n$;第二类,$i \in \bar{B}$,即 $a_i = i$,此时 $a_i = i \leqslant n$.又若 $a_i = i = n$,即 $a_n = n$,与 $n \in C$ 矛盾,故 $a_i < n$;第三类,$i \in C$,即 $a_i < i$,此时,$a_i < i \leqslant n$.因此,无论哪种情形,都有 $a_i < n$.所以对一切 $1 \leqslant i \leqslant n$,均有 $a_i \leqslant n - 1$.但 $a_1, a_2, \cdots, a_n$ 是互异的正整数,矛盾.

17. 由于 $a_{n+15} - a_n = 60$,所以 a_n 是 3 或 5 的倍数,当且仅当 a_{n+15} 是 3 或 5 的倍数.现将数轴正向分成一系列长为 60 的区间段:$(0, +\infty) = (0, 60] \cup (60, 120] \cup (120, 180] \cup \cdots$,注意第一个区间段中含有 $\{a_n\}$ 的项 15 个,即 3, 7, 11, 15, 19, 23, 27, 31, 35, 39, 43, 47, 51, 55, 59.其中属于 $\{b_n\}$ 的项 8 个,为:$b_1 = 7$,$b_2 = 11$,$b_3 = 19$,$b_4 = 23$,$b_5 = 31$,$b_6 = 43$,$b_7 = 47$,$b_8 = 59$,于是每个区间段中恰有 15 个 $\{a_n\}$ 的项,8

个 $\{b_n\}$ 的项,且有 $b_{8k+r} - b_r = 60k, k \in N, 1 \leqslant r \leqslant 8$. 由于 $2006 = 8 \times 250 + 6$,而 $b_6 = 43$,所以 $b_{2006} = 60 \times 250 + b_6 = 60 \times 250 + 43 = 15043$.

18. 设 A 中最大数为 x,最小数为 y,采用分块估计:将 A 中的数归入如下 100 个集合: $A_i = \{(2i-1)2^{r_i} \mid r_i \in \mathbf{Z}\}(1 \leqslant i \leqslant 100)$,依题意,每个集合最多含有 A 中的一个数. 又 $|A| = 100$,从而每个集合恰含 A 中的一个数. 由于 A_{100} 只有一个数 199,从而 199 必在 A 中,即 $x \geqslant 199$. 其次我们证明,$y \geqslant 16$. 反设 $y < 16$,令 $y = 2^r(2i-1)$. ① 若 $r = 0$,则 $y = 2i - 1, i < 9$. 设 $A_{3(2i-1)}$ 中取出的数为 p,则 $y \mid p$,矛盾. ② 若 $r = 1$,则 $y = 2(2i-1), i < 5$. 考察集合 $A_{3(2i-1)}$,设其中取出的数是 $p = 2^t 3(2i-1)$,则 $t = 0$,即 $p = 3(2i-1)$,这样,$A_{9(2i-1)}$ 中不取数,矛盾; ③ 若 $r = 2$,则 $y = 4(2i-1), i < 3$. 同上,依次讨论 $A_{2i-1}, A_{3(2i-1)}$, $A_{9(2i-1)}, A_{27(2i-1)}$;④ 若 $r = 3$,则 $y = 8$. 考察 A_3. 设其中取出的数是 $p = 3 \cdot 2k$. 若 $k \geqslant 3$,则 $y \mid p$,矛盾;若 $k \leqslant 2$,则 $p \leqslant 12$,此化归为情况③.

最后,取 $B_0 = \{67, 69, \cdots, 199\}$, $B_1 = \{2 \times 23, 2 \times 25, \cdots, 2 \times 65\}$, $B_2 = \{2^2 \times 9, 2^2 \times 11, \cdots, 2^2 \times 21\}$, $B_3 = \{2^3 \times 3, 2^3 \times 5, \cdots, 2^3 \times 7\}$, $B_4 = \{2^4\}$,令 $A = B_0 \cup B_1 \cup B_2 \cup B_3 \cup B_4$,集合 A 合乎要求. 故 x 的最小值是 199,y 的最小值是 16.

19. 所求 A 为 $\{3t + 2 \mid 0 \leqslant t \leqslant 9\}$.

设 A 满足题中条件,且 $|A|$ 最大. 因为两个相邻整数之积被 30 除,余数为 $0, 2, 6, 12, 20, 26$,于是,对任一 $a \in A$,有 $a + a \not\equiv 0, 2, 6, 12, 20, 26 \pmod{30}$,即 $a \not\equiv 0, 1, 3, 6, 10, 13, 15, 16, 18, 21, 25, 28 \pmod{30}$.

因此,$A \subseteq \{2, 4, 5, 7, 8, 9, 11, 12, 14, 17, 19, 20, 22, 23, 24, 26, 27, 29\}$,后一集合可分拆成下列 10 个子集的并:$\{2, 4\}, \{5, 7\}, \{8, 12\}, \{11, 9\}, \{14, 22\}, \{17, 19\}, \{20\}, \{23, 27\}, \{26, 24\}, \{29\}$,显然,其中每一个子集至多包含 A 中的一个元素,所以 $|A| \leqslant 10$.

若 $|A| = 10$,则每个子集恰好包含 A 中的一个元素,因此,$20 \in$

$A,29\in A$. 由 $20\in A$ 知 $12\in A$,从而 $8\in A,14\in A$,这样 $4\in A,24\in A$. 因此 $2\in A,26\in A$. 由 $29\in A$ 知 $7\in A,27\in A$,从而 $5\in A,23\in A$,这样 $9\in A,19\in A$,因此 $11\in A,17\in A$. 综上有 $A=\{2,5,8,11,14,17,20,23,26,29\}$,经检验,此时 A 确实满足要求.

20. 由加减法的交换律和结合律可以将针对同一行或同一列的操作合并进行,并且无需考虑各操作间的次序.假设所有操作的最终结果是对第 i 行每个数减去 x_i,对第 j 列每个数减去 y_j,其中 $x_i,y_j(1\leqslant i,j\leqslant p)$ 可以是任意整数.由题设知 $a_{ij}=x_i+y_j$ 对所有的 $i,j(1\leqslant i,j\leqslant p)$ 成立.由于表中各数互不相同,则 $x_1,x_2,\cdots,x_p$ 互不相同,$y_1,y_2,\cdots,y_p$ 互不相同.不妨设 $x_1<x_2<\cdots<x_p$,这是因为交换 x_i 与 x_j 的值相当于交换第 i 行和第 j 行,既不改变题设也不改变结论.同样,不妨设 $y_1<y_2<\cdots<y_p$,于是,假设数表的每一行从左到右是递增的,每一列从上到下也是递增的.由上面的讨论知 $a_{11}=1,a_{12}=2$ 或 $a_{21}=2$,不妨设 $a_{12}=2$.否则,将整个数表关于主对角线作对称,不改变题设也不改变结论.

下面用反证法证明:$1,2,\cdots,p$ 全在第一行中.假设 $1,2,\cdots,k(2\leqslant k<p)$ 在第一行中,$k+1$ 不在第一行中,于是,$a_{21}=k+1$.将连续的 k 个整数称为一个"块",只需证明:表格的第一行恰由若干个块构成,即前 k 个数为一个块,之后的 k 个数又是一个块,等等.如若不然,设前 n 组 k 个数均为块,但之后的 k 个数不成为块(或之后不足 k 个数),由此知对 $j=1,2,\cdots,n$,$y_{(j-1)k+1},y_{(j-1)k+2},\cdots,y_{jk}$ 构成块.从而,表格的前 nk 列共可分成 pn 个 $1\times k$ 的子表格:$a_{i,(j-1)k+1},a_{i,(j-1)k+2},\cdots,a_{i,jk}(i=1,2,\cdots,p;j=1,2,\cdots,n)$,每个子表格中的 k 个数构成块.现假设 $a_{2,nk+1}-a_{1,nk+1}=x_2-x_1=a_{21}-a_{11}=k$,所以 $a_{2,nk+1}=a+k$.从而 $a+b$ 必定在前 nk 列中,这样 $a+b$ 在某个前面所说的 $1\times k$ 的块中,但 $a,a+k$ 都不在该块中,矛盾.于是,第一行恰由若干个块构成.特别地,有 $k|p$.但 $1<k<p$,而 p 是质数,这导致矛盾.于是,数表的

3 范围分解

第一行恰为 $1,2,\cdots,p$,而第 k 行必定为 $(k-1)p+1,(k-1)p+2,\cdots,kp$.因此,好矩阵 A 在交换行,交换列,以及关于主对角线作对称下总可转化为唯一的形式.所以,好矩阵的个数等于 $2(p!)^2$.

21. 如图 3.83 所示,挖去 14 个小方格合乎要求.下证至少挖去 14 个小方格.

如图 3.84 所示,将 8×8 棋盘分割为五个区域(先分割出中心,由 2×2 扩展为上下 2 个有重叠的 T 形,其 4 角方格中心旋转对称).如图 3.85 所示,中央区域至少要挖去 2 个小方格才能不存在 T 形五方块,这是因为其中 2 个打叉的方格若只挖去其中一个,则仍有 T 形五方块.下面证明:对于边界的四个全等区域,每个区域至少要挖去 3 个小方格才能使之不存在 T 形五方块.

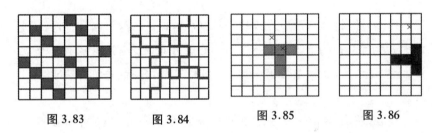

图 3.83　　　图 3.84　　　图 3.85　　　图 3.86

以右上角的区域为例(图 3.86),如果只挖去 2 个小方格,则下方 T 形块中必需挖去 1 个小方格,上方必须挖去打叉的小方格.又下方 T 形块挖去的 1 个小方格有 5 种情况(图 3.87),无论哪种情况,其区域中均存在 T 形五方块,矛盾,因此至少要挖去 3 个小方格.

综合所有区域,一共至少要挖去 $3\times 4+2=14$ 个小方格.

22. 所有正整数 n 都合乎要求.

我们先证明如下的引理:$n\times n\times n$ 立方体棋盘中可放 n^2 只棋,使每行、每列、每柱都恰有 1 只棋.

实际上,用 (i,j,k) 表示 $n\times n\times n$ 立方体棋盘的一个格:它位于从左到右第 i 个格,从前到后第 j 个格,从上到下的第 k 个格,将所

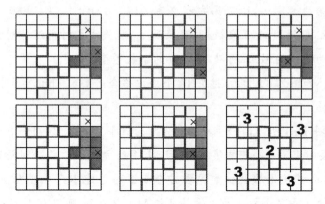

图 3.87

有满足 $i+j+k\equiv 1\pmod{n}$ 的格 (i,j,k) 都放一子,则容易验证布子满足条件:

比如,考察以 $(i,j,1)$ 为头的一柱:$(i,j,1),(i,j,2),\cdots,(i,j,n)$,由于 $i+j+1,i+j+2,\cdots,i+j+n$ 是模 n 的完系,其中只有一个数模 n 余 1,于是,该柱中恰有一只棋.同样可知,每行、每列中都恰有 1 只棋.

现在,将 $n^2\times n^2\times n^2$ 立方体棋盘分割为 n^3 个 $n\times n\times n$ 的小立方体棋盘,由引理,可对每个 $n\times n\times n$ 的小立方体棋盘布子,使每个 $n\times n\times n$ 的小立方体棋盘的每行、每列、每柱都恰有 1 只棋.

因为 $n^2\times n^2\times n^2$ 立方体棋盘的每一行都恰好与 n 个 $n\times n\times n$ 的小立方体棋盘有公共格,从而 $n^2\times n^2\times n^2$ 立方体棋盘的每一行都恰有 n 只棋.同样,$n^2\times n^2\times n^2$ 立方体棋盘的每列、每柱都恰有 n 只棋.

探索:对哪些正整数 n,可以在 $n^2\times n^2\times n^2$ 立方体棋盘上放 n^5 只棋,使每行(从左到右的 n 个格)、每列(从前到后的 n 个格)、每柱(从上到下的 n 个格)都恰有 n 只棋,且所有棋子关于棋盘的一个对角面对称?

4 对象分组

当题中涉及的对象较多,而且整体上没有一般规律时,我们常常要将题给的对象分为若干组来处理.这一分解方法,我们称之为对象分组.

对象分组与范围分割类似,但又有所不同.一方面,范围分割是将对象的存在域进行分割,而对象分组是将对象本身分为若干组.另一方面,范围分割通常使存在域的表现形式发生改变,而对象分组后其对象本身并不发生改变.

 **物以类聚**

所谓物以类聚,就是将具有某种共同性质与相互关系,或者表现形式相同或相近的一些元素归入同一组,这是最常见的一种分组方式.

例1 在 $1,2,\cdots,20$ 中最多能选出多少个数,使其中任何一个选出来的数都不是另一个选出来的数的 2 倍.并问:这样的取数方法有多少种?

分析与解 把能构成 2 倍的数放在一个组,由此想到令

$A_1 = \{1,2,4,8,16\}$, $A_2 = \{3,6,12\}$, $A_3 = \{5,10,20\}$, $A_4 = \{7,14\}$, $A_5 = \{9,18\}$, $A_6 = \{11\}$, $A_7 = \{13\}$, $A_8 = \{15\}$, $A_9 = \{17\}$, $A_{10} = \{19\}$.

显然,任何一个集合中相邻两个数不能同时取出,所以 A_1 中最多可取 3 个数,A_2 中最多可取 2 个数,A_3 中最多可取 2 个数,其余集合至多取出 1 个数,于是,最多可取出

$$3+2+2+(1+1)+1 \cdot 5 = 14$$

个数.

当等号可以成立时,A_1 中取出 3 个数,则因

$$A_1 = \{1,2\} \cup \{4,8\} \cup \{16\},$$

所以必取 16,于是不能取 8,进而必取 4;于是不能取 2,所以必取 1,因而只有唯一的方法在 A_1 中取出 3 个数.

同理可知,A_2 中只有唯一的方法取出 2 个数. 而 A_4,A_5 中都有 2 种方法取出 1 个数. 其他集合都只有唯一的方法取出 1 个数.

故共有 $2 \cdot 2 = 4$ 种方法,取出来的数构成的集合为:$X \cup Y_i (i=1,2,3,4)$. 其中

$$X = \{1,4,16,3,12,5,20,11,13,15,17,19\},$$
$$Y_1 = \{7,18\}, Y_2 = \{7,9\}, Y_3 = \{14,18\}, Y_4 = \{14,9\}.$$

故取出来的数的个数的最大值为 14.

另解 我们采用另一种方式分组,令

$A_1 = \{1,2\}$, $A_2 = \{3,6\}$, $A_3 = \{4,8\}$, $A_4 = \{5,10\}$, $A_5 = \{7,14\}$, $A_6 = \{9,18\}$, $A_7 = \{11,12,13,15,16,17,19,20\}$,

则 $A_1, A_2, \cdots, A_6$ 的每个集合中最多取出一个数,A_7 中最多取出 8 个数,所以最多可取出 $6+8=14$ 个数.

若取出 14 个数,则必取 11,12,13,15,16,17,19,20. 注意取了 12,16,20 后不能取 6,8,10,所以必取 3,4,5. 又取了 4 后不能取 2,所以必取 1. 剩下 A_5,A_6 中各取出 1 个数,共有 $2 \cdot 2 = 4$ 种方法.

例 2(原创题) 设有理数数列 $\{a_n\}$ 定义如下:$a_1 = \dfrac{1}{1}$,对 $k \geqslant 1$,若 $a_k = \dfrac{x_k}{y_k}$,其中 $x_k, y_k \in \mathbf{N}^*$,且 x_k, y_k 是 a_k 的未经过约分的原始分子与

分母,则 $a_{k+1} = \begin{cases} \dfrac{1}{x_k+1} & (y_k = 1) \\ \dfrac{x_k+1}{y_k-1} & (y_k \neq 1) \end{cases}$. 试问:该数列的前 2015 项中,共有多少个项的值为正整数?

分析与解 题给的数列为

$$\frac{1}{1}, \frac{1}{2}, \frac{2}{1}, \frac{1}{3}, \frac{2}{2}, \frac{3}{1}, \cdots, \frac{1}{k}, \frac{2}{k-1}, \cdots, \frac{k}{1}, \cdots,$$

观察该数列各项的分子,它们分别为:

$$1, 1, 2, 1, 2, 3, 1, 2, 3, 4, \cdots, 1, 2, \cdots, k, \cdots,$$

显然,上述"分子数列"整体上没有单调性,但却具有分段单调性,于是,将原数列的各项按其分子的单调性分成如下若干组:

$$\left(\frac{1}{1}\right), \left(\frac{1}{2}, \frac{2}{1}\right), \left(\frac{1}{3}, \frac{2}{2}, \frac{3}{1}\right), \cdots, \left(\frac{1}{k}, \frac{2}{k-1}, \cdots, \frac{k}{1}\right), \cdots,$$

其中第 $k(k \in \mathbf{N}^*)$ 组恰有 k 个数.

设第 k 组中的任意一个数为 $\dfrac{b}{a}$,其中 $a, b \in \mathbf{N}^*$,那么 $a+b = k+1$.

若 $\dfrac{b}{a}$ 为正整数,则 $a \mid b$,从而 $a \mid k+1$,令 $k+1 = aa'$,因为 $a < b \leqslant k+1$,所以 $a' = \dfrac{k+1}{a} > 1$,于是,第 k 组中的一个正整数项 $\dfrac{b}{a}$,都对应 $k+1$ 的一个大于 1 的约数 $a' = \dfrac{k+1}{a}$.

反之,对 $k+1$ 的一个大于 1 的约数 a',令 $a'a = k+1$,则

$$k+1 = a'a = (a'-1)a + a = b + a,$$

其中 $b = (a'-1)a$,于是 a' 对应第 k 组中的一个为正整数的项 $\dfrac{b}{a} = \dfrac{(a'-1)a}{a} = a'-1$.

由此可见,第 k 组中为正整数的项的个数就是 $k+1$ 的大于 1 的不同约数的个数.当 $k=1,2,\cdots,63$ 时,$k+1$ 的大于 1 的不同约数的个数如表 4.1 所示.

表 4.1

$k+1$	2	3	4	5	6	7	8	9	10	11	12	13	14	15	16	17	18	19	20	21	22
约数	1	1	2	1	3	1	3	2	3	1	5	1	3	3	4	1	5	1	5	3	3
$k+1$	23	24	25	26	27	28	29	30	31	32	33	34	35	36	37	38	39	40	41	42	43
约数	1	7	2	3	3	5	1	7	1	5	3	3	3	8	1	3	3	7	1	7	1
$k+1$	44	45	46	47	48	49	50	51	52	53	54	55	56	57	58	59	60	61	62	63	64
约数	5	5	3	1	9	2	5	3	5	1	7	3	7	3	3	1	11	1	3	5	6

由此可知,前 63 组中共有 $1\times18+2\times4+3\times20+4\times1+5\times10+6\times1+7\times6+8\times1+9\times1+11\times1=216$ 个正整数项.

又因为 $1+2+3+\cdots+62=1953$;$1+2+3+\cdots+63=2016$,所以数列的第 2015 项属于第 63 组倒数第 2 个数.而第 63 组中最后一项为 $\frac{63}{1}$ (整数).故数列的前 2015 项中共有 $216-1=215$ 个项为正整数.

例 3(1988 年全国理科班招生试题) 给定正整数 $n>1$,设 x_i,y_i 满足 $\sum_{i=1}^{n}x_i=0$,$\sum_{i=1}^{n}|x_i|=1$,$y_1\geqslant y_2\geqslant\cdots\geqslant y_n$,且 $y_1>y_n$,若不等式 $\left|\sum_{i=1}^{n}x_iy_i\right|\leqslant A(y_1-y_n)$ 对一切满足上述条件的 x_i,y_i 恒成立,求 A 的最小值.

分析与解 我们要找到常数 c,使 $A\geqslant c$.注意到题给条件中的不等式:

$$\left|\sum_{i=1}^{n}x_iy_i\right|\leqslant A(y_1-y_n) \qquad (4.1)$$

对一切满足题中条件的 x_i,y_i 都成立,由此想到,可选取适当的 x_i,y_i 值代入不等式(4.1),得到仅含 A 的不等式.

注意到不等式(4.1)右边只有 y_1, y_n,为了能在不等式(4.1)两边约去因子$(y_1 - y_n)$,应适当选取 x_i, y_i 值,使不等式(4.1)左边不含有 $y_2, y_3, \cdots, y_{n-1}$. 为此,令

$$(x_1, x_2, x_3, \cdots, x_{n-1}, x_n) = (x_1, 0, 0, \cdots, 0, x_n),$$

由不等式(4.1),得

$$|x_1 y_1 + x_n y_n| \leqslant A(y_1 - y_n) \tag{4.2}$$

再注意到 $\sum_{i=1}^{n} x_i = 0, \sum_{i=1}^{n} |x_i| = 1$,有 $x_1 + x_n = 0, |x_1| + |x_n| = 1$,再取 $|x_1| = |x_n|$,可令

$$x_1 = \frac{1}{2}, \quad x_n = -\frac{1}{2},$$

则不等式(4.2)变为

$$A(y_1 - y_n) \geqslant |x_1 y_1 + x_n y_n| = \frac{1}{2}(y_1 - y_n),$$

又 $y_1 > y_n$,所以 $A \geqslant \frac{1}{2}$.

下面证明 $A = \frac{1}{2}$ 合乎条件,即 $\left|\sum_{i=1}^{n} x_i y_i\right| \leqslant \frac{1}{2}(y_1 - y_n)$.

条件 $\sum_{i=1}^{n} x_i = 0$ 告诉我们,x_i 中所有正项的和与所有负项的和的值相等,结合条件:$\sum_{i=1}^{n} |x_i| = 1$,我们有

$$\sum_{x_i > 0} x_i = \left|\sum_{x_i < 0} x_i\right| = \frac{1}{2},$$

由此想到将所有正项归入一组,所有负项归入一组,于是

$$P = \sum_{i=1}^{n} x_i y_i = \sum_{x_i > 0} x_i y_i - \sum_{x_i < 0} (|x_i| y_i)$$

$$\leqslant \sum_{x_i > 0} x_i y_1 - \sum_{x_i < 0} |x_i| y_n = \frac{1}{2}(y_1 - y_n),$$

$$P = \sum_{i=1}^{n} x_i y_i = \sum_{x_i>0} x_i y_i - \sum_{x_i<0}(|x_i|y_i)$$
$$\geqslant \sum_{x_i>0} x_i y_n - \sum_{x_i<0}|x_i|y_1 = \frac{1}{2}(y_n - y_1).$$

故 $|P| \leqslant \frac{1}{2}(y_1 - y_n)$.

综上所述,A 的最小值为 $\frac{1}{2}$.

例 4(第 31 届 IMO 试题) 设 $n \geqslant 4$,同一圆周上 $2n-1$ 个互异的点构成集合 E.将 E 中一部分点染黑色,令一部分点不染色.如果至少有一对黑色的点,以它们为端点的两条弧中有一条的内部(不包括端点)恰有 E 中的 n 个点,则称此染色方法是好的.如果将 E 中 k 个点染成黑色的每一种染色方法都是好的,求 k 的最小值.

分析与解 首先理解相关定义:所谓好染色,是存在"距离"为 n 的黑点,于是想到将所有距离为 n 的点连边,看能否找到黑色的邻点.

设圆周上 $2n-1$ 个点依次为 $a_1, a_2, \cdots, a_{2n-1}$,令 a_i 与 a_{i+n+1} 相邻(即每隔 n 个点连一条边),得到一个简单图 G.而所谓好的染色方法即是 G 中必有两个相邻的黑色点(每两个黑色点之间夹着 n 个 E 中的点).

一方面,我们要找到常数 c,使 $k \geqslant c$.这就要构造尽可能多的两两不相邻的点,这些点构成集合 A,则必有 $k > |A|$.否则仅将 A 中的点染色,它不是好染色.

如何找到两两不相邻的点?这就要研究图 G 的性质.显然,G 中每个点的度都是 2,并且 a_i, a_{i+3} 是同一个点的邻点.由图论中的知识可知,G 是一个圈或由若干个互不相邻的圈组成的(G 中的点被自然分成若干组).

在同一个圈中相间取点,可得到两两不相邻的点.但 G 中有多少个圈?这依赖于 n 的取值.

(1) 当 $3|2n-1$ 时,由于 a_3,a_6 与同一个点相邻,从而 a_3,a_6 在同一个圈上,如此下去,可知 $a_3,a_6,a_9,a_{12},\cdots$ 在同一个圈上.这样,G 由 3 个圈构成.每个圈的长度都为 $\frac{1}{3}(2n-1)$.注意到 $\frac{1}{3}(2n-1)$ 为奇数,所以,每个圈上可取出 $\frac{1}{2}\cdot\left[\frac{1}{3}(2n-1)-1\right]=\frac{1}{3}(n-2)$ 个点两两不相邻.3 个圈上共有 $n-2$ 个点两两不相邻.这样,G 中至少要染 $n-1$ 个点才能保证必有两个点相邻,所以,$k\geqslant n-1$.

其次,当 $k=n-1$ 时,将 $n-1$ 个黑色点归入 3 个圈,必有一个圈上不少于 $\frac{1}{3}(n-1)>\frac{1}{3}(n-2)$ 个黑色点,从而此圈上必有黑色点相邻.此时,k 的最小值为 $n-1$.

(2) 当 3 不整除 $2n-1$ 时,因为 3 为质数,所以 $(3,2n-1)=1$.此时,$3,3\times2,3\times3,\cdots,3\times(2n-1)$ 构成模 $2n-1$ 的完系.同样可知,$a_3,a_6,a_9,a_{12},\cdots$ 在同一个圈上.这样,G 由 1 个圈构成.又 $2n-1$ 为奇数,此圈上可以取出 $n-1$ 个点两两不相邻,从而至少要染 n 个黑色点.反之,当 $k=n$ 时,此圈上有 n 个黑色点,必有两个黑色点相邻.所以 k 的最小值为 n.

综上所述,得
$$k_{\min}=\begin{cases}n & (3\nmid 2n-1);\\ n-1 & (3|2n-1).\end{cases}$$

例 5(1993 年圣彼得堡数学奥林匹克试题改编) 有 n 个城市,某些城市之间有公路相连,且任何两个城市之间至多有一条公路相连,称从某个城市出发的公路数目为该城市的等级,求证:对任何自然数 $k(2\leqslant k\leqslant n)$,必存在 k 个城市,其中任何两个城市的等级差都小于 $k-1$.

分析与证明 设 n 个城市为 $M_1, M_2, \cdots, M_n$,其等级分别为 $d_1 \leqslant d_2 \leqslant \cdots \leqslant d_n$. 若任意 k 个城市都不合乎条件,则

$$d_k - d_1 \geqslant k-1, \quad d_{k+1} - d_2 \geqslant k-1, \quad \cdots, \quad d_n - d_{n-k+1} \geqslant k-1 \tag{4.3}$$

当 $n < 2k-1$ 时,则将式(4.3)中的 $n-k+1$ 个不等式相加,得

$$(d_n + d_{n-1} + \cdots + d_k) - (d_1 + d_2 + \cdots + d_{n-k-1})$$
$$\geqslant (n-k+1)(k-1) \tag{4.4}$$

将 n 个城市划分为如下三组:

$$A = \{M_n, M_{n-1}, \cdots, M_k\},$$
$$B = \{M_1, M_2, \cdots, M_{n-k+1}\},$$
$$M = \{M_1, M_2, \cdots, M_n\},$$

则 $|A| = |B| = n-k+1$. 因为 $n < 2k-1$,所以

$$|A| + |B| = n-k+1 + (n-k+1) = 2n-2k+2 \leqslant n,$$

所以 $A \cap B = \varnothing$. 令 $C = M \setminus (A \cup B)$,则

$$|C| = n - (2n-2k+2) = 2k-n-2.$$

又令 $S = d_1 + d_2 + \cdots + d_{n-k-1}$,$S' = d_n + d_{n-1} + \cdots + d_k$,则 S,S' 分别表示从 A,B 中的 $n-k+1$ 个城市出发的公路的条数的和. 显然,有

$S \leqslant (n-k+1)(n-k)$ (A 内城市间公路的最大数)

$+ (n-k+1)(2k-n-2)$ (A,C 之间的公路总条数)

$+ x$ (A,B 之间的公路总条数)

$= (n-k+1)(k-2) + x.$

又 $S' \geqslant x$,所以

$$S - S' \leqslant (n-k+1)(k-2).$$

但由式(4.4),有 $S - S' \geqslant (n-k+1)(k-1)$,所以

$$(n-k+1)(k-1) \leqslant (n-k+1)(k-2),$$

矛盾.

若 $n \geq 2k-1$,则将 n 换作 $n-k+1$,上述讨论同样适用,结论成立.

注 1993 圣彼得堡竞赛的原题是:存在 k 个城市,它们至多有 $k-1$ 个等级.对原题的证明非常简单:首先,度为 0 及 n 的点不同时出现,于是,存在点 A,B,使 $d(A)=d(B)$.现在取另外 $k-2$ 个城市与 A,B 一起共 k 个城市,则这 k 个城市合乎要求.

例 6(第 31 届 IMO 试题) 证明存在同时满足下述 2 个条件的凸 1990 边形:(1) 所有内角都相等;(2) 各边是 $1^2, 2^2, \cdots, 1990^2$ 的一个排列.

分析与解 设合乎条件的凸 1990 边形的各边依次为 $a_1, a_2, \cdots, a_{1990}$,依条件(1),凸 1990 边形各外角都为 $\alpha = \dfrac{2\pi}{1990}$(图 4.1).

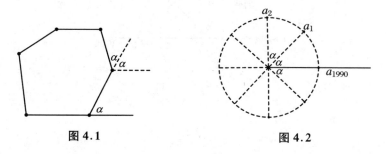

图 4.1 图 4.2

以 a_{1990} 所在直线为 x 轴建立直角坐标系,则凸 1990 边形各边对应的复数依次为 $a_1 e^{i\alpha}, a_2 e^{i2\alpha}, \cdots, a_{1990} e^{i1990\alpha}$.这些复数对应向量构成多边形的充要条件是它们的和为零,即

$$\sum_{k=1}^{1990} a_k e^{ik\alpha} = 0. \qquad (4.5)$$

现在的问题是,要找到 $1^2, 2^2, \cdots, 1990^2$ 的一个排列:$a_1, a_2, \cdots, a_{1990}$,使式(4.5)成立.

将向量 $a_1 e^{i\alpha}, a_2 e^{i2\alpha}, \cdots, a_{1990} e^{i1990\alpha}$ 的起点都移到原点,则式(4.5)等价于将质量分别为 $1^2, 2^2, \cdots, 1990^2$ 的 1990 个点放置在单位

圆周上,使其保持平衡(图 4.2).

下面采用分组循环构造:先将 $1^2, 2^2, \cdots, 1990^2$ 分成 995 组:$(1^2, 2^2), (3^2, 4^2), \cdots, ((2k-1)^2, (2k)^2), \cdots, (1989^2, 1990^2)$,并将每组的 2 个数放置在一条直径的两个端点(图 4.3),则第 k 组的两个点 $(2k-1)^2, (2k)^2$ 放置在圆周上,等价于在圆周上放置一个点 $(2k)^2 - (2k-1)^2 = 4k-1$,于是问题转化为在圆周上放置 995 个点 $3, 7, 11, \cdots, 3979$,使其保持平衡. 注意到 $995 = 5 \cdot 199$,可将这 995 个数平均分成 199 组,每组 5 个数:$(3, 7, 11, 15, 19), (23, 27, 31, 35, 39), \cdots, (3963, 3967, 3971, 3975, 3979)$,其中第 $k+1$ 组为 $(20k+3, 20k+7, 20k+11, 20k+15, 20k+19)$,$k = 0, 1, 2, \cdots, 994$.

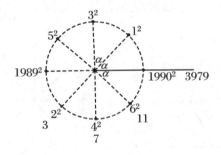

图 4.3

作内接于单位圆的正 5 边形 M,将第一组 5 个数 $3, 7, 11, 15, 19$ 分别放在 M 的顶点上,它们对应于复数 $3e^{i\frac{2\pi}{5}}, 7e^{2i\frac{2\pi}{5}}, 11e^{3i\frac{2\pi}{5}}, 15e^{4i\frac{2\pi}{5}}$, $19e^{5i\frac{2\pi}{5}}$,将 M 绕其中心旋转 $k\beta$,其中 $\beta = \dfrac{2\pi}{199} (= 10\alpha)$,得到正 5 边形 M_k,将第 $k+1$ 组的 5 个数 $20k+3, 20k+7, 20k+11, 20k+15, 20k+19$ 分别放在 M_k 的顶点上,它们对应于复数 $(20k+3)e^{i\frac{2\pi}{5}+ik\beta}$, $(20k+7)e^{2i\frac{2\pi}{5}+ik\beta}, (20k+11)e^{3i\frac{2\pi}{5}+ik\beta}, (20k+15)e^{4i\frac{2\pi}{5}+ik\beta}, (20k+19)e^{5i\frac{2\pi}{5}+ik\beta}$,于是第 $k+1$ 组 5 个复数的和为

$$A_k = 20k\,\mathrm{e}^{\mathrm{i}k\beta}\left(\mathrm{e}^{\mathrm{i}\frac{2\pi}{5}} + \mathrm{e}^{2\mathrm{i}\frac{2\pi}{5}} + \mathrm{e}^{3\mathrm{i}\frac{2\pi}{5}} + \mathrm{e}^{4\mathrm{i}\frac{2\pi}{5}} + \mathrm{e}^{5\mathrm{i}\frac{2\pi}{5}}\right)$$
$$+ \mathrm{e}^{\mathrm{i}k\beta}\left(3\mathrm{e}^{\mathrm{i}\frac{2\pi}{5}} + 7\mathrm{e}^{2\mathrm{i}\frac{2\pi}{5}} + 11\mathrm{e}^{3\mathrm{i}\frac{2\pi}{5}} + 15\mathrm{e}^{4\mathrm{i}\frac{2\pi}{5}} + 19\mathrm{e}^{5\mathrm{i}\frac{2\pi}{5}}\right)$$
$$= \mathrm{e}^{\mathrm{i}k\beta}\left(3\mathrm{e}^{\mathrm{i}\frac{2\pi}{5}} + 7\mathrm{e}^{2\mathrm{i}\frac{2\pi}{5}} + 11\mathrm{e}^{3\mathrm{i}\frac{2\pi}{5}} + 15\mathrm{e}^{4\mathrm{i}\frac{2\pi}{5}} + 19\mathrm{e}^{5\mathrm{i}\frac{2\pi}{5}}\right)$$
$$= \mathrm{e}^{\mathrm{i}k\beta}\left(3\mathrm{e}^{\mathrm{i}\frac{2\pi}{5}} + 3\mathrm{e}^{2\mathrm{i}\frac{2\pi}{5}} + 3\mathrm{e}^{3\mathrm{i}\frac{2\pi}{5}} + 3\mathrm{e}^{4\mathrm{i}\frac{2\pi}{5}} + 3\mathrm{e}^{5\mathrm{i}\frac{2\pi}{5}}\right)$$
$$+ \mathrm{e}^{\mathrm{i}k\beta}\left(4\,\mathrm{e}^{2\mathrm{i}\frac{2\pi}{5}} + 8\mathrm{e}^{3\mathrm{i}\frac{2\pi}{5}} + 12\mathrm{e}^{4\mathrm{i}\frac{2\pi}{5}} + 16\mathrm{e}^{5\mathrm{i}\frac{2\pi}{5}}\right)$$
$$= \mathrm{e}^{\mathrm{i}k\beta}\left(4\mathrm{e}^{2\mathrm{i}\frac{2\pi}{5}} + 8\mathrm{e}^{3\mathrm{i}\frac{2\pi}{5}} + 12\mathrm{e}^{4\mathrm{i}\frac{2\pi}{5}} + 16\mathrm{e}^{5\mathrm{i}\frac{2\pi}{5}}\right)$$

此时,199 组复数的和为

$$\sum_{k=1}^{199} A_k = \left(4\mathrm{e}^{2\mathrm{i}\frac{2\pi}{5}} + 8\mathrm{e}^{3\mathrm{i}\frac{2\pi}{5}} + 12\mathrm{e}^{4\mathrm{i}\frac{2\pi}{5}} + 16\mathrm{e}^{5\mathrm{i}\frac{2\pi}{5}}\right)\sum_{k=1}^{199}\mathrm{e}^{\mathrm{i}k\beta} = 0.$$

综上所述,结论成立.

例 7(原创题) 设 $X = \{1,2,3,\cdots,20\}$,A 是 X 的子集,且对任何 $x < y < z$,$x,y,z \in A$,都存在一个三角形三边的长分别为 x,y,z,求 $|A|$ 的最大值.

分析与解 采用分块估计,想象 X 划分为若干块,而每一个块中无三角形,则 A 至多含有块中的 2 个数.

如何构造每一个块,可逐增构造,从小到大选数尽可能将数放在同一个块中.

注意到 $x < y < z$ 不构成三角形的充分必要条件是 $x + y \leqslant 2z$,我们取 $x + y = 2z$ 来构造,以便每一个块尽可能大.

取 $A_1 = \{1,2,3,5,8,13\}$(斐波那契集),$A_2 = \{4,6,10,16\}$(斐波那契集),至此,构造 A_3 时,可取 $7,9 \in A_3$,但不能类似地取 $16 \in A_3$,因 16 已在 A_2 中,于是修改为取 $17 \in A_3$,得 $A_3 = \{7,9,17\}$(不是斐波那契集).

至此,无法再构造 3 元集,接下来将剩下的数构成另一种类型的

块(其中的数可全选):$A_4 = \{11,12,14,15,18,19,20\}$.

在这样的分块中,可知 A 至多含有每个 A_i ($1 \leqslant i \leqslant 3$) 中的 2 个数,又至多含有每个 A_4 中的全部 7 个数,所以
$$|A| \leqslant 2 \times 3 + 7 = 13$$

以下要否定等号不成立. 若 $|A| = 13$, 则 $11,12,14,15,18,19,20 \in A$.

因为 $11 + 7 = 18, 11 + 9 = 20$, 从而 $7,9$ 不属于 A, 这样 A 至多含有 A_3 中的一个数, 矛盾.

所以, $|A| \neq 13$, 得 $|A| \leqslant 12$.

进一步,上述等号仍不成立,但利用上述分块,讨论相当繁琐,我们期望得到更佳的分块.

假定不选定块 $A_3 = \{7,9,17\}$, 则还剩下如下一些数:
$$7,9,11,12,14,15,17,18,19,20$$
我们期望还能找到 2 个元素个数为 3 的斐波那契集,容易发现,这可由 $7,9$ 分别构造
$$7 + 12 = 19, \quad 9 + 11 = 20.$$

由此得到最佳划分

$A_1 = \{1,2,3,5,8,13\}$, $A_2 = \{4,6,10,16\}$, $A_3 = \{7,12,19\}$, $A_4 = \{9,11,20\}$, $A_5 = \{14,15\}$, $A_6 = \{17,18\}$.

因为 A_i 中的任何 3 个数不构成三角形,从而 A 最多含有 A_i 中的 2 个数,所以 $|A| \leqslant 2 \times 6 = 12$.

但若 $|A| = 12$, 则 $14,15,17,18 \in A$, 于是 $1,2,3,5 \notin A$, 所以 $8,13 \in A$, 进而 $7,9 \notin A$, 所以 $12,19,11,20 \in A$, 但 $8 + 12 = 20$, 矛盾.

所以 $|A| \neq 12$, 进而 $|A| \leqslant 11$.

其次,令 $A = \{10,11,12,\cdots,20\}$, 则 A 合乎要求. 故 $|A|$ 的最大值为 11.

4.2 起点列

先取定若干元素分别属于或对应若干个不同的组,然后对每一个取定的元素,将与其相近的或与之具有某种关系的一些元素归入该元素所在的或对应的组,由此得到元素的一种分组方法. 对这样的分组,我们称最初取定的若干个元素为该分组的一个起点列.

利用起点列进行分组,可形象地看成是先确定每一个组的"组长",然后由每一个"组长"招募自己所在组的组员.

例1 设 n 为正整数,求证: $\dfrac{n}{2} < 1 + \dfrac{1}{2} + \dfrac{1}{3} + \cdots + \dfrac{1}{2^n - 1} < n$.

分析与证明 选取起点列 $\left\{\dfrac{1}{2^i}\right\}(i \in \mathbf{N})$,以此将 $1, \dfrac{1}{2}, \dfrac{1}{3}, \cdots, \dfrac{1}{2^n - 1}$ 分成若干组,然后通过放缩变形,每一组中分数的分母变得相同,以便将一些分数合并,使"和式"简化.

设第 i 组为

$$A_i = \left\{\dfrac{1}{k} \mid 2^{i-1} \leqslant k < 2^i, k \in \mathbf{N}\right\},$$

则

$$\begin{aligned}
& 1 + \dfrac{1}{2} + \dfrac{1}{3} + \cdots + \dfrac{1}{2^n - 1} \\
&= 1 + \left(\dfrac{1}{2} + \dfrac{1}{2^2 - 1}\right) + \left(\dfrac{1}{2^2} + \dfrac{1}{2^2 + 1} + \dfrac{1}{2^2 + 2} + \dfrac{1}{2^3 - 1}\right) \\
&\quad + \cdots + \left(\dfrac{1}{2^{n-1}} + \dfrac{1}{2^{n-1} + 1} + \cdots + \dfrac{1}{2^n - 1}\right) \\
&< 1 + \left(\dfrac{1}{2} + \dfrac{1}{2}\right) + \left(\dfrac{1}{2^2} + \dfrac{1}{2^2} + \dfrac{1}{2^2} + \dfrac{1}{2^2}\right) \\
&\quad + \cdots + \left(\dfrac{1}{2^{n-1}} + \dfrac{1}{2^{n-1}} + \cdots + \dfrac{1}{2^{n-1}}\right) \\
&= 1 + 1 + \cdots + 1 = n;
\end{aligned}$$

再取第 i 组为

$$A_i = \left\{ \frac{1}{k} \mid 2^{i-2} < k \leqslant 2^{i-1}, k \in \mathbf{N} \right\},$$

则

$$1 + \frac{1}{2} + \frac{1}{3} + \cdots + \frac{1}{2^n - 1}$$

$$= 1 + \frac{1}{2} + \left(\frac{1}{2^2 - 1} + \frac{1}{2^2} \right) + \cdots$$

$$+ \left(\frac{1}{2^{n-1} + 1} + \frac{1}{2^{n-1} + 2} + \cdots + \frac{1}{2^n} \right) - \frac{1}{2^n}$$

$$> 1 + \frac{1}{2} + \left(\frac{1}{2^2} + \frac{1}{2^2} \right) + \cdots + \left(\frac{1}{2^n} + \frac{1}{2^n} + \cdots + \frac{1}{2^n} \right) - \frac{1}{2^n}$$

$$= 1 + \frac{1}{2} + \frac{1}{2} + \cdots + \frac{1}{2} - \frac{1}{2^n}$$

$$= 1 + \frac{n-1}{2} - \frac{1}{2^n} = \frac{n}{2} + \frac{1}{2} - \frac{1}{2^n} > \frac{n}{2}.$$

综上所述,不等式获证.

例 2 设正数 $x_1 \geqslant x_2 \geqslant \cdots \geqslant x_n \geqslant \cdots$,求证:若对一切正整数 m,有 $\sum\limits_{k=1}^{m} \frac{x_k^2}{k} < 1$,则对一切自然数 n,有 $\sum\limits_{k=1}^{n} \frac{x_k}{k} < 3$.

分析与证明 首先注意条件中给出的实际上是无数个不等式:

$$x_1 < 1, \quad x_1 + \frac{x_2^2}{2} < 1, \quad x_1 + \frac{x_2^2}{2} + \frac{x_3^2}{3} < 1, \quad \cdots$$

为了利用这些不等式,我们先对目标式中的项适当分组,使每一组第一个项分子中字母的下标为平方数.于是,选取起点列:$\{i^2\}$ $(i \in \mathbf{N}^*)$,设第 i 组为

$$A_i = \left\{ \frac{x_k}{k} \mid i^2 \leqslant k < (i+1)^2, k \in \mathbf{N} \right\} \quad (i = 1, 2, \cdots, n).$$

因为 $x_1 \geqslant x_2 \geqslant \cdots \geqslant x_n \geqslant \cdots$,从而第 i 组中各数的和:

$$S(A_i) = \frac{x_{i^2}}{i^2} + \frac{x_{i^2+1}}{i^2+1} + \cdots + \frac{x_{(i+1)^2-1}}{(i+1)^2-1}$$

$$\leqslant \frac{x_i^2}{i^2} + \frac{x_i^2}{i^2+1} + \cdots + \frac{x_i^2}{(i+1)^2-1}$$

$$\leqslant \frac{x_i^2}{i^2} + \frac{x_i^2}{i^2} + \cdots + \frac{x_i^2}{i^2}$$

$$= (2i+1)\frac{x_i^2}{i^2}.$$

注意到对任何 $n \in \mathbf{N}$,有 $n \leqslant (n+1)^2 - 1$,于是

$$\sum_{k=1}^{n} \frac{x_k}{k} \leqslant \sum_{k=1}^{(n+1)^2-1} \frac{x_k}{k} = \sum_{k=1}^{n} S(A_k)$$

$$\leqslant \sum_{k=1}^{n}(2k+1)\frac{x_{k^2}}{k^2} = \sum_{k=1}^{n}\left(\frac{2k+1}{k}\right) \cdot \frac{x_{k^2}}{k}$$

$$\leqslant \sum_{k=1}^{n}\left(\frac{2k+k}{k}\right) \cdot \frac{x_{k^2}}{k} = \sum_{k=1}^{n}\left(3 \cdot \frac{x_{k^2}}{k}\right) = 3\sum_{k=1}^{n} \frac{x_{k^2}}{k} < 3.$$

例 3(原创题) 用 $S(a)$ 表示正整数 a 的各位数字之和,设 A 是若干个连续正整数组成的集合,如果对 A 中任何两个数 a,b,都有 $S(a) \neq S(b)$,求 $|A|$ 的最大值.

分析与解 在《研究特例》一书中,我们已得到它的一个解法,这里介绍另一种解法.

基本想法是,将所有自然数分成若干组,然后说明 A 中的数只能在哪些组中,而且最多含有每一个组中的多少个数,由此得到 A 中数的个数估计.

首先注意 A 满足的性质具有以 100 为间距的"平移不变性":即对任何两个数 a,b,如果 $S(a) \neq S(b)$,则将 a,b 同时加上同一个 100 的倍数的数,比如 $100p$,那么,仍有 $S(100p+a) \neq S(100p+b)$.这是因为 $100p$ 的末两位为 00,从而

$$S(100p+a) = S(p) + S(a), \quad S(100p+b) = S(p) + S(b),$$

所以有 $S(100p+a) \neq S(100p+b)$.

利用这一性质,想到选取这样的"起点列"$\{a_n\}$:

$$1, 100, 101, 200, 201, \cdots, 100k, 100k+1, \cdots \quad (k \in \mathbf{N}),$$
以此将所有正整数划分为若干组,其中第 i 组为
$$A_i = \{x \in \mathbf{N} \mid a_i \leqslant x < a_{i+1}\}.$$
比如,前若干组为
$$\{1, 2, \cdots, 99\}, \quad \{100\}, \quad \{101, 102, \cdots, 199\}, \quad \{200\}, \quad \cdots,$$
其中序号为奇数的组各有 99 个元素,我们称这样的组为大组. 序号为偶数的组都只有 1 个元素,我们称这样的组为小组. 显然,任何两个相邻大组之间有一个小组.

我们只需考虑 A 最多含有每个大组中多少个元素,由对称性,可取第一个大组 $A_1 = \{1, 2, \cdots, 99\}$ 讨论即可.

设 A_1 中数字和为 i 的数的集合为 $B_i (1 \leqslant i \leqslant 18)$,则
$$B_1 = \{1, 10\}, \quad B_2 = \{2, 11\}, \quad B_3 = \{3, 12, 21, 30\}, \quad \cdots,$$
$$B_9 = \{9, 18, 27, \cdots, 90\}, \quad B_{10} = \{19, 28, \cdots, 91\},$$
$$B_{11} = \{29, 38, \cdots, 92\}, \quad \cdots, \quad B_{18} = \{99\}.$$

显然,对任意 $B_i (1 \leqslant i \leqslant 17)$,相邻元素相差 9. 由此可以猜想: $|A \cap A_1| \leqslant 10$.

期望能够用反证法证明,如果 A 含有 A_1 中 11 个元素,则除 99 之外,A 还含有 A_1 中连续 10 个正整数,其中必定有 2 个数相差 9,这两个数是否一定属于同一个 $B_i (1 \leqslant i \leqslant 17)$? 其实不然. 比如
$$S(10) \neq S(10+9), \quad S(93) \neq S(93+9).$$
因此,我们还要究竟怎样的 a 才能使 $S(a) = S(a+9)$?

显然, $S(a) = S(a+9)$ 的一个充分条件是, $a+9$ 在作加法时个位数相加必须出现进位,而十位数相加则不出现进位,这样 a 的个位数不是 0 且十位数不是 9.

现在证明 $|A \cap A_1| \leqslant 10$. 用反证法,假设 $|A \cap A_1| \geqslant 11$,取 $A \cap A_1$ 中的连续 11 个正整数 $a, a+1, \cdots, a+10$,由 $a+10 \leqslant 99$,得 $a \leqslant 89$.

设 $a = \overline{xy}$,则 $x \leqslant 8$. 如果 $y \neq 0$,则
$$S(a) = S(\overline{xy}) = x + y = (x+1) + (y-1)$$
$$= S(\overline{(x+1)(y-1)}) = S(a+9),$$
矛盾. 如果 $y = 0$,则
$$S(a+1) = S(\overline{x(y+1)}) = x + y + 1 = (x+1) + y$$
$$= S(\overline{(x+1)y}) = S(a+9),$$
矛盾.

所以,A 至多含有 A_1 中 10 个数.

对任何大组,它都可以表示成 $A + 100p = \{a + 100p \mid a \in A\}$ 的形式 ($p \in \mathbf{N}$),而 $100p$ 的末两位为 00,于是,$S(a) \neq S(b)$ 等价于
$$S(a + 100p) \neq S(b + 100p)$$
所以同样可知,A 至多含有其中的 10 个数.

如果 $|A| \geqslant 21$,则 A 必定含有相邻两个大组中各 10 个数,且含有这两个大组之间的那个小组中的一个数,从而 A 具有如下形式:
$$A = \{100p + 90, 100p + 91, \cdots, 100p + 99, 100p + 100,$$
$$100p + 101, \cdots, 100p + 110\},$$
但此时,$S(100p + 101) = S(100p + 110)$,矛盾. 所以,
$$|A| \leqslant 20.$$

另一方面,从成立等号的条件入手,可取
$$A = \{100p + 90, 100p + 91, \cdots, 100p + 99, 100p + 100,$$
$$100p + 101, \cdots, 100p + 109\},$$
注意到当 $90 \leqslant i \leqslant 99$ 时,$S(100p + i) = S(p) + S(i)$. 当 $100 \leqslant i \leqslant 110$ 时,$S(100p + i) = S(100p + 100 + (i - 100)) = S(p+1) + S(i - 100)$,所以 A 中各数的和依次为
$$S(p) + 9, \quad S(p) + 10, \quad \cdots, \quad S(p) + 18, \quad S(p+1),$$
$$S(p+1) + 1, \quad S(p+1) + 2, \quad \cdots, \quad S(p+1) + 9.$$
现在选取 p,使 $S(p+1) + 9 < S(p) + 9$,即 $S(p+1) < S(p)$,

取 $p=9$ 即可,于是,令
$$A=\{990,991,992,\cdots,1009\},$$
则 A 合乎条件,故 $|A|$ 的最大值为 20.

例 4 一些由 1 和 2 组成 n 位数中,任何两个 n 位数都至少有 3 个位数上的数码不同,求证:这样的 n 位数至多有 $\left[\dfrac{2^n}{n+1}\right]$ 个.

分析与证明 记所有由 1 和 2 组成 n 位数的集合为 X,合乎条件的 n 位数的集合为 A,则解题目标为证明:$|A| \leqslant \left[\dfrac{2^n}{n+1}\right]$.

我们的想法是,将 X 中的数分为若干组,使每一个组中至多一个数属于 A,这样,A 中元素个数不多于上述组的个数.

哪些元素分成一组时,才能使每一个组中至多一个数属于 A?为此,考察任意一个合乎要求的组 A_i($i=1,2,\cdots$),则对任何 $x,y \in A_i$,有 x,y 至多 2 个位数上的数码不同.由于元素 x,y 都不确定,从而难以构造这样的集合 A_i.现在,我们想象固定 A_i 中一个元素 a,以此为参照来选取 A_i 中的其他元素,使之满足上述要求.显然,一个充分条件是 A_i 中的其他任意一个元素 x 都与 a 至多 1 个位数上的数码不同.

实际上,考察任意 $x,y \in A_i$,由于 x 与 a 至多 1 个位数上的数码不同,不妨设第 i 位不同.又 y 与 a 至多 1 个位数上的数码不同,不妨设第 j 位不同.那么,除第 i,j 两个数位外,其他数位上 x,y 都与 a 相同,从而其他数位上 x,y 都相同.

为了使所分组数尽可能少,我们应使每一个组 A_i 都有一个元素属于 A.为此,不妨设 $A=\{a_1,a_2,\cdots,a_t\}$,以 A 中每个元素为"起点列"进行分组:将 X 中与 a_i($1 \leqslant i \leqslant t$)至多 1 个位数上的数码不同的数组成一个集合 A_i,则易知 $|A_i|=n+1$,这是因为除 a_i 本身外,与 a_i 恰好在第 j($j=1,2,\cdots,n$)位上数字不同的数恰有一个.

下面证明:$A_i \cap A_j = \varnothing$.

从反面考虑,假设 $A_i \cap A_j \neq \varnothing$,取 $x \in A_i \cap A_j$,则由 $x \in A_i$ 可知,x 与 a_i 至多 1 个位数上的数码不同,不妨设第 s 位不同.同理,x 与 a_j 至多 1 个位数上的数码不同,不妨设第 t 位不同.那么,除第 s,t 两个数位外,其他数位上 a_i,a_j 都与 x 相同,从而其他数位上 a_i,a_j 都相同,这与 $a_i, a_j \in A$ 矛盾.

所以 $A_i \cap A_j = \varnothing$,进而有

$$|A_1| + |A_2| + \cdots + |A_t| \leqslant |X| = 2^n,$$

即 $(n+1)t \leqslant 2^n$,由此得 $|M| = t \leqslant \dfrac{2^n}{n+1}$,命题获证.

例 5 设 $F = \{A_1, A_2, \cdots, A_k\}$ 是集合 X 的互不包含子集族,则 k 的最大值为 $C_{|X|}^{\left[\frac{|X|}{2}\right]}$.(斯佩纳(Sperner)定理)

分析与证明 我们先证明:$k = |F| \leqslant C_{|X|}^{\left[\frac{|X|}{2}\right]}$.

注意到数 $C_{|X|}^{\left[\frac{|X|}{2}\right]}$ 恰好是 $|X|$ 个元素中取 $\left[\dfrac{|X|}{2}\right]$ 个元素的组合数,那么,能否建立 F 与 X 的 $\left[\dfrac{|X|}{2}\right]$ 元子集的集合的一个对应? 如果可行,则证明将相当简单,希望读者深入探讨.

下面采用起点列分组的方法来证明上述不等式.因为 X 中所有元素的全排列共有 $n!$ 个,以 $A_1, A_2, \cdots, A_k$ 为起点列,将这些全排列分成 k 组,使 $A_1, A_2, \cdots, A_k$ 中每一个集合对应一个组,其中 A_i $(1 \leqslant i \leqslant k)$ 对应的组中,每一个排列具有这样的特征:它的前 $|A_i|$ 个元素构成的集合为 A_i.

现在计算第 i 组中的排列的个数 $p_i (1 \leqslant i \leqslant k)$.显然,对第 i 组中的任意一个排列,其前面 $|A_i|$ 个数由集合 A_i 中的数全排列,有 $|A_i|!$ 种排法.其后面的 $(n - |A_i|)$ 个数由 A_i 外的 $(n - |A_i|)$ 个元素全排列,有 $(n - |A_i|)!$ 种排法,所以,第 i 组中的排列的个数:

$$p_i = |A_i|!(n - |A_i|)!.$$

易知,当 i 遍取 $1,2,\cdots,k$ 时,这些排列互不相同.实际上,对于同一组中的 2 个排列,假设是第 i 组中的 2 个排列,如果它们前面 $|A_i|$ 个数的排列完全相同,则由排列规则,其后面的 $(n-|A_i|)$ 个数的排列不同;对于不同两组中的排列,假设是第 i 组、第 j 组中各一个排列,如果它们是同一个排列 p,由于 p 在第 i 组,其前 $|A_i|$ 个数构成的集合为 A_i;由于 p 在第 j 组,其前 $|A_j|$ 个数构成的集合为 A_j.不妨设 $|A_i| \leqslant |A_j|$.那么,对任何 $x \in A_i$,x 在 p 的前 $|A_i|$ 个位置中,必然在 p 的前 $|A_j|$ 个位置中,从而 $x \in A_j$,所以 A_j 包含 A_i,矛盾.所以

$$\sum_{i=1}^{k} |A_i|!(n-|A_i|)! = \sum_{i=1}^{k} p_i \leqslant n!.$$

两边同除以 $n!$,得

$$\sum_{i=1}^{k} \frac{1}{C_n^{|A_i|}} \leqslant 1. \tag{4.6}$$

易知,$C_n^j (j=1,2,\cdots,n)$ 在 $j=\left[\dfrac{n}{2}\right]$ 时取最大值,所以 $C_n^{|A_i|} \leqslant C_n^{\left[\frac{n}{2}\right]}$,所以

$$1 \geqslant \sum_{i=1}^{k} \frac{1}{C_n^{|A_i|}} \geqslant \sum_{i=1}^{k} \frac{1}{C_n^{\left[\frac{n}{2}\right]}} = \frac{k}{C_n^{\left[\frac{n}{2}\right]}},$$

解得 $k \leqslant C_n^{\left[\frac{n}{2}\right]}$,不等式获证.

另外,A 的 $\left[\dfrac{n}{2}\right]$ 元集共有 $C_n^{\left[\frac{n}{2}\right]}$ 个,它们互不包含,此时 $|F| = C_n^{\left[\frac{n}{2}\right]}$,故 k 的最大值为 $C_n^{\left[\frac{n}{2}\right]}$.

注 不等式 (4.6) 称为扬不等式 (L. M. Y, Lubell Meshalkin Yamamoto),它被作为 1993 年全国高中数学联赛试题.

下面介绍几个利用斯佩纳定理解题的例子.

例 6(1981 年加拿大数学奥林匹克试题) 有 11 个剧团汇演,每天有一些剧团演出,其他剧团观看(当天演出的剧团不观看).如果每

个剧团都看过其他 10 个剧团的演出,问至少演出了多少天?

分析与解 本题是斯佩纳定理的反向应用(已知 $k=11$,求 n). 显然,

剧团 i 看过 j 的演出

$\Leftrightarrow$ 在剧团 j 演出的所有天中存在一天,这天剧团 i 没有演出,

$\Leftrightarrow i$ 演出的天不都在 j 演出的天内,

$\Leftrightarrow A_i$ 不包含在 A_j 内.

于是,设共演出了 n 天,A_i 为剧团 i 演出的日期的集合,则 $F=\{A_1, A_2, \cdots, A_{11}\}$ 是 $X=\{1,2,\cdots,n\}$ 的互不包含的子集族. 由斯佩纳定理,有

$$11 = |F| \leqslant C_{|X|}^{\left[\frac{|X|}{2}\right]} = C_n^{\left[\frac{n}{2}\right]}.$$

因为 $n=1,2,3,4,5$ 时,$C_n^{\left[\frac{n}{2}\right]}<11$,所以 $n \geqslant 6$.

当 $n=6$ 时,取 $\{1,2,3,4,5,6\}$ 的任 11 个 3 元子集,则它们必互不包含,从而可作为 11 个剧团演出日期的集合.

综上所述,至少要演出 6 天.

例 7(2004 年中国东南数学奥林匹克试题) n 支球队要举行主客场双循环比赛(每两支球队比赛两场,各有一场主场比赛),每支球队在一周(从周日到周六的 7 天)内可以进行多场客场比赛,但如果某周内该球队有主场比赛,则在这一周内不能安排该球队的客场比赛. 如果 4 周内能完成全部比赛,求 n 的最大值.

注 A、B 两队在 A 方场地举行的比赛,称为 A 的主场比赛、B 的客场比赛.

分析与解 显然"主场"相当于演出;"客场"相当于观看演出. 从而本题解答与上题类似,但不完全相同.

设比赛的周次的集合为 $X=\{1,2,3,4\}$,第 i 号球队主场比赛的周次的集合为 $A_i(i=1,2,\cdots,n)$,则 $F=\{A_1, A_2, \cdots, A_n\}$ 是 $X=$

$\{1,2,3,4\}$ 的子集族.

下面证明:可按要求安排比赛,等价于 $A_1,A_2,\cdots,A_n$ 互不包含.

首先证明,当 $A_1,A_2,\cdots,A_n$ 互不包含时,可按要求安排比赛:考察第 i 队与第 j 队之间的比赛($1 \leqslant i < j \leqslant n$),因为 A_i 不包含 A_j,必存在 $1 \leqslant t \leqslant 4$,使 $t \in A_j$ 且 $t \notin A_i$,从而可在第 t 周安排第 j 队的主场、第 i 队的客场比赛,同理可安排第 i 队的主场、第 j 队的客场比赛.

其次证明,当可按要求安排比赛时,必有 $A_1,A_2,\cdots,A_n$ 互不包含:反设存在 $1 \leqslant i,j \leqslant n$,使 $A_i \subseteq A_j$,则第 i 队为主场的周次都是第 j 队为主场的周次,于是 i 队为主场时 j 队不能为客场,从而不能进行第 i 队为主场、第 j 队为客场的比赛,矛盾.

因为 $A_1,A_2,\cdots,A_n$ 互不包含,由斯佩纳定理,有
$$n = |F| \leqslant C_{\lceil x \rceil}^{\left[\frac{|x|}{2}\right]} = C_4^2 = 6.$$

当 $n = 6$ 时,取 $A_i(i=1,2,\cdots,6)$ 是 $\{1,2,3,4\}$ 的 6 个 2 元子集,则它们显然互不包含,令其为 6 个球队主场比赛的周次的集合,在同一周中,安排所有为主场的球队和所有不为主场的球队间的比赛,则比赛合乎要求.

综上所述,n 的最大值为 6.

另解(利用斯佩纳定理背景) 设比赛的周次的集合为 $X = \{1,2,3,4\}$,第 i 号球队主场比赛的周次的集合为 $A_i(i=1,2,\cdots,n)$,则 $F = \{A_1,A_2,\cdots,A_n\}$ 是 $X = \{1,2,3,4\}$ 的子集族.

下面证明:可按要求安排比赛,等价于 $A_1,A_2,\cdots,A_n$ 互不包含(略).

当 $n = 6$ 时,取 A_i 是 $\{1,2,3,4\}$ 的 6 个 2 元子集($i=1,2,\cdots,6$),则它们显然互不包含,从而比赛可按要求进行.

其次,当 $n \geqslant 7$ 时,由于 A_i 互不包含,从而 A_i 是 $\{1,2,3,4\}$ 的非空真子集,将 $\{1,2,3,4\}$ 的所有非空真子集分为如下 6 组:

$(\{1\},\{1,2\},\{1,2,3\}),(\{2\},\{2,3\},\{2,3,4\}),(\{3\},\{1,3\},\{1,3,4\}),(\{4\},\{1,4\},\{1,2,4\}),(\{2,4\}),(\{3,4\})$.

将 $A_1, A_2, \cdots, A_n$ 归入这 6 组,必有 2 个子集属于同一组,此 2 个子集中的一个包含另一个,矛盾.

上述解答看似简单,但仍需要将问题转化为 $\{1,2,3,4\}$ 的互不包含的子集族,而这并非易事. 实际上,考场中并没有考生能发现这一点.

本题不用斯佩纳定理也可获解. 主要思路是,在同一周内,同为主场(或同为客场)的球队之间在本周内不能进行比赛(因为 2 个有主场的队谁也不能为客场,2 个有客场的队谁也不能为主场).

当 $n \geqslant 7$ 时,在同一周内,每个队只有主场或客场 2 种可能,于是必有 $\left[\dfrac{n+1}{2}\right] \geqslant \left[\dfrac{7+1}{2}\right] = 4$ 个队同属于主(或客)场,当然包括这 4 个队中也许有些队本周内未比赛. 不妨设 A, B, C, D 这 4 队在第一周内同属于主场或本周内未比赛,则 A, B, C, D 之间的比赛只能在剩下的 3 周内举行. 考察这 3 周中的任何一周,设它们中有 m 个队为主场,$4-m$ 个队为客场,则它们之间在此周内至多比赛 $m(4-m) \leqslant \left[\dfrac{m+(4-m)}{2}\right]^2 = 4$ 场,于是后 3 周它们至多比赛 $3 \cdot 4 = 12$ 场. 但 A, B, C, D 之间的比赛共有 $P_4^2 = 12$ 场,所以上述不等式成立等号,所以 $m = 2$,即"每周恰有 2 个队为主场,2 个队为客场,且共比赛 4 场". 注意到 $4 = C_4^2 - 2$,于是每一周除同为主场和同为客场的 2 组队不比赛外,其他队之间都要比赛.

考察后 3 周 A 队的比赛,如果 A 为主场,则必有 2 个主场,于是,A 在每周的主场数为偶数,从而 A 在后 3 周内的主场数之和为偶数. 但 A 只有 $A \to B, A \to C, A \to D$ 这 3 个主场,矛盾.

例 8 给定正整数 n,设 $x_1, x_2, \cdots, x_n$ 为实数,且 $|x_i| \geqslant 1$. 对 X

$= \{1, 2, \cdots, n\}$ 子集 A，定义 $S(A) = \sum_{t \in A} x_t$，其中规定 $S(\varnothing) = 0$.

问：当 $x_1, x_2, \cdots, x_n$ 变化时，从 2^n 个这样的和中至多可以选出多少个，使得其中任何两个的差的绝对值都小于 1？

分析与解 先理解 $S(A)$ 的含义，比如 $A = \{1, 3\}$，则 $S(A) = \sum_{t \in A} x_t = x_1 + x_3$.

假定取出了 k 个子集 $A_1, A_2, \cdots, A_k$，使 $S(A_1), S(A_2), \cdots, S(A_k)$ 中任何两个的差的绝对值都小于 1，现在要构造实数 $x_1, x_2, \cdots, x_n$，使 k 达到最大.

注意到实数 x_i 满足 $|x_i| \geqslant 1$，从而可正可负，为了去掉绝对值符号，可设想一种简单情形，能否找到一组正实数为 $x_1, x_2, \cdots, x_n$，使 k 达到最大？由此可想到，当一组实数为 $x_1, x_2, \cdots, x_n$ 使 k 达到最大时，将其中的负数改变为相反数后，是否仍可找到合乎条件的 k 个集合.

于是，我们期望证明：假定使 k 达到最大的一组实数为 $x_1, x_2, \cdots, x_n$，与之对应合乎条件的 k 个集合为 $A_1, A_2, \cdots, A_k$，如果 $x_1, x_2, \cdots, x_n$ 中有负数，则将其改变为相反数后，亦可找到合乎条件的 k 个集合 $B_1, B_2, \cdots, B_k$.

假定上述结论成立，则问题变得相当简单.

实际上，所有 $x_i \geqslant 1$，而 $|S(A_i) - S(A_j)| < 1$ 在 $A_i \subset A_j$ 时，有 $|S(A_i \setminus A_j)| < 1$，这与 $x_i \geqslant 1$ 矛盾，所以各 A_i 互不包含，得到各互不包含子集族.

于是，我们假定 $A_1, A_2, \cdots, A_k$ 合乎条件，即 $S(A_1), S(A_2), \cdots, S(A_k)$ 中任何两个的差的绝对值都小于 1，并设使 k 达到最大的一组实数为 $x_1, x_2, \cdots, x_n$，如果有某个 $x_i < 0$，则将 x_i 换作 $y_i = -x_i$，并将所选取的集合 A 换作 $B = \begin{cases} A \cup \{i\} & (i \notin A \text{ 时}), \\ A \setminus \{i\} & (i \in A \text{ 时}), \end{cases}$ 则变换后，

集合仍合乎条件.

实际上,若对实数 $x_1,x_2,\cdots,x_n$ 存在合乎条件的集合 $A_1,A_2,\cdots,A_k$,其中 $x_1<0$,作变换:$y_1=-x_1,y_2=x_2,y_3=x_3,\cdots,y_n=x_n$,我们证明:对 $y_1,y_2,\cdots,y_n$ 也存在合乎条件的集合 $B_1,B_2,\cdots,B_k$.

实际上,对 $i=1,2,\cdots,k$,设 $A_i=\{i_1,i_2,\cdots,i_t\}(i_1<i_2<\cdots<i_t)$,则
$$S(A)=x_{i_1}+x_{i_2}+\cdots+x_{i_t},$$
令
$$B_i=\begin{cases}A_i\setminus\{1\} & (1\in A_i)\\ A_i\cup\{1\} & (1\notin A_i)\end{cases},\quad S(B_i)=\sum_{t\in B_i}y_t.$$

(1) 当 $1\in A_i$ 时,不妨设 $i_1=1$,则 $A_i=\{1,i_2,i_3,\cdots,i_t\}(1<i_2<i_3<\cdots<i_t)$,$S(A_i)=1+x_{i_2}+x_{i_3}+\cdots+x_{i_t}$,此时
$$B_i=\{i_2,i_3,\cdots,i_t\}\quad(1<i_2<i_3<\cdots<i_t),$$
$$S(B_i)=y_{i_2}+y_{i_3}+\cdots+y_{i_t}=x_{i_2}+x_{i_3}+\cdots+x_{i_t}$$
$$=S(A_i)-1=S(A_i)-x_1;$$

(2) 当 $1\notin A_i$ 时,设 $A_i=\{i_1,i_2,\cdots,i_t\}(i_1<i_2<\cdots<i_t)$,$S(A_i)=x_{i_1}+x_{i_2}+\cdots+x_{i_t}$,此时
$$B_i=\{1,i_1,i_2,\cdots,i_t\}\quad(1<i_1<i_2<\cdots<i_t),$$
$$S(B_i)=y_1+y_{i_1}+y_{i_2}+\cdots+y_{i_t}$$
$$=-x_1+x_{i_1}+x_{i_2}+\cdots+x_{i_t}=S(A_i)-x_1.$$

所以,不论哪种情况,都有 $S(B_i)=S(A_i)-x_1$.

于是 $|S(A_i)-S(A_j)|=|S(B_i)-S(B_j)|$,从而 $B_1,B_2,\cdots,B_k$ 也合乎要求.

于是,不妨设所有 $x_i>0(i=1,2,\cdots,n)$,则 $x_i\geq 1$.

因为 $A_1,A_2,\cdots,A_k$ 满足:对任何 $1\leq i<j\leq k$,有 $|S(A_i)-S(A_j)|<1$,则必有各 A_i 互不包含,否则,设 $A_i\subset A_j$,则 $|S(A_i)-$

$S(A_j)| = |S(A_i \setminus A_j)|$,而由 $x_i \geqslant 1$ 可知,$|S(A_i \setminus A_j)| \geqslant 1$,矛盾.

于是,由斯佩纳定理,有 $k \leqslant C_n^{\left[\frac{|X|}{2}\right]} = C_n^{\left[\frac{n}{2}\right]}$.

取 $x_i = 1 (i=1,2,\cdots,n)$,则 $X = \{1,2,\cdots,n\}$ 的 $C_n^{\left[\frac{n}{2}\right]}$ 个 $\left[\frac{n}{2}\right]$ 元子集合互不包含,且对每一个子集 A_i,有 $S(A_i) = \left[\frac{n}{2}\right]$,所以 $|S(A_i) - S(A_j)| = 0 < 1$.

故 k 的最大值为 $C_n^{\left[\frac{n}{2}\right]}$.

4.3 染色

用若干种颜色将题中对象染色,使每个对象染且只染其中一种颜色,则同一种颜色的对象形成了一个组,得到一种分组方法.

由此可见,在一些染色问题中,"染色"的本质是分组,但用染色来代替分组的描述,则可使分组更形象直观,更便于进行有关推理.

例1(1993年国际数学奥林匹克试题) 在一个可以无限扩展的方格棋盘上,一个游戏按下述规则进行:首先,n^2 枚棋子放在棋盘的一个 $n \times n$ 子棋盘中,每个方格里放一枚棋子,每一步将一枚棋子沿水平方向或垂直方向跳过放有棋子的一个相邻方格进入下一个方格,如果那里是空着的话,否则不允许,然后将被跳过的那枚棋子拿掉.求所有这样的 n 值:存在一种玩法,使最终棋盘上只剩一枚棋子.

分析与解 先研究操作的特点,希望能发现操作中的不变量.考察任意一次操作,不妨设棋子跳动是向右进行的,则其操作可以表示为

(棋,棋,空) → (空,空,棋),

其中"棋"表示放有棋子的一格,"空"表示没有放棋子的一格.由此可发现操作具有如下特征:每次操作都使某同行(列)的连续3个格中的棋子数同时改变奇偶性(或者增加1,或者减少1).

由上述特征,想到将棋盘的所有格分为3组,使任何同行(列)的连续3个格分别属于3个不同的组.为叙述问题方便,用对棋盘的格进行染色来代替分组.

我们把无限棋盘的方格都染成 A,B,C 三种颜色之一,每个格染其中一种颜色,使每行每列方格颜色都构成周期为3的序列,如图4.4所示.

…	M	M	M	M	M	M	M	M	M	M	M	M	M	…
…	A	B	C	A	B	C	A	B	C	A	B	C	A	…
…	B	C	A	B	C	A	B	C	A	B	C	A	B	…
…	C	A	B	C	A	B	C	A	B	C	A	B	C	…
…	A	B	C	A	B	C	A	B	C	A	B	C	A	…
…	B	C	A	B	C	A	B	C	A	B	C	A	B	…
…	C	A	B	C	A	B	C	A	B	C	A	B	C	…
…	M	M	M	M	M	M	M	M	M	M	M	M	M	…

图 4.4

显然,对上述染色,任何同行(列)的连续3个格的颜色互不相同.

如果某种颜色的格中有棋子,则称这只棋子是该种颜色的棋,对棋盘的任何一个状态,设其中 A,B,C 三种颜色的棋子的个数为 S_A,S_B,S_C,则每次操作总是使 S_A,S_B,S_C 中的某两个减少1,另一个增加1,从而 S_A,S_B,S_C 同时改变奇偶性,所以操作中 $S_A-S_B,S_B-S_C,S_C-S_A\pmod 2$ 不变.

对于最终状态,S_A,S_B,S_C 中的某两个为0,另一个为1,从而 $S_A-S_B,S_B-S_C,S_C-S_A\pmod 2$ 不全相同,于是,如果初始状态中 $S_A-S_B,S_B-S_C,S_C-S_A\pmod 2$ 全相同,则操作目标不能实现.

由此可见,若 $3\mid n$,则初始状态中 $S_A=S_B=S_C=\dfrac{n^2}{3}$,此时不存在玩法使最终只剩下一枚棋子.

下面证明当 $3 \nmid n$ 时,一定存在玩法,使最终只剩下一枚棋子.

首先注意如下事实,如果存在如图 4.5 所示的 "4-L" 形四个方格都存在棋子,则可借助 "4-L" 形边缘的一个空格,进行如图 4.6 所示的三次操作,可使 "4-L" 形位于同一行(列)的 3 个棋子去掉,只剩下一个 "角格" 中有一只棋子. 我们把上述三次操作捆绑在一起,称为一个大操作.

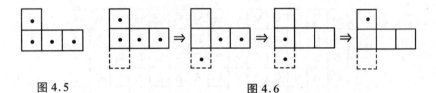

图 4.5　　　　　　　　　　　图 4.6

下面对 n 用 "跨度" 为 3 的归纳法证明上面的论断.

当 $n=1$ 时,结论显然成立. 当 $n=2$ 时,则有如下玩法,使结论成立(图 4.7):

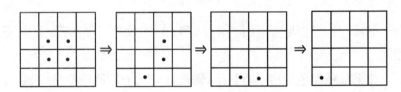

图 4.7

假设结论对 n 成立 ($3 \nmid n$),考察 $n+3$ 的情形. 将放有棋子的 $(n+3) \times (n+3)$ 棋盘分成如下 4 个子棋盘(图 4.8):

$$G_0 = n \times n, \quad G_1 = 3 \times n, \quad G_2 = n \times 3, \quad G_3 = 3 \times 3.$$

对 G_1 中的 "4-L" 形,借助 "4-L" 形左边的一个空格,通过一次 "大操作" 可使第一列的 3 只棋去掉,如此下去,G_1 中所有棋子经过若干次 "大操作" 可使所有棋全部去掉.

对 G_2 中的 "4-L" 形,借助 "4-L" 形下方的一个空格,通过一次 "大操作" 可使最下面一行的 3 只棋去掉,如此下去,G_2 中所有棋子经过若干次"大操作"可使所有棋全部去掉.

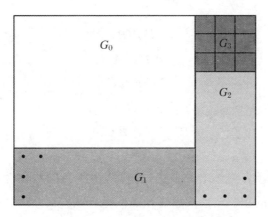

图 4.8

对 G_3 中的"4-L"形,借助"4-L"形右边的一个空格,通过一次"大操作"可使最右边一列的 3 只棋去掉,如此下去,G_3 中所有棋子经过若干次"大操作"可使所有棋全部去掉.

至此,棋盘中只剩下 G_0 中每一个方格各有一只棋.根据归纳假设,G_0 中的棋子存在玩法,使最终只剩下一个棋子.

于是,对于 $3\nmid n$,都存在玩法,使最终只剩下一枚棋子.

综上所述,所求合乎条件的正整数 n 是一切不被 3 整除的正整数.

例 2(第 19 届全俄数学奥林匹克试题) 求证:存在自然数 n,使 n^2 个小正三角形排成的正三角形棋盘中,可找到 $1993n$ 个网点,使其中任何三点不构成正三角形,这些正三角形不要求其边与原三角形的边平行.

分析与证明 n^2 个小正三角形共有 $1+2+3+\cdots+(n+1)=\frac{1}{2}(n+1)(n+2)$ 个顶点,将这些顶点用 A,B,C 三种颜色染色,如图 4.9 所示.

$$
\begin{array}{c}
A\\
B\ C\\
C\ A\ B\\
A\ B\ C\ A\\
B\ C\ B\ B\ C\\
C\ A\ B\ C\ A\ B\\
A\ B\ C\ A\ B\ C\ A
\end{array}
$$

图 4.9

以这些顶点可作出许多正三角形,由染色的对称性,可以看出,任一个这样的正三角形或者三顶点同色,或者三顶点两两异色.

此外,由图 4.9 可以看出,三顶点两两异色的三角形的边长不小于 1,三顶点同色的三角形的边长不小于 $\sqrt{3}$.

现在施行一种"稀释"手术,办法是取定一种点最少的颜色,除去染了这种颜色的点.

易知,去掉的点不多于 $\frac{1}{6}(n+1)(n+2)$ 个,因此,剩下的点不少于 $\frac{1}{3}(n+1)(n+2) \geq \frac{2}{3} \cdot \frac{n^2}{3}$ 个.

由前面的讨论可知,以剩下的点为顶点的正三角形的边长不小于 $\sqrt{3}$.再将剩下的点按颜色分为两类,注意到每一类点中边长为 $\sqrt{3}$ 的正三角形构成三角"格点"网,对之分别再施行稀释手术,即分别再用三种颜色去染这样的网点(设想原来的颜色已被去掉),仍如图 4.9,并除去点最少的那种颜色的点,剩下的点不少于 $\left(\frac{2}{3}\right)^2 \cdot \frac{n^2}{2}$,以这些点为顶点的正三角形的边长不小于 $(\sqrt{3})^2$.

重复这种过程 k 次以后,剩下的点不少于 $\left(\frac{2}{3}\right)^k \cdot \frac{n^2}{2}$,以这些点为顶点的正三角形的边长不小于 $(\sqrt{3})^k$.

取 $n=3^m$,对 n^2 个小正三角形的顶点作 $k=2m+1$ 次稀释之后,依上面的讨论,将剩下不少于

$$\left(\frac{2}{3}\right)^{2m+1} \cdot \frac{n^2}{2} = \frac{4^m n^2}{3^{2m+1}} = \frac{4^m}{3}$$

个点,且以这些点为顶点的正三角形的边长不小于 $(\sqrt{3})^{2m+1}=\sqrt{3}n>n$. 即经 $2m+1$ 次稀释后,以剩下的点为顶点的正三角形不存在.

由于 $\frac{4^m}{3} \geqslant 1993n \Leftrightarrow \frac{4^m}{3^m} \geqslant 3 \times 1993 = 5979$,即 $m \geqslant \log_{\frac{4}{3}} 5979 = t$.

这表明,取 $n \geqslant 3^t$ 即合乎题目要求.

对称分割:将所有对象分割为 A,B 两部分,然后解决其中一部分,而由对称性,另一部分可同样处理.

例3 在 $n \times n$ 的正方形棋盘中,每个方格都写着 $+1$,定义操作如下:任取一个方格,不改变这个方格中的数,而将与之相邻(有公共边的)的方格中的数都变号.求所有的正整数 $n \geqslant 2$,使得可以经过有限次操作,将棋盘中所有方格的数都变为 -1.

分析与解 为叙述问题方便,记棋盘第 i 行第 j 列的方格为 A_{ij} ($1 \leqslant i,j \leqslant n$). 如果一个操作是取定某一个方格,改变它的邻格中所有数的符号,则称该格为该操作的中心.

首先注意操作的特征:以某格为中心的操作只能改变它邻格中数的符号,由此想到将所有格分成两类,使任何相邻两格属于不同类,这恰好可用棋盘中一种常见的染色方式:将棋盘的格染成黑白两色,使相邻的格不同色,不妨设 A_{11} 为黑色.

至此,可找那样一个充分条件:使每一个黑格中的数都改变奇数次符号,而白格中的数不改变,这只需取定若干个白格作为相应操作的中心即可.由对称性,又可取定若干个黑格作为相应操作的中心,使每一个白格中的数都改变奇数次符号,而黑格中的数不改变.这样就使所有数都变成 -1.

我们应取定哪些白格作为相应操作的中心,方可使每一个黑格中的数都改变奇数次符号呢?考察特例:当 $n=2$ 时,先任取一个白格为操作中心操作一次,则两个黑格中的数各改变一次符号;再任取一个黑格为操作中心操作一次,则两个白格中的数各改变一次符号,此时所有数都变成 -1,所以 $n=2$ 合乎要求.

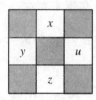

图 4.10

当 $n=3$ 时,棋盘中只有 4 个白格,设各白格为中心的操作次数分别为 x,y,z,u(图 4.10).

先考察格 A_{11} 中的数,它要改变奇数次符号,于是 $x+y\equiv 1(\mathrm{mod}\ 2)$.

由对称性,考察格 A_{33} 中的数,有 $z+u\equiv 1$ $(\mathrm{mod}\ 2)$.此两式相加,得

$$x+y+z+u\equiv 0(\mathrm{mod}\ 2).$$

最后考察格 A_{22} 中的数,它要改变奇数次符号,有

$$x+y+z+u\equiv 1(\mathrm{mod}\ 2),$$

矛盾.

由此可见,当 $n=3$ 时,不存在合乎条件的操作,即 $n=3$ 不合乎要求.

将上述思考方法推广到一般情形,即可发现,若能按规则操作,使棋盘中所有方格的数都变为 -1,则 n 为偶数.

实际上,考察棋盘主对角线上各方格 $A_{11},A_{22},\cdots,A_{nn}$ 中的数,它们都必须改变奇数次.设主对角线上方与主对角线相邻的一条对角线上各方格被选取作操作中心的操作次数依次为 $x_1,x_2,\cdots,x_{n-1}$,主对角线下方与主对角线相邻的一条对角线上各方格被选作操作中心的操作次数依次为 $y_1,y_2,\cdots,y_{n-1}$(图 4.11),那么

$$x_1+y_1\equiv 1(\mathrm{mod}\ 2),$$
$$x_1+y_1+x_2+y_2\equiv 1(\mathrm{mod}\ 2),$$
$$\cdots\cdots$$

$$x_{n-2} + y_{n-2} + x_{n-1} + y_{n-1} \equiv 1 \pmod{2},$$
$$x_{n-1} + y_{n-1} \equiv 1 \pmod{2}.$$

将上述 n 式子相加,得
$$2(x_1 + x_2 + \cdots + x_{n-1} + y_1 + y_2 + \cdots + y_{n-1}) \equiv n \pmod{2},$$
所以 n 为偶数.

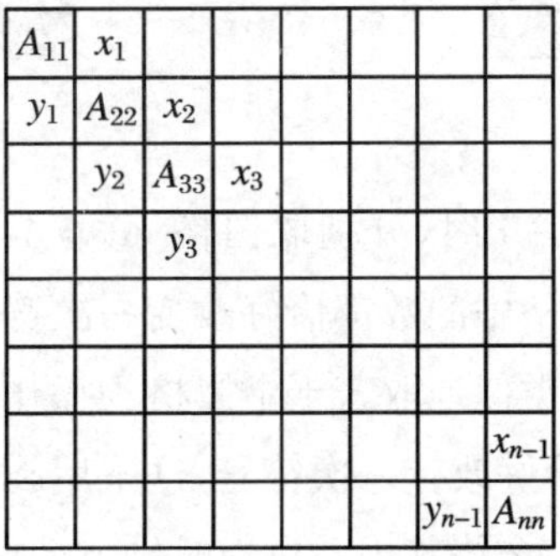

图 4.11

我们还有更简单的方法证明 n 为偶数:设主对角线上 n 个格在操作中改变符号的次数依次为 $a_1, a_2, \cdots, a_n$,则 $a_i (1 \leqslant i \leqslant n)$ 都为奇数,于是,主对角线上各格改变符号次数的总和为
$$S = a_1 + a_2 + \cdots + a_n \equiv 1 + 1 + \cdots + 1 = n \pmod{2}.$$

又每一个操作改变主对角线上偶数(0 或 2)个格中数的符号,从而
$$S \equiv 0 \pmod{2}.$$
所以 n 为偶数.

另一方面,当 n 为偶数时,我们证明操作目标可以实现.继续考察特例,取 $n=4$,研究 4×4 棋盘如何操作可以实现目标.

为了改变 A_{11} 中的数,必须取格 A_{21} 或 A_{12},不妨假定取格 A_{21}(用斜线表示),如图 4.12 所示.此时,格 A_{11}, A_{22}, A_{31} 中的数都已改变.继而,为了改变 A_{13} 中的数,必须取格 A_{14},此时,格 A_{13}, A_{24} 中的

数都已改变.最后,为了改变 A_{44} 中的数,必须取格 A_{43},这样,格 A_{33},A_{42},A_{44} 中的数都已改变.

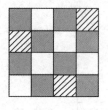
图 4.12

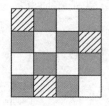
图 4.13

由此可见,当 $n=4$ 时,分别取白格 A_{21},A_{14},A_{43} 为操作中心各操作一次,则所有黑格中的数都恰好改变一次符号.

现在考虑,能否类似地取若干个黑格为操作中心各操作一次,则所有白格中的数都恰好改变一次符号,这采用旋转叠合即可.

实际上,将图 4.12 绕其中心按逆时针方向旋转 90°,得到一个新的染色棋盘(图 4.13),将两个棋盘对应叠合在一起,则旋转后的棋盘的白色方格恰好覆盖旋转前棋盘的每一个黑方格.

于是,以旋转后的棋盘的每一个取定的白格为操作中心再操作一次,它等价于旋转前棋盘的对应黑格为操作中心操作一次,从而旋转前棋盘的所有白格的数都变成 -1,其余格的数不变.所以,经过上述两轮操作后,4×4 正方形棋盘的每一个方格中的数都变成 -1.

现在的问题是,对一般情形,我们应取哪些白格为操作中心.为了发现其规律,再考察 $n=6$ 的情形.

类似地分析,我们可想象若干次操作,使所有黑格都恰改变一次符号.先取带斜线的白格 A_{21},A_{14},A_{43} 为操作中心各操作一次(图 4.14),则格 A_{11},A_{13},A_{15},A_{22},A_{24},A_{31},A_{33},A_{42},A_{44},A_{53} 中的数都恰好改变一次符号(用黑点表示),且这些格的邻格都不能再选为操作中心(用"×"表示).

为了改变 A_{51} 中的数,必须取格 A_{61},此时,格 A_{51},A_{62} 中的数都

已改变. 为了改变 A_{64} 中的数, 必须取格 A_{65}, 此时, 格 A_{64}, A_{66}, A_{55} 中的数都已改变. 最后, 为了改变 A_{26} 中的数, 必须取格 A_{36}, 这样, 格 A_{26}, A_{35}, A_{46} 中的数都已改变.

由此可见, 当 $n=6$ 时, 分别取白格 $A_{21}, A_{14}, A_{43}, A_{61}, A_{65}, A_{36}$ 为操作中心各操作一次, 则所有黑格中的数都恰好改变一次符号(图 4.15). 然后, 通过与 $n=4$ 类似的旋转叠合, 又可使所有白格中的数都恰好改变一次符号, 从而所有数都变成 -1.

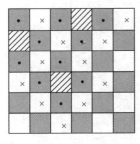

图 4.14

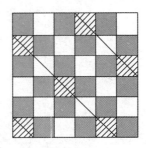

图 4.15

现在我们来研究图 4.15 中所选定的白格的特征(斜线表示), 其下标构成的数对 $(i,j)=(2,1),(1,4),(4,3),(6,1),(6,5),(3,6)$. 由此归纳 i,j 满足的条件是比较困难的, 但借助几何直观考察上述取定的格所在位置的分布特征, 不难发现, 所有取定的格都在若干条由白格构成的 $135°$ 对角线上, 我们称这样的对角线为"白对角线", 且每隔一条白对角线取定一条白对角线, 而对取定的白对角线, 则每隔一个白格取定一个白格.

此外, 第一行取定的白格所在的列标以 4 为周期, 第一列取定的白格所在的行标以 4 为周期, 由此不难归纳出一般情况下白格的取定方法.

对任何正偶数 n, 在 $n \times n$ 棋盘的第一行取定这样一些白格 A_{1j}, 其中 $j \equiv 0 \pmod 4$; 在第一列取定这样一些白格 A_{i1}, 其中 $i \equiv 2$

(mod 4). 然后对上述一些取定的白格, 再取定其所在的白对角线, 并在这些白对角线上从已取定的那个白格开始, 每间隔一个白格取定一个白格, 直至不能取为止. 图 4.16 是 $n = 16$ 的情形, 其中标有字母 a 的表示取定的白格.

图 4.16

这样取定的白格具有如下特征: 每一个黑格都恰好有一个邻格为取定的白格. 实际上, 主对角线 $A_{11}A_{22}\cdots A_{nn}$ 上方取定的格同行同列都以 4 为周期, 从而对于主对角线上方那些黑色方格只需验证 8×8 棋盘内位于主对角线上方的那些黑色方格即可. 同样, 主对角线 $A_{11}A_{22}\cdots A_{nn}$ 下方取定的格同行同列都以 4 为周期, 从而对于主对角线下方那些黑色方格只需验证 8×8 棋盘内位于主对角线下方的那些黑色方格即可.

于是, 以每个取定的格为操作中心操作一次, 则所有黑格中的数都变为 -1, 其余格中的数不变.

将上述棋盘绕其中心按逆时针方向旋转 $90°$, 得到一个新的染色棋盘, 将两个棋盘对应叠合在一起, 则旋转后的棋盘的白色方格恰好覆盖旋转前棋盘的每一个黑方格.

于是,以旋转后的棋盘的每一个取定的白格为操作中心再操作一次,它等价于以旋转前棋盘的对应黑色格为操作中心操作一次,从而旋转前棋盘的所有白色格的数都变成 -1,其余格的数不变.所以,经过上述两轮操作后,$n\times n$ 正方形棋盘的每一个方格中的数都变成 -1.

综上所述,所求正整数 n 为一切正偶数.

注 本题命题者给出的解答为所选取白格 A_{ij} 满足:$j-i\equiv 3\pmod 4$,$j-i\not\equiv j+i\pmod 4$ 是错误的.见《走向 IMO,数学奥林匹克试题集锦(2013)》一书.正确的应该是:当 $i<j$ 时,$i-j\equiv 1\pmod 4$,$i\equiv 1\pmod 2$;当 $i>j$ 时,$i-j\equiv 3\pmod 4$,$i\equiv 0\pmod 2$.

习 题 4

1. (1989 年全国高中数学联赛试题) 设实数 x_i 满足 $\sum_{i=1}^{n} x_i = 0$,$\sum_{i=1}^{n} |x_i| = 1$,求证:$\left|\sum_{i=1}^{n} \dfrac{x_i}{i}\right| \leqslant \dfrac{1}{2} - \dfrac{1}{2n}$.

2. (原创题) 设 $X=\{1,2,\cdots,n\}$,A 是 X 的子集,对 A 中任何两个不同的元素 x,y,有 $x-y\nmid x+y$,求 $|A|$ 的最大值.

3. 设 X 是由 $1,2,3,4,5$ 组成的无重复数字的五位数的集合.求证:X 可以划分为两个子集 P,Q,使 $|P|=|Q|$,且 $S^2(P)=S^2(Q)$,其中 $S^2(P)$ 表示 P 中所有数的平方和.

4. (1990 年全国高中数学联赛试题) 设 $E=\{1,2,3,\cdots,200\}$,$G=\{a_1,a_2,\cdots,a_{100}\}\subsetneqq E$.且 G 具有下列两条性质:

(1) 对任何 $1\leqslant i<j\leqslant 100$,恒有 $a_i+a_j\neq 201$;

(2) $\sum_{i=1}^{100} a_i = 10\,080$.

试证:G 中的奇数的个数是 4 的倍数,且 G 中所有数的平方和为一个定数.

5. (2003年中国国家集训队选拔考试试题) 设 $A = \{1, 2, \cdots, 2002\}$, $M = \{1001, 2003, 3005\}$. 对 A 的任一非空子集 B, 当 B 中任意两数之和不属于 M 时, 称 B 为 M-自由集. 如果 $A = A_1 \cup A_2$, $A_1 \cap A_2 = \varnothing$, 且 A_1, A_2 均为 M-自由集, 那么称有序对 (A_1, A_2) 为 A 的一个 M-划分. 试求 A 的所有 M-划分的个数.

6. (第8届中国数学奥林匹克试题) 设 n 是奇数, 求证: 存在 $2n$ 个整数 $a_1, a_2, \cdots, a_n, b_1, b_2, \cdots, b_n$, 使对任意一个整数 k ($0 < k < n$), 下列 $3n$ 个数: $a_i + a_{i+1}$, $a_i + b_i$, $b_i + b_{i+k}$ ($i = 1, 2, \cdots, n$; $a_{n+1} = a_1$, $b_{n+j} = b_j$ ($0 < j < n$)) 被 $3n$ 整除的余数互不相同.

7. (2011年IMO中国国家队选拔考试试题) 给定整数 $n \geq 2$, 设整数 $a_0, a_1, \cdots, a_n$ 满足 $0 = a_0 < a_1 < \cdots < a_n = 2n - 1$, 求集合 $\{a_i + a_j | 0 \leq i \leq j \leq n\}$ 的元素个数的最小值.

8. (2011年IMO中国国家队选拔考试试题) 称正整数 n 是"有趣的", 如果对 $k = 1, 2, \cdots, 9$ 都成立: $\left\{\dfrac{n}{10^k}\right\} > \dfrac{n}{10^{10}}$, 这里 $\{x\}$ 表示 x 的小数部分, 求"有趣的"正整数 n 的个数.

9. 有40个装有气体的瓶子, 各瓶内的气压是未知的且可以不同, 每次可以将若干个瓶子相连接, 但瓶子数都不超过给定的正整数 k, 然后再将它们分开, 这时候所连接的各个瓶子内的气压是相同的, 都等于连接前它们气压的平均值. 当 k 取怎样的最小值时, 能通过若干次连接, 使得40个瓶子内的气压变得相同, 而与初始时各瓶子中的气压数无关.

10. (原创题) 是否存在 $\mathbf{R} \to \mathbf{R}$ 上的周期函数 $f(x), g(x)$, 使对任何 $x \in \mathbf{R}$, 有 $f(x) + g(x) = x$?

11. (2012年全国高中数学联赛试题) 设 $S_n = 1 + \dfrac{1}{2} + \cdots + \dfrac{1}{n}$, n 是正整数. 求证: 对满足 $0 \leq a < b \leq 1$ 的任意实数 a, b, 数列 $\{S_n - $

$\{[S_n]\}$ 中有无穷多项属于 (a,b). 这里, $[x]$ 表示不超过实数 x 的最大整数.

12. 有 10 个学生按下列方式组成运动队:
(1) 每个人均可参加任何一个运动队;
(2) 每个运动队的全体成员均不都属于另一个运动队.
问:最多可以组成多少个运动队?每个运动队多少个人?

13. 有 30 个朋友互访,每人每天可以访问许多朋友,但有朋友来访的那天,他不能外出访问,为了使每个人访问了所有的朋友,至少需要多少天?

14. 一个砖块楼梯有 3 阶,宽为 2,由 12 个单位立方体组成(图 4.17). 求所有 $n \in \mathbf{N}^*$,使边长为 n 的立方体可以由所给的砖块楼梯砌成.

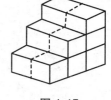

图 4.17

15. (第 5 届中国数学奥林匹克试题) 凸 n 边形及其他的在形内不相交 $n-3$ 条对角线组成的图形称为一个剖分图. 求证:当且仅当 $3 \mid n$ 时,存在一个剖分图是可以闭一笔画的.

16. (26 届 IMO 备选题) 在 12×12 棋盘上有一只超级马,它的行走规则是从 3×4 棋盘一个角上的方格跳到对角上的一个方格. 问: 12×12 棋盘中是否存在超级马的哈氏圈?

17. (2006 年伊朗国家队选拔考试题) 将完全图 G 的边染成红色或蓝色之一,每条边染其中一色. 试证: G 中存在一个顶点 u 和一种颜色 $y(y \in \{$红色,蓝色$\})$,使对 G 中任意顶点 v,都存在连接 u,v 的 y 色的路.

18. (1989 年 IMO 加拿大训练题) 可对 K_n 的边适当 4-染色,使得任何 3 个点组成的三角形,要么三边同色,要么三边两两异色,且存在一个点,它引出的边不全同色,求 n 的最大值.

习题 4 解答

1. 原不等式等价于 $\dfrac{1}{2n} - \dfrac{1}{2} \leqslant \sum\limits_{i=1}^{n} \dfrac{x_i}{i} \leqslant \dfrac{1}{2} - \dfrac{1}{2n}$. 按 $x_i > 0$ 和 $x_i < 0$ 两种情况将各项分为两组：$A = \sum\limits_{i=1}^{n} \dfrac{x_i}{i} = \sum\limits_{x_i>0} \dfrac{x_i}{i} - \sum\limits_{x_i<0} \dfrac{|x_i|}{i}$，然后对每一组分别进行放缩. 条件 $\sum\limits_{i=1}^{n} x_i = 0$ 告诉我们，x_i 中所有正项的和与所有负项的和的值相等，结合条件 $\sum\limits_{i=1}^{n} |x_i| = 1$，我们有 $\sum\limits_{x_i>0} x_i = \left|\sum\limits_{x_i<0} x_i\right| = \dfrac{1}{2}$. 将每一组中各项的分母分别放缩到同一个字母，注意到 $1 \leqslant i \leqslant n$，有

$$A = \sum_{i=1}^{n} \dfrac{x_i}{i} = \sum_{x_i>0} \dfrac{x_i}{i} - \sum_{x_i<0} \dfrac{|x_i|}{i}$$

$$\leqslant \sum_{x_i>0} \dfrac{x_i}{1} - \sum_{x_i<0} \dfrac{|x_i|}{n} = \dfrac{1}{2} - \dfrac{1}{2n};$$

$$A = \sum_{i=1}^{n} \dfrac{x_i}{i} = \sum_{x_i>0} \dfrac{x_i}{i} - \sum_{x_i<0} \dfrac{|x_i|}{i}$$

$$\geqslant \sum_{x_i>0} \dfrac{x_i}{n} - \sum_{x_i<0} \dfrac{|x_i|}{1} = \dfrac{1}{2n} - \dfrac{1}{2}.$$

故结论成立.

2. 令 $A_i = \{3i+1, 3i+2, 3i+3\}$ $\left(i = 0, 1, \cdots, \left[\dfrac{n-1}{3}\right]\right)$，则 A 至多含有每个 A_i $\left(0 \leqslant i \leqslant \left[\dfrac{n-1}{3}\right]\right)$ 中一个数，又 $A \subseteq X \subseteq \bigcup\limits_{i=0}^{663} A_i$，从而

$$|A| \leqslant \left[\dfrac{n-1}{3}\right] + 1 = \left[\dfrac{n+2}{3}\right].$$

其次，令 $A = \{x \in X \mid x \equiv 1 \pmod{3}\}$，则对任何 $x, y \in A$，有 $3 \mid x - y$，但 $3 \nmid x + y$，所以 $x - y \nmid x + y$，从而 A 合乎条件. 此时 $|A|$

$= \left[\dfrac{n+2}{3}\right]$,故$|A|$的最大值为$\left[\dfrac{n+2}{3}\right]$.

3. 先将集合X分为若干块,对每一小块,构造合乎条件的划分,再将每一小块的划分合并成X的划分.对X中任何一个五位数$(abcde)$,将其数字轮换,可得到5个不同的数:$(abcde) \to (bcdea) \to (cdeab) \to (deabc) \to (eabcd)$.将这五个数作为$X$的一个子集.利用这种方法,可将$X$划分为24个这样的子集.对其中任何一个子集$A:\{(abcde) \to (bcdea) \to (cdeab) \to (deabc) \to (eabcd)\}$,我们称$A':\{(edcba) \to (aedcb) \to (baedc) \to (cbaed) \to (dcbae)\}$为$A$的反序集.下面证明:$S^2(A) = S^2(B)$.

首先注意,A, A'中每个数码a, b, c, d, e均在各数位上出现一次,又$(abcde)^2 = (10^4 a + 10^3 b + 10^2 c + 10d + e)^2$,于是,$S^2(A)$,$S^2(A')$中含$a^2$的项相等.$S^2(A)$中含$ab$的项为$10^4 \cdot 10^3 b + 10^0 a \cdot 10^4 b + 10^1 a \cdot 10^0 b + \cdots + 10^3 a \cdot 10^2 b$,$S^2(A')$中含$ab$的项为$10^0 a \cdot 10^1 b + 10^4 a \cdot 10^0 b + 10^3 a \cdot 10^4 b + \cdots + 10^1 a \cdot 10^2 b$,它们相等,同样含$a$的其他项也相等,于是$S^2(A) = S^2(B)$.最后,24个子集可分为12对,每一对分别归入集合P, Q即可.

4. 称$a_1, a_2, \cdots, a_{100}$为$E$中取出的数,考察100个集合:$\{x_i, y_i\}: x_i = i, y_i = 201 - i (i = 1, 2, \cdots, 100)$,如果取出多于100个数,则必有两个数的和为201,与条件(1)矛盾,于是至多可以取出100个数,但恰好取出100个数,从而上述100个集合中的每个集合都恰选出1个数.把这100个集合分成两类:①$\{4k+1, 200-4k\}$;②$\{4k-1, 202-4k\}$,每类都有50个集合.设①类选出m个奇数,$50-m$个偶数,第②类中选出n个奇数,$50-n$个偶数,则

$$1 \cdot m + 0 \cdot (50-m) + (-1) \cdot n + 2 \cdot (50-n)$$
$$\equiv a_1 + a_2 + \cdots + a_{100} = 10080 \equiv 0 \pmod 4.$$

即$m - 3n \equiv 0 \pmod 4$,即$m + n \equiv 0 \pmod 4$,所以G中的奇数的个

数是 4 的倍数.

因为取出的 100 个数为 $a_1, a_2, \cdots, a_{100}$,所以未选出的 100 个数为 $201-a_1, 201-a_2, \cdots, 201-a_{100}$. 由 $a_1+a_2+\cdots+a_{100}=10080$,得 E 中所有数的平方和为

$$1^2+2^2+3^2+\cdots+200^2$$
$$=a_1^2+a_2^2+\cdots+a_{100}^2+(201-a_1)^2$$
$$+(201-a_2)^2+\cdots+(201-a_{100})^2$$
$$=2(a_1^2+a_2^2+\cdots+a_{100}^2)-2\times 201$$
$$\times(a_1+a_2+\cdots+a_{100})+100\times 201^2$$
$$=2(a_1^2+a_2^2+\cdots+a_{100}^2)$$
$$-2\times 201\times 10080+100\times 201^2,$$

所以 G 中所有数的平方和为

$$a_1^2+a_2^2+\cdots+a_{100}^2$$
$$=\frac{1}{2}[(1^2+2^2+3^2+\cdots+200^2)+2\times 201\times 10080-100\times 201^2]$$
$$=\frac{1}{2}[\frac{1}{6}\times 200\times 201\times 401+201\times 20160-20100\times 201]$$
$$=\frac{1}{2}\times[100\times 67\times 401+201\times 60]=1349380(\text{定值})$$

5. 2^{501}. 对 $m, n \in A$,若 $m+n=1001$ 或 2003 或 3005,则称 m 与 n "有关". 易知,与 1 有关的数仅有 1000 和 2002,与 1001 和 2002 有关的数是 1 和 1003,与 1003 有关的为 1000 和 2002. 所以,对于 1, 1003, 1000, 2002,必须分为两组 $\{1, 1003\}, \{1000, 2002\}$. 同样可划分其他各组为: $\{2, 1004\}, \{999, 2001\}, \{3, 1005\}, \{998, 2000\}, \cdots$, $\{500, 1502\}, \{501, 1503\}, \{1001, 1002\}$. 这样, A 中的 2002 个数被划分成 501 对,共 1002 组. 由于任意数与且只与对应另一组有关,所以,若一对中一组在 A_1 中,另一组必在 A_2 中. 反之亦然,且 A_1 与 A_2 中不再有有关的数,故 A 的 M-划分的个数为 2^{501}.

6. 本题实际上是要找到 a_i, b_i,使得 $a_i + a_{i+1}, a_i + b_i, b_i + b_{i+k}$ 构成模 $3n$ 的完系.考察模 $3n$ 的最小非负剩余:$0,1,2,\cdots,3n-1$,将其按模 3 的余数分为三类:$\{0,3,6,\cdots,3n-3\}, \{1,4,7,\cdots,3n-2\}, \{2,5,8,\cdots,3n-1\}$,我们设法找到 a_i, b_i,使得 $a_i + a_{i+1}, a_i + b_i, b_i + b_{i+k}$ 分别对应其中的一个类.考察局部,设想 $a_i + b_i \equiv 0 \pmod{3}$,则可取 $a_i = 3i+1, b_i = 3i+2 (i=1,2,\cdots,n)$.此时,

$a_i + b_i = (3i+1) + (3i+2) = 6i + 3 \equiv 0 \pmod{3}$,

$a_i + a_{i+1} = (3i+1) + 3(i+1) + 1 = 6i + 5 \equiv 2 \pmod{3}$,

$b_i + b_{i+k} = (3i+2) + 3(i+k) + 2 = 6i + 3k + 4 \equiv 1 \pmod{3}$.

对任意一个整数 $k(0 < k < n)$,记 $A = \{6i+3 \mid i=1,2,\cdots,n\}$, $B = \{6i+5 \mid i=1,2,\cdots,n\}$, $C = \{6i+3k+4 \mid i=1,2,\cdots,n\}$,则 A, B, C 中的数都是 $6i + r$ ($r = 3, 5, 3k+4$) 的形式,且对于不在同一集合中的 2 个数,它们模 3 不同余,从而它们模 $3n$ 也不同余.

下面证明:同一集合中的 2 个数,它们模 $3n$ 也不同余.实际上,考察同一类中的两个数,不妨设为 $6i + r, 6j + r (1 \leq i < j \leq n, i, j \in \mathbf{N})$,若 $6i + r \equiv 6j + r \pmod{3n}$,则 $6(i-j) \equiv 0 \pmod{3n}$,即 $2(i-j) \equiv 0 \pmod{n}$.又 n 为奇数,$(2,n) = 1$,所以 $(i-j) \equiv 0 \pmod{n}$,矛盾.分别令 $r = 3, 5, 3k+4$ 可知,同一集合中任何两个数关于模 $3n$ 互不同余,于是 $A \cup B \cup C$ 中任何两个数关于模 $3n$ 互不同余,故 $A \cup B \cup C$ 中的 $3n$ 个数合乎条件.

7. 令 $S = \{a_i + a_j \mid 0 \leq i \leq j \leq n\}$,若 $a_k = k(k = 1, 2, \cdots, n-1)$,则 $S = \{0, 1, 2, \cdots, 3n-2, 4n-2\}$,此时 $|S| = 3n$.下面证明 $|S| \geq 3n$.易知下面这 $2n + 1$ 个数均属于 S:

$$a_0 < a_1 < \cdots < a_n < a_1 + a_n < a_2 + a_n < \cdots < a_n + a_n \quad (4.7)$$

记 $b_1 < b_2 < \cdots < b_{n-1}$ 是 $1, 2, \cdots, 2n-1$ 中不等于 $a_1, a_2, \cdots, a_n$ 的那些数,则 $\{b_i, b_i + a_n\}(i = 1, 2, \cdots, n-1)$ 是互不相交的 $n-1$ 个二元集,且都不含有式 (4.7) 中列出的 $2n+1$ 个数.我们证明,对每

个 $1 \leqslant i \leqslant n-1$，都有 $|\{b_i, b_i + a_n\} \cap S| \geqslant 1$. 如果这个结论成立，那么 S 中除式 (4.7) 列出的 $2n+1$ 个元素外还有至少 $n-1$ 个元素，这样有 $|S| \geqslant 3n$. 实际上，对每个 b_i，存在唯一的非负整数 $t \leqslant n-1$（t 与 i 有关），满足 $a_t < b_i < a_{t+1}$. 考虑下面三个集合：

$$X = \{b_i + 1, b_i + 2, \cdots, b_i + a_n - 1 = b_i + 2n - 2\},$$
$$Y = \{a_{t+1}, a_{t+2}, \cdots, a_n, a_1 + a_n, a_2 + a_n, \cdots, a_t + a_n\},$$
$$Z = \{b_i + a_n - a_{n-1}, b_i + a_n - a_{n-2}, \cdots, b_i + a_n - a_1\}.$$

易知 $Y, Z \subseteq X$，且 $|X| = 2n-2$，$|Y| = n$，$|Z| = n-1$. 由于 $|Y| + |Z| > |X|$，所以 Y 与 Z 交非空，于是存在 $a_j = b_i + a_n - a_k$ 或 $a_j + a_n = b_i + a_n - a_k$. 在前一种情况下有 $b_i + a_n = a_j + a_k \in S$，在后一种情况下有 $b_i = a_j + a_k \in S$. 综上所述，$|S|$ 的最小可能值为 $3n$.

8. 由于 $\left\{\dfrac{n}{10^k}\right\} < 1$，所以 $n < 10^{10}$. 设 n 的十进制表示为 $n = \overline{a_{10} a_9 \cdots a_1}$，这里如果 n 不足 10 位，前面添加 0，这样包括 0 在内，共有 10^{10} 个数，于是，题目条件可叙述为 $0.\overline{a_k \cdots a_1} > 0.\overline{a_{10} a_9 \cdots a_1}$ 对每个 $k = 1, 2, \cdots, 9$ 都成立. 如果 n 满足题述条件，则 n 不是周期的，这里 n 是周期的是指可以将 n 的 10 位数码分成长度相等的若干段，使得这些段都相同，例如 $n = 0123401234$ 是周期的，周期为 5. 实际上，反设 n 是周期的，设周期为 d，则 $d | 10$，有 $d \in \{1, 2, 5\}$. 取 $k = d$，有 $0.\overline{a_d \cdots a_1} \leqslant 0.\overline{a_{10} \cdots a_1}$，不满足题述条件，矛盾. 由容斥原理，非周期的 $n = \overline{a_{10} a_9 \cdots a_1}$ 总共有 $10^{10} - 10^5 - 10^2 + 10^1 = 9999899910$ 个. 如果 n 是非周期的，将 n 的数码循环排列得到的 10 个数 $\overline{a_{10} a_9 \cdots a_1}$，$\overline{a_9 a_1 a_{10}}, \cdots, \overline{a_1 a_{10} \cdots a_2}$ 互不相同，将这样的 10 个数作为一组，共分为 999989991 组. 我们说明，每组中恰有一个数满足题述条件，且为该组中的最小数. 首先，如果 n 满足条件，那么

$$0.\overline{a_k \cdots a_1} > 0.\overline{a_{10} \cdots a_1},$$

从而

$$\overline{a_k\cdots a_1 a_{10}\cdots a_{k+1}} > \overline{a_{10}\cdots a_1} \quad (k=1,2,\cdots,9),$$

故 n 是所在组中最小的数.

其次,若 n 是所在组中最小的数,对 $k=1,2,\cdots,9$,有

$$0.a_k\cdots a_1 a_{10}\cdots a_{k+1} > 0.a_{10}\cdots a_1,$$

因此

$$0.a_k\cdots a_1 \geqslant 0.a_{10}\cdots a_{10-k+1},$$

下证等号不可能成立,实际上,我们有 $\overline{a_{10}\cdots a_{k+1}} \leqslant \overline{a_{10-k}\cdots a_1}$,否则,若 $\overline{a_{10}\cdots a_{k+1}} > \overline{a_{10-k}\cdots a_1}$,则有

$$\overline{a_{10}\cdots a_1} > \overline{a_{10-k}\cdots a_1 a_{10}\cdots a_{10-k+1}},$$

与 n 是所在组中的最小数矛盾,从而

$$0.a_k\cdots a_1 > 0.a_{10}\cdots a_{10-k+1},$$

于是

$$0.a_k\cdots a_1 > 0.a_{10}\cdots a_1,$$

即 n 满足题述要求. 综上所述,"有趣的"正整数 n 共有 999989991 个.

9. $k_{\min}=5$. 当 $k=5$ 时,将 40 个瓶子分成 8 组 $A,B,\cdots,H$,每组 5 个,先将各组内瓶子连接,这时,各组瓶子气压都变得相同;再将 A,B,C,D 组第 1 个瓶子相连接,并将 A,B,C,D 组第 2 个瓶子相连接,$\cdots$,将 A,B,C,D 组第 5 个瓶子相连接,这时 A,B,C,D 四组 20 个瓶子内的气压都相同.再对 E,F,G,H 组同样处理,最后将 A,B,C,D 组和 E,F,G,H 组对应瓶子连接,这样即使得 40 个瓶子内的气压变得相同.

若 $k\leqslant 4$,取 40 个瓶子,其中 39 个的气压为 1(单位),1 个为 2(单位).如果通过每次连接不多于 4 个瓶子能使 40 个瓶子内的气压变得相同,则这相同的数应为原先 40 个瓶子的平均气压:$\dfrac{39+2}{40}=\dfrac{41}{40}$(单位).因为最初各个瓶中气压都是整数,第一次连接后气压变成 $\dfrac{x}{2}$

或 $\frac{y}{3}$ 或 $\frac{z}{4}$ (其中 x, y, z) 为整数, 从而气压数属于集合

$$P = \left\{\frac{x}{2^a 3^b} \mid x, a, b \in \mathbf{N}\right\}.$$

易知, P 中任何 2 个, 3 个, 4 个数的平均值仍然是 P 中的数, 从而每次连接后所得的气压值都在 P 中, 但 $\frac{41}{40}$ 不属于 P, 故不可能使各气压变得相等.

10. 存在合乎条件的周期函数. 将实数集划分为若干个类, 两个数 x, y 属于同一个类, 当且仅当存在 $m, n \in \mathbf{Z}$, 使 $x - y = m + n\sqrt{2}$. 在每一个类中取定一个元素, 这些元素构成一个集合 M. 对任何 $x \in \mathbf{R}$, 不妨设 x 所在类属于 M 的数为 x_0, 并设 $x - x_0 = m + n\sqrt{2}$ $(m, n \in \mathbf{Z})$, 令 $x \to (m, n)$, 则 (m, n) 是唯一的. 实际上, 若存在 $m_1, n_1, m_2, n_2 \in \mathbf{Z}$, 使 $x - x_0 = m_1 + n_1\sqrt{2} = m_2 + n_2\sqrt{2}$, 则

$$(n_1 - n_2)\sqrt{2} = m_2 - m_1.$$

若 $n_1 \neq n_2$, 则 $\sqrt{2} = \frac{m_2 - m_1}{n_1 - n_2} \in \mathbf{Q}$, 矛盾, 所以 $n_1 = n_2$, 进而 $m_1 = m_2$. 于是, m, n 都是 x 的函数 (由 x 唯一确定). 为了保证 $f(x) + g(x) = x$, 将 $x = x_0 + m + n\sqrt{2}$ 拆分为两部分:

$$x = \left(\frac{x_0}{2} + n\sqrt{2}\right) + \left(\frac{x_0}{2} + m\right),$$

令 $f(x) = \frac{x_0}{2} + n\sqrt{2}, g(x) = \frac{x_0}{2} + m$, 则 $f(x), g(x)$ 是 $\mathbf{R} \to \mathbf{R}$ 上的函数, 且

$$f(x) + g(x) = \left(\frac{x_0}{2} + n\sqrt{2}\right) + \left(\frac{x_0}{2} + m\right) = x.$$

下证 $f(x), g(x)$ 是周期函数. 对任何 $x \in \mathbf{R}$, 不妨设 x 所在类属于 M 的数为 x_0, 并设 $x - x_0 = m + n\sqrt{2} (m, n \in \mathbf{Z})$, 则

$$x = x_0 + m + n\sqrt{2},$$
$$x + 1 = x_0 + (m+1) + n\sqrt{2},$$
$$x + \sqrt{2} = x_0 + m + (n+1)\sqrt{2}.$$

由定义

$$x + 1 \to (m+1, n), \quad x + \sqrt{2} \to (m, n+1),$$
$$f(x+1) = \frac{x_0}{2} + n\sqrt{2} = f(x), \quad g(x+\sqrt{2}) = \frac{x_0}{2} + m = g(x).$$

所以 $f(x), g(x)$ 分别是周期为 $1, \sqrt{2}$ 的周期函数.

11. 选取起点列 $\left\{\frac{1}{2^i}\right\}(i \in \mathbf{N})$, 以此将 $1, \frac{1}{2}, \frac{1}{3}, \cdots, \frac{1}{n}$ 分成若干组, 其中第 i 组为 $A_i = \left\{\frac{1}{k} \mid 2^{i-2} < k \leqslant 2^{i-1}, k \in \mathbf{N}\right\}$. 取 $n = 2^m$, 则

$$S(2^m) = 1 + \frac{1}{2} + \left(\frac{1}{3} + \frac{1}{4}\right) + \left(\frac{1}{5} + \frac{1}{6} + \frac{1}{7} + \frac{1}{8}\right) + \cdots$$
$$+ \left(\frac{1}{2^{m-1}+1} + \frac{1}{2^{m-1}+2} + \cdots + \frac{1}{2^m}\right)$$
$$> 1 + \frac{1}{2} + \left(\frac{1}{4} + \frac{1}{4}\right) + \left(\frac{1}{8} + \frac{1}{8} + \frac{1}{8} + \frac{1}{8}\right) + \cdots$$
$$+ \left(\frac{1}{2^m} + \frac{1}{2^m} + \cdots + \frac{1}{2^m}\right)$$
$$= 1 + \frac{1}{2} + \frac{1}{2} + \cdots + \frac{1}{2} = 1 + \frac{m}{2}.$$

因此, 当 n 充分大时, S_n 可以大于任何一个正数. 令 $N_0 = \left[\frac{1}{b-a}\right] + 1$, 则 $N_0 > \frac{1}{b-a}$. 当 $k > N_0$ 时,

$$S_k - S_{k-1} = \frac{1}{k} < \frac{1}{N_0} < b - a.$$

因此, 对于任意大于 S_{N_0} 的正整数 m, 总存在 $n > N_0$, 使 $S_n - m \in (a, b)$, 即 $m + a < S_n < m + b$. 否则, 一定存在 $k > N_0$, 使 $S_{k-1} \leqslant m$

$+a$,且 $S_k \geqslant m+b$,这样就有 $S_k - S_{k-1} \geqslant b-a$. 而

$$S_k - S_{k-1} = \frac{1}{k} < \frac{1}{N_0} < b-a,$$

矛盾. 所以一定存在 $n > N_0$,使 $m+a < S_n < m+b$. 令 $m_i = [S_{N_0}] + i(i=1,2,3,\cdots)$,则 $m_i > S_{N_0}$,故一定存在 $n_i > N_0$,使 $m_i + a < S_{n_i} < m_i + b$,因此

$$a < S_{n_i} - m_i = S_{n_i} - [S_{n_i}] < b.$$

这样的 i 有无穷多个,所以数列 $\{S_n - [S_n]\}$ 中有无穷多项属于 (a,b).

12. 设共组成 k 个运动队:$A_1, A_2, \cdots, A_k$,则依题意,它们是 10 个人的集合的互不包含的子集族. 由斯佩纳定理,有 $k \leqslant C_{10}^5$. 另外,组成 C_{10}^5 个运动队是可能的. 这只须每 5 个人组成一个运动队即可. 故最多可以组成 C_{10}^5 个运动队.

13. 令 $A_i = \{$第 i 人外出的日子$\}$. 若 A_i 包含于 A_j,即第 i 人外出的日子都在第 j 人外出的日子内,从而第 i 人不能拜访第 j 人,矛盾. 于是,所有集合 $A_1, A_2, \cdots, A_{30}$ 互不包含,于是由斯佩纳定理,有 $C_n^{[\frac{n}{2}]} \geqslant 30$,解得 $n \geqslant 7$. 另一方面,由 $1, 2, 3, \cdots, 7$ 构成的三元子集有 $C_7^3 = 35$ 个,任取其中互异的 30 个子集,因为它们都是三元集,所以互不包含. 令第 i 个子集中的元素即是第 i 人外出的天的标号,那么,对任何两个人 i, j,在 i 外出的三天中,j 至少有一天在家,所以 i 可拜访到 j. 综上所述,n 的最小值为 7,即至少要 7 天.

14. 首先,由于 $12 | n^3$,故 $6 | n$. 将边长为 n 的立方体分为 $\frac{n^3}{8}$ 个 $2 \times 2 \times 2$ 的小立方体,每个 $2 \times 2 \times 2$ 小立方体的 8 个单位立方体可看成是空间直角坐标系的 8 个卦限,每个 $2 \times 2 \times 2$ 小立方体的第 1 卦限的那个单位立方体染为黑色,则边长为 n 的立方体中共有 $\frac{n^3}{8}$ 个砖

块楼梯砌成,共用了 $\dfrac{n^3}{12}$ 个砖块楼梯,而每个砖块楼梯盖住了一个或 3 个黑色单位立方体,所以

$$\dfrac{n^3}{12} \equiv \dfrac{n^3}{8} \pmod{2}. \tag{4.8}$$

当 4 不整除 n 时,式(4.8)不成立,故 $4 \mid n$,从而 $12 \mid n$.另一方面,当 $12 \mid n$ 时,立方体可分为若干个 $2 \times 3 \times 4$ 的立方体,每个这样的 $2 \times 3 \times 4$ 立方体又可由 2 个砖块楼梯砌成,因此,所求的自然数 n 为所有为 12 的倍数的数.

15. 先证必要性:若剖分图可以一笔画,则 $3 \mid n$,用两种证法.由数学归纳法易知,可将剖分图的区域 2-染色(设为红色和蓝色),使相邻的区域不同色(图 4.18).如果某条线段是红色(蓝色)三角形的边,则称之为红色(蓝色)边(注意,一条边可以有两种颜色,我们称之为双色边).显然,原凸 n 边形的边是单色边,而其对角线是双色边.因为剖分图可以闭一笔画,所以每个顶点引出偶数条边,从而每个顶点引出奇数个三角形,于是凸 n 边形的 n 条边所属的 n 个三角形都同色,即凸 n 边形的 n 条边同色,设为红色,于是图中的红色边比蓝色边多 n 条.设红色三角形的个数和蓝色三角形的个数分别为 k_1, k_2,则 $n = 3k_1 - 3k_2$,所以 $3 \mid n$.

再证充分性:设 $3 \mid n$,我们证明剖分图可以闭一笔画,对 n 归纳.当 $n = 3$ 时,结论显然成立.设结论对 $n = 3k$ 时成立,当 $n = 3(k+1)$ 时,设多边形为 $x_1 x_2 \cdots x_{3k+3}$,由归纳假设,$3k$ 边形 $x_1 x_2 \cdots x_{3k}$ 存在一个可以闭一笔画的剖分图 G(图 4.19),此欧拉圈必含有边 $x_1 x_{3k}$,不妨设此圈为 $x_1 x_i \cdots x_{3k} x_1$,将此圈接上如下一些边:$x_1 \to x_{3k+3} \to x_{3k+2} \to x_{3k+1} \to x_{3k} \to x_{3k+2} \to x_1$,得到 $3k+3$ 边形的一个剖分图及其欧拉圈.

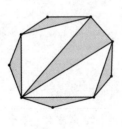

图 4.18

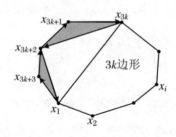

图 4.19

16. 答案是否定的. 反设存在哈氏圈 C, 则 C 上的黑点只能与 C 上的白点相邻. 设马的第一步跳到黑格, 则奇数步都跳到黑格, 偶数步都跳到白格. 令

$$A = \{1, 2, 6, 7, 11, 12 \text{ 行的方格}\},$$
$$B = \{3, 4, 5, 8, 9, 10 \text{ 行的方格}\}.$$

显然, 马从 A 中的格必跳到 B 中的格(马从 B 中的格可否跳到 B 中的格?), 注意到 $|A| = |B|$, 若有从 B 跳到 B 的情况, 则必有从 A 跳到 A 的情况, 矛盾. 所以, 从 B 中的格也只能跳到 A 中的格. 于是, 马的奇数步都跳到 A 中的格或都跳到 B 中的格, 从而 A 中的格或 B 中的格都是黑格, 矛盾.

17. 我们的思路是, 任取一个顶点 v, 将 v 的邻点划分为 2 个集合, 使同一个集合中的点与 v 连同一色的边. 设与 v 用红色边相连的顶点的集合为 $R = \{r_1, r_2, \cdots, r_s\}$(红色), 与 v 用蓝色边相连的点的集合为 $B = \{b_1, b_2, \cdots, b_t\}$(蓝色). 如果对每一个 $j = 1, 2, \cdots, t$, 都存在某个 $i = f(j)(1 \leqslant i \leqslant s)$, 使 $r_{f(j)}$ 与 b_j 用红边相连, 则对任何 $j(1 \leqslant j \leqslant t)$, 都存在连接 v 与 b_j 的红色路: $v \to r_{f(j)} \to b_j$, 而对任何 $i(1 \leqslant i \leqslant s)$, 都存在连接 v 与 r_i 的红色路: $v \to r_i$, 所以结论成立. 如果存在某个 $j(1 \leqslant j \leqslant t)$, 对任何 $i = 1, 2, \cdots, s$, 使 b_j 与 r_i 用蓝边相连, 则对任何 $i(1 \leqslant i \leqslant s)$, 都存在连接 v 与 r_i 的蓝色路: $v \to b_j \to r_i$, 而对任何 $j(1 \leqslant j \leqslant t)$, 都存在连接 v 与 b_j 的红蓝路: $v \to b_j$, 所以结

论成立.综上所述,命题获证.

18. 设点 p 引出的边不全同色,将 p 外的其他点划分为 4 个集合 A_1, A_2, A_3, A_4,其中 $A_i(i=1,2,3,4)$ 是与 p 连 i 色边的点的集合,则
$$n = 1 + |A_1| + |A_2| + |A_3| + |A_4|.$$

因为 p 至少引出 2 种颜色的边,从而 A_1, A_2, A_3, A_4 中至少有 2 个非空.先证明 $|A_1| \leq 2$.反设 $|A_1| \geq 3$,取 $x, y, z \in A_1$,则边 px, py, pz 都是 1 色,于是 x, y, z 两两连 1 色边(图 4.20).不妨设 $A_2 \neq \varnothing$,取 $q \in A_2$,则 pq 为 2 色,但 px, py, pz 都是 1 色,所以 qx, qy, qz 只能是 3 或 4 色,其中必有 2 条同色.设 qx, qy 为 3 色,则 xy 为 3 色,与 xy 为 1 色矛盾.同样可证,对 $i=1,2,3,4$,有 $|A_i| \leq 2$.所以
$$n = 1 + |A_1| + |A_2| + |A_3| + |A_4| \leq 1 + 8 = 9.$$

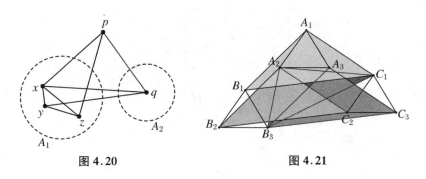

图 4.20　　　　　　　　图 4.21

当 $n=9$ 时,考虑 9 个顶点 $A_1, A_2, A_3; B_1, B_2, B_3; C_1, C_2, C_3$ 构成的 K_9(图 4.21),令 $\triangle A_1 A_2 A_3$, $\triangle B_1 B_2 B_3$, $\triangle C_1 C_2 C_3$(同字母)的边为 1 色,$\triangle A_i B_i C_i (i=1,2,3)$ 的边(同下标)为 2 色,$\triangle A_i B_{i+1} C_{i+2} (i=1,2,3)$ 的边(不同字母下标递增)为 3 色,$\triangle A_i B_{i+2} C_{i+1} (i=1,2,3)$ 的边(不同字母下标递减)为 4 色,其中下标按模 3 理解,则这 12 个三角形没有公共边,共有 $12 \cdot 3 = 36 = C_9^2$ 条边,于是 K_9 的每一条边都被染色.又每种颜色的边都组成 3 个无

公共顶点的三角形,从而不存在恰有2条边同色的三角形,所以染色合乎条件. 故 $n_{\max} = 9$.

注 当 $n = 9$ 时,原构造很繁琐:对 $i = 1, 2, 3, 4$,令 $A_i = \{x_i, y_i\}$,将边 $x_i y_i$ 染第 i 色(图 4.22),点 p 与 A_i 中的点染第 i 色(产生同色三角形). 此外,对 $1 \leqslant i < j \leqslant 4$,将 $x_i x_j, y_i y_j$ 都染第 $f(i, j)$ 色,其中:$f(1,2) = 3, f(1,3) = f(1,4) = 2, f(2,3) = 4, f(2,4) = 1, f(3,4) = 2$. 最后(下面的染色使任何三角形的边都两两异色),对 $1 \leqslant i < j \leqslant 4$,将 $x_i y_j, x_j y_i$ 都染第 $g(i, j)$ 色,其中 $g(i, j)$ 使 $i, j, f(i, j), g(i, j)$ 为 $1, 2, 3, 4$ 的一个排列. 即 $g(1,2) = g(1,3) = 4, g(1,4) = 3, g(2,3) = 1, g(2,4) = 3, g(3,4) = 1$(图中各 y 的连线与对应 x 的连线颜色相同).

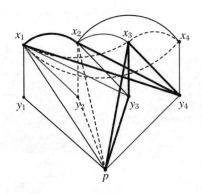

图 4.22

直接验证可知,上述染色合乎条件. 比如,对于 $\triangle p x_1 x_2$,$S(p x_1) = 1$($S(a)$ 表示边 a 的颜色编号),$S(p x_2) = 2, S(x_1 x_2) = f(1,2) = 3$.

对于 $\triangle p x_1 y_2$,$S(p x_1) = 1, S(p y_2) = 2, S(x_1 y_2) = g(1,2) = 4$.

对于 $\triangle x_1 x_2 y_3$,$S(x_1 x_2) = f(1,2) = 3, S(x_1 y_3) = g(1,3) = 4, S(x_2 y_3) = g(2,3) = 1$.